AF391515

A

MONSIEUR ÉMILE EGGER

MEMBRE DE L'ACADÉMIE

DES INSCRIPTIONS ET BELLES-LETTRES

Hommage respectueux.

E. DES ESSARTS.

DU TYPE D'HERCULE

DANS

LA LITTÉRATURE GRECQUE

DU

TYPE D'HERCULE

DANS

LA LITTÉRATURE GRECQUE

DEPUIS

LES ORIGINES JUSQU'AU SIÈCLE DES ANTONINS

THÈSE

POUR LE DOCTORAT ÈS LETTRES

PAR

EMMANUEL DES ESSARTS

Ancien Élève de l'École normale

PARIS

ERNEST THORIN, LIBRAIRE-ÉDITEUR

7, RUE DE MÉDICIS, 7

1871

TABLE DES CHAPITRES

PRÉLIMINAIRES.

« Hercule était sage, non pour lui-même, mais afin
que par toute la terre sa sagesse se répandît. Ne fut-il
pas l'exterminateur des monstres, le correcteur des
tyrans, le libérateur des esclaves, le législateur des
hommes libres, le régulateur de la justice, l'inventeur
des lois, le pasteur véridique et l'homme aux actions
droites ?[1] »

Pour que Maxime de Tyr exprimât sous cette forme
l'opinion définitive de l'antiquité, il n'a pas fallu moins
qu'un travail considérable des intelligences. En un mot
la conception du rôle d'Hercule, presque grossière au
début, n'a pu recevoir le caractère de la moralité idéale
que par une métamorphose continue. Au milieu de la
corruption croissante du polythéisme, seul le mythe
d'Hercule a toujours tendu à s'épurer. C'est le développement de ce mythe, sa marche irrégulière mais constante vers le sommet glorieux où il est parvenu, que

[1] Maxime de Tyr, II, 21.

nous essayons de surprendre, et, s'il est possible, de fixer dans la suite de la littérature grecque. Les poètes surtout nous ont fourni un témoignage précieux.

Or, à qui demander mieux qu'à la poésie les vicissitudes d'une idée religieuse chez les Grecs où les poètes furent les premiers et presque les seuls théologiens, féconds, ingénieux, sublimes ordonnateurs de croyances éparses et flottantes, qui sans dogme ni sans révélation composèrent une théogonie avec des légendes de tribus ou de lointaines traditions et une hiérarchie olympienne à l'aide de divinités locales à peine dégagées des phénomènes naturels d'où elles tenaient leur origine? Les poètes ne créèrent pas les mythes, mais ils les transformèrent si rapidement que l'ébauche primitive en est bien difficile à reconstituer telle qu'elle se manifesta pour les races adolescentes. C'est la différence de l'instinct encore vierge aux premières œuvres de la réflexion.

Ces poètes peuvent donc nous servir à dérouler pour ainsi dire l'histoire d'un type divin. Où ce type a-t-il pris naissance et qu'a-t-il signifié à son origine? Voilà ce que nous n'avons pas cherché à démêler. Nous n'avons étudié le type d'Hercule qu'à la pleine lumière des époques historiques. Autrement la création de ce personnage fabuleux serait des plus malaisées à déterminer. La science y a-t-elle réussi?

Plusieurs systèmes sont en présence qui tous définissent

d'une manière exclusive l'origine du type d'Hercule. Presque tous, nous le verrons dans le cours de cet ouvrage, peuvent s'étayer de tel ou tel texte que nous produirons ; aucun n'est justifié par l'ensemble de ces textes.

Ces théories peuvent être ramenées à quatre. La première est abandonnée ; nous la citons à titre de renseignement historique. C'est l'opinion évhémériste que nous rencontrerons chez les anciens et qui chez les modernes avait été reprise au dix-septième et au dix-huitième siècle. Cette opinion consiste à ne voir dans les dieux ou dans les héros que des hommes divinisés. Elle ne reconnaissait dans Hercule que la déification d'un roi quelconque ou de plusieurs hommes d'une bravoure et d'une force singulières réunis par la reconnaissance des peuples sous une dénomination religieuse. Funestes dans l'antiquité, de semblables idées ont été de notre temps infécondes. De là leur chute, bien qu'elles fussent soutenues par le savoir et la bonne foi d'hommes tels que Banier, Larcher et Clavier.

La seconde se déploie avec un cortége imposant de preuves dans le beau livre de Creuzer, ce livre dont M. Guigniaut a fait une œuvre française, comme par une nouvelle création. Elle n'admet, ne cherche, ne trouve dans Hercule qu'un dieu solaire, d'origine orientale, adoré depuis longtemps en Egypte, avant d'être même connu dans toute la Grèce, identique avec Melkarth de

Phénicie et transformé plus tard en perdant chez les Hellènes son caractère de soleil divin pour incarner de plus en plus les idées humaines de la force physique et de la force morale.

La troisième triomphe dans l'œuvre prématurément interrompue d'Otfried Müller. Elle ramène le mythe d'Hercule à l'expression d'une idée religieuse inhérente à la race dorienne. Au nord de la Grèce, bien au delà du territoire béotien, Hercule serait né comme Apollon, comme Artémis pour personnifier les instincts de justice vengeresse et de bravoure protectrice que les Doriens portaient au fond de leur cœur [1]. Cette conception d'un héros tutélaire, purement locale, étendue plus tard à toute la Grèce, serait avant tout une conception morale, distincte de l'évhémérisme, puisqu'elle ne comporte que l'existence d'un homme déifié. Elle nous semble juste si l'on se rapporte au développement du mythe d'Hercule, également exclusive et inexacte si l'on veut se reporter au point de départ.

La quatrième, et de toutes la plus récente, nous semble la plus plausible. C'est une explication de ce mythe et de tous les mythes par un naturalisme scientifique qui remonte à l'analyse des mots. Elle repose sur un fond d'études philologiques; elle fait appel à toutes les

[1] Voir Buttman dans Creuzer, t. III. — Notes du livre IV, p. 1002.

ressources de la grammaire comparée, à l'analyse la plus déliée du langage, en vertu d'un principe confirmé : « Les idées, quand la langue est jeune et flexible encore, sont fondues de telle sorte avec les mots qu'il n'y a pas pour ainsi dire de métaphores et que le même terme peut être pris à la lettre ou dans ce que nous appellerions aujourd'hui le sens figuré. » Cette école à laquelle appartient le plus jeune des mythologues français, l'interprète du mythe de Cacus, M. Bréal, va chercher les filiations des légendes helléniques dans le vaste répertoire des hymnes de l'Inde au moyen d'affinités entre les vocabulaires du grec et du sanscrit. Ces études dont Otfried Müller fut lui-même le promoteur permettent de retrouver dans la décomposition des mots l'origine d'un mythe, laquelle origine est presque toujours empruntée aux phénomènes de la nature. Ainsi, dans le cas qui nous occupe, Hercule, d'après l'étymologie la plus accréditée, Ἥρας κλέος, gloire d'Héra, si l'on fait attention qu'Héra personnifie l'air[1], si l'on songe aux relations constantes d'Héra et d'Hercule, Hercule, dis-je, représenterait la force de l'air qui agit sur les nuages, sur les eaux, sur la végétation. Les relations d'Hercule avec Athéné, le combat contre l'hydre de Lerne non moins que la lutte avec Géryon successivement ont servi à

[1] Diod. de Sicile, IV, 10. — Creuzer, t. II, part. Iʳᵉ, 95. — Preller, *Myth. gr.*, t. II, *Les Héros*.

M. Alfred Maury pour confirmer cette donnée. Ce genre
d'explications s'autorise de toutes les conquêtes de la
science, il donne aussi raison à l'un des instincts les plus
impérieux de l'humanité. L'enfant ne prête-t-il pas la
vie à tout ce qui surprend son attention pleine de curiosité et de sympathie ? Pour lui la foudre n'est-elle pas
une voix, l'étoile un regard, le vent une bouche gémis-
sante? Ne se hasardera-t-il pas à traiter la pluie de
« méchante » et le feu de « bon »[1] ? Or de prêter la vie
à donner la forme il n'y a pas loin. Nul n'ignore que
les races jeunes vivent dans une disposition analogue à
celle de l'enfant, munies d'une sensibilité aussi frémis-
sante, d'une imagination aussi agile : tel est surtout le
caractère de la race aryenne. Nos pères ont recueilli de
toute part des sensations très-vives et très-délicates qu'ils
ont laissé couler dans une langue fluide aux nuances
infinies. Ces sensations de forces vivantes sont devenues

[1] Voir Louis Ménard, *Du Polythéisme Hellénique*, pages 5–7. —
« Il est certain que les Lois universelles se sont révélées à tous les
« peuples par leurs manifestations visibles. Cependant, de même
« que le corps n'est pas l'homme, mais un instrument de son acti-
« vité, ainsi, dans le spectacle mobile et changeant des apparences,
« les races supérieures et surtout les Grecs, devinèrent, dès l'origine
« des principes permanents, des pensées vivantes, et ce sont ces
« énergies intimes des choses qu'ils nommaient les Dieux... »
Dans les *Nouvelles leçons sur la Science du Langage,* de M. Max
Müller, traduites par MM. Harris et Perrot, voir les septième et huitième leçons, particulièrement de la page 74 à la page 77.

aisément des êtres, des dieux. L'électricité et la vapeur découvertes au temps des Védas eussent enrichi la mythologie de divinités nouvelles ou agrandi les pouvoirs des divinités que nous connaissons. Seulement chez les purs Aryens une confusion que l'on pourrait appeler volontaire n'a pas cessé d'exister entre les phénomènes physiques et les dieux qui y viennent correspondre. Chez les Grecs l'anthropomorphisme a rapidement absorbé le naturalisme, comme il arriva nécessairement dans un pays où les idées devaient être délimitées et proportionnées à l'égal de l'horizon qui les borne. Toutes les énergies bienfaisantes de l'air ont pu se résumer en un mot : « Ἡρακλῆς. » Ce mot n'éveillait d'abord que l'idée d'une force répondant à une collection de sensations. Le passage se fit ensuite de l'idée de force à l'idée d'un être fort, et les sensations tendant à se réunir en un seul point allèrent chercher non plus une source de bienfaits mais un dieu bienfaiteur.

On peut adopter ce système pour éclaircir l'origine du mythe d'Hercule : il amène du reste à concilier les systèmes opposés de Creuzer et d'Otfried Müller en accordant le naturalisme et l'anthropomorphisme. Pour M. Maury, pour Preller qui lui sert de guide[1], Hercule n'est pas limité au rôle d'un dieu-soleil ni restreint au caractère

---

[1] *Mythologie grecque.* t II, *Les Héros*, Berlin, 1861.

d'un héros dorien. S'il n'est point au début un dieu-soleil comme le veut Creuzer, il est du moins la personnification d'une des puissances de la nature et satisfait par là ceux qui ont voulu l'identifier avec la force de l'astre vivifiant; s'il n'est pas exclusivement un héros dorien, il prend si vite cette forme et cet aspect que pour Otfried Müller et ses partisans il n'y a plus qu'une concession de temps à faire à leurs adversaires nouveaux.

En effet, du plus loin qu'il nous est apparu dans les monuments littéraires, sans conteste, Hercule s'est uniquement fait connaître à nous sous la figure humaine : au temps d'Homère il semble avoir perdu ce caractère naturaliste qui se laisse à peine entrevoir dans Hésiode et disparaît chez les poètes postérieurs. Les textes consultés non plus de seconde main comme par presque tous les mythologues, mais un à un et sans omission, nous ont scrupuleusement montré dans la succession de la littérature grecque une conception morale qui s'ébauche, se dégage, s'épure et s'achève de siècle en siècle sous le nom et sous les traits d'Hercule. Dès qu'il ne s'agit plus d'origines, nous nous séparons donc de MM. Maury et Bréal.

D'abord le seul Hercule que nous admettions et que nous ayons voulu étudier est l'Hercule grec, Ἡρακλῆς. Que des divinités étrangères aient pu concourir à former ce type, nous ne nous hasardons pas à le nier; mais d'ensemble c'est une figure vraiment hellénique qui nous est apparue, un type fidèle à l'esprit grec, esprit d'activité féconde. Avec l'Héraklès, protecteur et libérateur, nous ne confondons pas le dieu-soleil de Memphis, satellite d'Osiris dans sa révolution triomphante, ni le Melkarth phénicien[1]. Si l'on ne peut contester une cérémonie annuelle de Tyr où l'on allumait en l'honneur de ce Melkarth un bûcher d'où s'élevait un aigle, ce n'est pas forcément une représentation de la scène de l'Œta. Nous n'assimilons pas davantage notre Héraclès au Sandan de Lydie qui est peut-être devenu l'Hercule de la comédie grecque et dont le séjour chez Omphale n'a fait qu'indiscrètement grossir la légende du héros. Son culte d'après Otfried Müller était d'origine assyrienne ; on eût dit un Sardanapale divin se brûlant par lassitude, mais il n'est pas question ici de cette mort volontaire qui constitue le sacrifice, car Hercule lydien était révéré

---

[1] « D'ailleurs », nous dit M. A. Maury, IIIe vol., p. 243, « les ma-
« telots phéniciens portaient toujours avec eux une idole de leur
« dieu protecteur, en sorte que les voyages qu'ils effectuaient sur
« les côtes occidentales semblaient ceux du dieu même. Les longues
« pérégrinations de Melkarth, les aventures qui s'y rattachaient
« amenèrent entre lui et le fils d'Alcmène un rapprochement naturel,
« et les Grecs finirent par croire que Tyr s'était placé sous la pro-
« tection de leur Hercule. L'assimilation une fois opérée, les fables
« phéniciennes pénétrèrent facilement dans la légende grecque et
« vinrent ainsi grossir l'histoire mythologique d'Alcide. »

Heeren, *Politique et commerce des Peuples de l'antiquité*, 2e vol., 1re sect., ne confond pas davantage l'Hercule tyrien avec l'Hercule grec.

par toute l'Asie-Mineure. Dans l'île de Cos, à une fête
de printemps, « ἀντιμαχία, résistance, » le prêtre, pour
mémoire du séjour d'Hercule près d'Omphale, prenait
des vêtements féminins.

Citons encore, quoique de moindre importance, un
Hercule assez semblable à certains personnages fantas-
tiques des légendes allemandes, un dieu chasseur que
l'on a confondu pareillement avec l'Hercule dorien ou
béotien, le *Sambulos* désigné par Tacite[1], « dont les chevaux chargés d'un carquois plein de flèches couraient
les bois toute la nuit et revenaient le carquois vide. »

Le fils de Zeus ne relève pas de ces divinités : c'est à
ses dépens qu'il a souvent accru sa légende. Il a béné-
ficié pourtant de tout ce qui revenait à un Dactyle idéen,
personnage mythique d'origine fort ancienne que nous
reconnaîtrions volontiers, pour notre part, dans l'Hercule de Thasos[2].

Les Dactyles de l'Ida, les Curètes, les Telchines, les
Corybantes remontaient jusqu'aux cultes pélasgiques ; on
les appelait γηγενεῖς. Phérécide en fait le dénombrement.
Il les compte au nombre de cinquante-deux, les divise
en mâles et en femelles. Il appelle même les dactyles

---

[1] *Ann.* XII, 3.

[2] Les monnaies de Thasos représentaient un Hercule armé de l'arc
et des flèches et lui donnaient l'épithète de σωτήρ, c'est-à-dire le
rôle de protecteur divin.

femelles γόητες, c'est-à-dire sorciers hurleurs[1]. Ils avaient,
dit-on, inventé les lettres éphésiennes, ἐφέσια γράμματα,
célèbres formules d'incantation : on leur attribuait
même[2] la découverte des métaux. Le Dactyle idéen du
nom d'Hercule était illustre en Grèce. Ce fut lui qui,
dépossédé de cet honneur par le fils d'Alcmène, avait
créé les jeux olympiques. Pausanias[3] croit que le temple
de Thespie avait été primitivement érigé au Dactyle
avant d'appartenir à son rival. Mais, à coup sûr, selon
le témoignage du même Pausanias, les Béotiens avaient
confié à la garde du Dactyle idéen le temple de Déméter
à Mycalesse[4]. Il ajoute, d'après une légende locale, que
chaque nuit le Dactyle venait fermer les portes lui-même
pour les rouvrir au matin. Le Dactyle idéen, excepté
pour les érudits tels que Pausanias ou Plutarque, finit
par se confondre avec le fils de Zeus. Ainsi, Thasos honora à titre de héros Théagenès qui passait pour fils
d'Alcide et l'associa aux honneurs du temple élevé à
Hercule sauveur[5].

En définitive l'Hercule égyptien, l'Hercule tyrien,
l'Hercule lydien sont des dieux. L'Hercule grec n'a ja-

[1] L. I, 7ᵉ fragment.
[2] Clém. Alex. Strom.
[3] IX, 29.
[4] *Ibid.* IV, 27.
[5] *Ibid.* VI, ch. II.

mais été qu'un *héros,* que le chef, le coryphée des héros
pour ainsi dire, bien qu'il ait été considéré comme promu
aux honneurs de l'Olympe parmi les dieux *à la vie facile*
et qu'il ait été adoré comme un dieu. Mais, si Athènes
donna le bon exemple de ce culte de·latrie à l'égard
d'Hercule[1], en beaucoup d'endroits on persista à ne lui
rendre qu'une sorte de culte de dulie, le culte qu'obtenaient les héros, plus étendu pourtant, plus solennel
aussi que celui dont les saints sont favorisés dans le
christianisme. Hercule fut un héros honoré de l'apothéose; de là son caractère distinctif et parfois son assimilation complète aux dieux. Sans ce privilége suprême,
il occuperait comme Jason, comme Thésée, comme Pro-
tésilas[2], comme Achille[3], un rang intermédiaire entre
les hommes et les dieux. Plutarque aussi louait avec
raison Hésiode d'avoir nettement et le premier distingué
les êtres en dieux, démons, héros et hommes, en comprenant les demi-dieux parmi les héros[4]. Ceux-ci étant
issus, comme les dieux, de phénomènes physiques, ont

[1] Diod. Sic. IV, 39.

[2] Héros d'Eléonte dans la Chersonèse.

[3] Achille, adoré en beaucoup de lieux, avait un autel à Olympie.
Il était même divinisé dans l'ile d'Astypalée. (Cicér., *de nat.*, sect.
III, 10). C'est de semblables documents que s'autorise M. Max Müller (*loc. cit.*) pour ramener Achille et les principaux personnages
homériques dans la catégorie des êtres mythiques.

[4] *De defect. oracul.*

pris toutefois une forme plus humaine. Voisins de l'homme ils sont souvent les médiateurs de l'homme auprès des dieux[1]. M. Renan, dans son étude sur les religions de l'antiquité, a vu dans les héros des divinités étrangères ou des dieux déchus conservés par la fidélité de la tradition populaire. La seconde de ces hypothèses a parfois quelque vérité. La première ne nous semble offrir aucune vraisemblance. Rien de plus local que le culte des héros presque toujours rattaché à un événement quelconque dans les annales de la cité. La pensée d'Hercule se mêlait à tous les actes des Doriens : c'était le père de leur rois, leur roi invisible et, comme dit M. Maury, leur « archagète[2]. »

Le héros dans Hercule pouvait s'égaler au dieu en vertu de l'idée essentiellement grecque de l'apothéose, sublime doctrine et bien supérieure à la conception orientale des incarnations. Car elle est plus consolante et plus glorieuse aussi pour l'homme qui, les yeux fixés sur le héros, peut par une ascension de génie ou de vertu monter jusqu'à la divinité au lieu d'attendre que la divinité descende vers lui. Qui vient-elle placer sur les autels cette doctrine de l'apothéose? des bienfaiteurs, des libérateurs, des sauveurs,

---

[1] Éaque fit cesser la sécheresse de la Grèce. (Isocr. *Evagoras*, c. 13.)

[2] T. Ier, p. 502.

« Quique sui memores alios fecere merendo[1]. »

Tel fut Hercule pour les Grecs, la force physique dans un lointain mystérieux, ensuite héroïque et brutale à la fois, d'après les premiers textes littéraires, puis de plus en plus morale, qui fut enveloppée sous ce nom et définitivement attribuée à l'héritier d'Amphitryon. Car l'idée d'Hercule est bien antérieure à l'invention d'un fils d'Alcmène.

L'unité du type héracléen est donc saisissante à nos yeux. Diodore a pu supposer un Hercule indien, Dosanès, qui n'a existé que dans l'imagination orgueilleuse des compagnons d'Alexandre; les Italiens, les Gaulois, les Espagnols ont pu par imitation s'attribuer une part des exploits du héros. Il n'y a réellement pour nous qu'un Hercule, l'Héraklès dorien, argien et béotien dont le mythe s'est enrichi d'additions continuelles et avec qui sont venus se confondre sans jamais s'absorber le Dactyle idéen, le Sandan de Lydie, le dieu-soleil d'Egypte. De tous ces caractères primitifs ou adventices, des éléments ajoutés par le travail de l'imagination populaire ou de l'imagination littéraire, s'est formé le type que nous étudions, type toujours amené à la perfection et de siècle

[1] Deus est mortali juvare mortalem. (Pline l'Ancien, *Histoire naturelle*, t. Ier.)

en siècle, malgré les caprices de la poésie et les vicissitudes de l'opinion, porté de l'idée de *Force* qu'il représentait jusqu'à l'idée de *Justice* qu'il finira par exprimer.
Ce n'est donc aucun des fragments du type d'Hercule,
c'est l'Hercule idéal proclamé à travers les temps par la
bouche des simples et par la voix des sages, c'est cet
Héraklès que nous allons redemander d'âge en âge à la
poésie grecque comme on aime à consulter les esquisses
successives d'un tableau arrivé tardivement à la suprême
perfection de la vie et de la beauté.

Les monuments de la littérature que nous avons uniquc-
ment interrogés nous semblent avoir conservé fidèlement
le secret de ces transformations d'une idée divine. Ce
genre d'enquête pourrait du reste s'appliquer à tous les
grands types religieux. Partout on retrouve ce que nous
avons étudié pour nous-mêmes à l'aide d'un seul exemple,
à savoir que jusqu'au jour de leur dégradation insensible
et de leur entier effacement les dieux ne cessent « de se
faire » dans la conscience humaine, patiente créatrice.
Seule plane et domine dans la région de l'Immuable,
au-dessus de ces créations changeantes d'une conscience
laborieuse, cette cause intelligente sur laquelle l'homme
n'a point de prise, cette Idée suprême qui est la Force
suprême, ce mystère adorable, par qui nous sommes et
qui nous attend, Dieu !

DU TYPE D'HERCULE

DANS

LA LITTÉRATURE GRECQUE

CHAPITRE I.

POÈMES HOMÉRIQUES.

Au plus loin que nous retrouvons Hercule dans la littérature grecque, il est considéré comme le fils d'Alcmène et nous apparaît sous la figure d'un homme. Les premiers témoignages qui nous transmettent le type d'Hercule sont quelques vers épars dans les poèmes homériques. Du petit nombre de ces fragments il ne faut pas conclure à leur peu d'importance. Schœll[1] semble le faire, en rejetant cette prétendue négligence d'Homère sur l'abstention des Doriens au moment du siége de Troie. Nous ne croyons pas l'épopée homérique insoucieuse de la gloire d'Hercule, ni disposée à reléguer dans l'ombre les exploits du héros. Seulement un art merveilleux a éliminé des rhapsodies ce qui leur était étranger. Dans l'Iliade, à coup sûr, une intervention fréquente d'Hercule serait déplacée. Qu'est au fond la querelle des Grecs contre les Troyens,

---

[1] *Histoire de la Littérature grecque profane*, t. I, ch. I, p. 27.

sinon la vengeance d'Héra? Or, dans l'Iliade, Hercule n'aurait pu figurer qu'à titre de force agissante, de personnage armé. L'esprit si juste des Grecs eût-il admis Hercule servant la cause de sa persécutrice? D'autre part, après la réconciliation ordonnée par Zeus et consommée par l'apothéose, ce héros uni à Hébé n'aurait pu davantage être représenté comme adversaire d'Héra. Devant Ilion eût recommencé une lutte achevée par la tradition. Ne semble-t-il pas encore qu'Hercule, ce même Hercule sans qui les dieux n'eussent pu triompher des Titans, aurait, par sa force incomparable, beaucoup trop pesé sur la destinée des combats et par là même excédé la mesure de l'Iliade? Les rhapsodies n'eussent pu contenir aussi aisément le héros sans rival que ces dieux à peu près égaux en puissance et en énergie qui l'emportent alternativement l'un sur l'autre et procurent à leurs causes diverses des secours à peu près équilibrés. Hercule eût pris tout le poème; autrement il y aurait étouffé. « *Æstuat infelix.* »

Homère ne parle donc d'Hercule qu'indirectement, sans le mettre en scène, mais encore assez souvent pour nous donner une idée très-nette du type tel qu'on pouvait le concevoir aux temps homériques. D'abord il est pénétré de la grandeur audacieuse d'Hercule; il exprime à cet égard une sensation profonde par quelques-unes de ces épithètes qui sont de la lumière. C'est ainsi qu'après avoir énoncé l'origine d'Hercule [1], il le salue de ces louanges, θρασυμέμνονα. θυμολέοντα, « audacieux au pied ferme, cœur de lion.» C'est ainsi que par la bouche d'Ulysse il le glorifie comme le « maitre des archers [2] », et par la bouche de Nestor il évoque « la force d'Hercule »[3] accablant Pylos et ne laissant subsister qu'un enfant, débris de la race florissante de Nélée.

---

[1] *Odyssée,* chant XI, v. 266.

[2] *Odyssée,* chant VIII, v. 224.

[3] *Iliade,* chant XI. v. 690.

Comment, du reste, Hercule serait-il réellement absent d'un drame dont il a en quelque sorte composé le prologue? Car l'expédition d'Hercule et de Télamon, père d'Ajax, contre le perfide Laomédon est la première justice exercée par la Grèce contre Troie, l'exemple divin des expiations que les Achéens sont appelés à tirer de la cité recéleuse et complice de l'adultère. Cette expédition n'est rappelée qu'une seule fois dans l'Iliade. Au vingtième chant[1], nous trouvons une allusion à un mur qu'Hercule aurait fait construire par Athéné pour se mettre à l'abri du monstre, de la Céto qu'il allait combattre en faveur d'Hésione. Cet incident est curieux. De même dans le combat contre Chalcodon[2], les mythographes nous ont montré Hercule enlevé par Zeus. Les premiers Grecs ne mêlaient pas aussi intimement l'intrépidité au courage qu'on l'a fait dans la suite et par plus d'un document ils nous montrent que s'ils savaient affronter la mort, ce n'était point en vertu de notre moderne mépris de la vie. Plus tard en Grèce les idées changeront et le fuyard sera taxé d'infamie. Mais nous en sommes encore aux temps héroïques, analogues chez tous les peuples, et ce que nous voyons chez les Grecs, Tacite nous le rappellera chez les Germains[3].

Cette heureuse entreprise contre Laomédon se trouve encore rappelée par Tlépolème, chef des Rhodiens, qu'au deuxième chant de l'Iliade[4], Homère nous a fait connaître comme le fils d'Hercule et d'Astiochée. Tlépolème attaque en paroles Sarpédon avant d'en venir aux rencontres du glaive. Il semble railler l'audace de son adversaire qui se dit fils de Zeus et le renvoie à ces hommes forts des temps anciens, véritables enfants des Dieux « tels que l'on « représente la force d'Hercule, mon père audacieux au pied ferme,

[1] V. 145.
[2] Apollodore, *Bibl.*, liv. ii et vii.
[3] *German.*, ch. vi.
[4] V. 658.

« au cœur de lion, lui qui jadis, étant venu ici réclamer les chevaux
« de Laomédon, avec peu de guerriers et seulement six navires,
« dévasta la ville d'Ilion et dépeupla les campagnes. »

Dans tous ces textes, remarquons-le bien, on ne parle d'Hercule
que comme d'un héros divinisé. Un passage fameux de l'Odyssée[1]
établit que, même après l'apothéose, les croyances de ce siècle
tenaient encore à lui conserver une dernière attache à l'humanité.

Ulysse, dans sa promenade lugubre à travers l'Hadès et les tristes
prairies d'asphodèles, aperçoit Hercule ou plutôt son image (εἴδωλον).
Car « Hercule en personne, parmi les dieux immortels, se réjouit
« dans les bosquets et possède Hébé aux beaux talons, fille du
« grand Zeus et de Héra aux souliers d'or. Autour de lui frémissait
« le chœur des morts pareils à des oiseaux de toute part effarouchés ;
« mais celui-ci, semblable à la nuit ténébreuse, tenant un arc nu et
« sur la corde une flèche, jetait des regards terribles, comme tou-
« jours prêt à lancer sa flèche. »

Pour sortir un moment de l'Iliade et de l'Odyssée, un des hymnes
homériques, le plus court peut-être, précieux par l'antiquité relative de ces morceaux, atteste cette conception originale d'un héros
grec qui n'a rien à démêler avec l'imitation étrangère.

Hymne en l'honneur d'Hercule au cœur de lion (xix).

« Je chanterai Hercule, fils de Zeus, excellent parmi les hommes,
« qu'a engendré dans Thèbes aux belles danses Alcmène unie à
« Zeus, assembleur de nuages, Hercule qui autrefois, à travers la
« terre immense et la mer, errant soumis aux ordres du roi Eurys-
« thée, fit beaucoup de violences et en supporta beaucoup. Mais
« maintenant, dans la belle demeure de l'Olympe neigeux, il habite

---

[1] Ch. xi, v. 601.

« dans le repos et possède Hébé aux beaux talons. Salut, prince, fils
« de Zeus, donne-moi la vertu et le bonheur. »

Cet hymne indique, faiblement il est vrai, par le dernier vers,
les conséquences morales que portait le mythe d'Hercule, conseiller
de gloire et de sacrifices, promoteur des grandes actions. Admettons un instant la réalité des personnages homériques, que M. Max
Müller et son école se hâtent trop peut-être de réduire à néant :
dans le monde de l'Iliade et de l'Odyssée, nous sentons déjà la
féconde influence d'Hercule. Quand Achille, quand Ajax, étrangers
à la fatigue comme au découragement, pendant de longues années,
chaque jour renouvellent le même élan, les mêmes chocs, les mêmes
furies, l'exemple d'Hercule infatigable et toujours prêt à des entreprises inconnues ne peut que lancer en avant ces guerriers qui
songent à l'Olympe parmi les banquets grossiers et se disent que
le fils d'Alcmène en est à jamais le convive. Et une sublime espérance, une envie héroïque soulèvent de nouveau « les chefs des
hommes » pour la bataille du lendemain. L'action divine de cet
exemple peut s'étendre encore plus loin. Lorsqu'Ulysse, jouet in-
fortuné de Poseidon, voit, au gré de la tempête, se dérober sans
cesse à ses yeux le rivage d'Ithaque, lorsque les survivants de la
guerre de Troie, Ajax, Diomède, Idoménée trouvent la mer plus
hostile qu'Ilion et d'exils en exils traînent une vie misérable et vagabonde, la pensée d'Hercule est là pour les soutenir, d'Hercule
qui n'a jamais cessé d'errer à la fantaisie d'Eurysthée, d'Héra, de la
destinée, et qui n'a pas même pu espérer un moment ce retour où
ils peuvent tous s'attendre.

Outre cette indication morale que nous avons peut-être trop
agrandie, ce petit hymne trahit une idée déjà précise du type
d'Hercule. Un vers surtout rend à merveille l'antithèse qui dans la
vie fabuleuse du héros éclate partout à nos yeux, pour diminuer
plus tard très-sensiblement. C'est qu'en attendant qu'Hercule si-
gnifie la force au service du bien, il représente à la fois la force in-

tempérante, c'est-à-dire capable de violences et d'excès, et la force résignée et patiente, c'est-à-dire soumise à la fatalité qui, sous, le nom d'Eurysthée, l'asservit. Homère a saisi dans cet hymne le double côté de la grande figure :

Πολλὰ μὲν αὐτὸς ἔρεξεν ἀτάσθαλα, πολλὰ δ'ἀνέτλη.

Ces violences d'Hercule, Homère ne les dissimule pas plus que les poètes qui l'ont suivi. Pour nous le premier en date, il signale à ses contemporains les abus de la force physique dans cet exemple immortel. La force a son ivresse! C'est une des plus utiles leçons qui sortent de la vie mythologique d'Hercule. Qu'on l'ait présentée ultérieurement avec plus de profondeur et d'élévation, elle ne s'en déduit pas moins des poèmes homériques : ἔρεξεν ἀτάσθαλα. C'est ainsi que, selon Homère, le héros tua le fils unique d'Eurytos qui lui avait été favorable, Iphitos, quand celui-ci vint lui réclamer les bœufs volés par Ascalaphe [1]. Mais il est opportun d'ajouter que, suivant tous les mythographes, Hercule précipita Iphitos dans un de ces accès de délire furieux qui avaient immolé les enfants nés de son union avec Mégare. Homère attribue au vol le meurtre commis sur Iphitos. Il est vrai que pour les anciens Grecs le vol se concilie assez aisément avec l'héroïsme [2]. Mais tous les témoignages ultérieurs contredisent Homère sur ce point.

On ne peut douter que le fils d'Alcmène n'ait été, surtout chez les anciens Grecs, admis tel qu'Homère nous le dépeint, comme un être violent envers les hommes, même contre les dieux. Au reste, cette indépendance farouche, faisant contraste avec une dépendance vraiment héroïque, apporte dans la première conception historique du type un élément de grandeur et de moralité relative.

[1] *Odyssée*, ch. XXI, v. 27.
[2] Thucyd., l. I, ch. v.

A qui appartient-il plus qu'à Hercule de protester par des revanches soudaines contre des dieux qui lui sont presque tous hostiles ou pour le moins malveillants? C'est ainsi qu'il nous apparaît, dans un rayonnement de fierté, quand il menace de son arc le soleil [1]; c'est ainsi, quoi qu'en dise Homère, qu'il fait acte de défense permise ou de vengeance non moins légitime, quand il blesse Aidoneus ou Héra. C'est ainsi que l'on comprend la répugnance du héros à l'endroit d'Arès, son acharnement contre Poseidon, qui s'exprime indirectement par des luttes triomphantes avec plusieurs fils de Poseidon.

Cependant Homère, théologien presque autant que poète, a raison de condamner les atteintes portées par un futur Olympien à la majesté des dieux. Voici les deux exemples qu'il en cite [2]. Aphrodite, blessée par Diomède, vient de se réfugier auprès de Dioné; elle presse les genoux de sa mère, encore tremblante, et la déesse amie du rire [3] est toute en larmes [4]. Au récit de cette peine à demi enfantine, Dioné, dans son expérience d'ancienne divinité, raconte avec de longs détails les maux qu'ont éprouvés les dieux; d'Arès, elle en vient à Héra, et d'Héra à Aidoneus.

---

[1] APOLLODORE, *Bibl.*, liv. ii.

[2] *Iliade*, chant v, 392.

[3] φιλομμειδής.

[4] Plus tard les mythographes réconcilièrent Hercule avec Aphrodite, comme avec les autres dieux. Strabon (X, 15) nous raconte que, pendant la guerre entre les géants et les immortels, Aphrodite fut, près de Phanagorie sur le Bosphore cimmérien, attaquée par quelques-uns de ces monstres. Poursuivie, elle rencontra le fils d'Alcmène, le fit cacher dans une grotte et là, attirant un à un ses persécuteurs, elle les livra à Hercule, c'est-à-dire à la mort. De là, Aphrodite, dotée d'un temple, reçut le surnom d'Aphrodite Apaturie (*Trompeuse*).

On cite également une contestation entre Hercule et Apollon au sujet du trépied de Delphes. A Delphes, cette lutte était simulée par un bas-relief. On voyait Artémis et Athéné qui venaient apaiser les lutteurs. (PAUSAN., III, 21.)

« Héra souffrit quand le puissant fils d'Amphitryon de sa flèche
« à trois pointes la frappa à la mamelle droite : une douleur ingué-
« rissable la saisit. Aidoneus souffrit aussi, recevant une flèche
« agile, quand le même héros, ce fils de Zeus porteur d'égide, le
« blessa au seuil de l'Hadès, douloureusement atteint. »

Mais aussi, comme Homère fait ressortir la qualité qui contraste
avec cette violence, la sublime, la divine patience d'Hercule. Il
permet d'apprécier cette résignation, dont le caractère d'abord
passif deviendra de plus en plus moral, en nous montrant combien
Hercule a souffert de sa servitude fatale. La force obéir à la faiblesse, le courage à la lâcheté, un Hercule à un Eurysthée! Revenir
à Mycènes chargé de la biche du mont Cérynite ou du chien de
l'Hadès pour déposer une telle proie aux pieds d'un lâche qui se
cache dans la terre pour ne pas affronter le regard d'un héros[1]!
Hercule fait sentir cette ignominieuse contrainte lorsque, dans le
passage de l'Odyssée cité plus haut, en même temps qu'il se rappelle son entreprise dirigée contre Cerbère, son douzième *travail,*
il se plaint des exigences de sa destinée terrestre : « J'éprouvais
« une souffrance infinie; à un homme de beaucoup inférieur j'étais
« soumis; or, celui-ci me prescrivait de pénibles travaux. »

« Πολλὰ δ'ἀνέτλη ». Avant même qu'Hercule fût né, la haine vindi-
cative d'Héra s'acharnait sur lui, comme pour le prédestiner à la
souffrance. Ecoutez Agamemnon[3] : « Zeus, nous dit-on, est le plus
« puissant des êtres, et pourtant Héra, quoique femme, le trompa
« par ses ruses, le jour où la force d'Hercule devait naître d'Alc-

---

[1] APOLLODORE, *Bibl.*, liv. II.

[2] Ainsi dans *Samson agonistes* de Milton, le héros s'écrie avec rage
(v. 32 et alias) :

> Made of my enemies scorn and gaze,
> With this heaven-gifted strength.

[3] *Iliade,* ch. XIX, v. 96.

« mène dans Thèbes à la belle couronne de murs. En effet, celui-ci
« tout en se glorifiant, avait dit aux Immortels : Écoutez-moi, ô
« vous, dieux et déesses, pour que je vous annonce ce que mon
« cœur a résolu. Aujourd'hui Ilithye fera naitre à la lumière un en-
« fant qui commandera sur tous ses voisins, un de ces hommes qui
« sortent de mon sang. — Mais l'auguste Héra, méditant un
« artifice, lui répondit : « Tu nous mentiras et tu n'accom-
« pliras pas ta promesse. Aussi, jure-moi, Olympien, par un ser-
« ment inviolable, qu'il dominera sur tous ses voisins, l'enfant issu
« de ta race qui tombera aujourd'hui aux pieds d'une femme. »

« Elle dit : Zeus ne comprit pas la fraude; car il s'engagea par
« un puissant serment; il fit une grande erreur. Cependant Héra
« s'élançant laissa les sommets de l'Olympe et descendit vers Argos
« l'Achéenne où elle savait trouver la noble épouse de Sthénélos,
« fils de Persée. Celle-ci depuis sept mois portait dans son sein un
« enfant : Héra le fit sortir à la lumière, bien qu'avant terme, tandis
« qu'elle retarda l'accouchement d'Alcmène et arrêta les Ilithyes.
« Puis, pour annoncer la chose, elle dit au fils de Chronos : « Zeus,
« père des dieux, maitre de la foudre lumineuse, je vais te confier
« une parole. Voici qu'un homme est né qui règnera sur Argos,
« Eurysthée, fils de Sthénélos fils de Persée, ton sang : il n'est pas
« indigne de commander aux Argiens. » Elle dit; mais celui-ci fut
« au fond de son cœur blessé d'une douleur perçante. »

Voilà comment Héra prélude à cette hostilité qui ne prendra fin
qu'avec la mort d'Hercule. C'est elle encore qui plus tard excitera
ces démences soudaines s'exerçant sur les hôtes et sur les enfants
du héros. C'est elle qui se tient derrière Eurysthée, invisible, et
dans l'ombre dicte à son complice l'ordre redoutable des douze
travaux. C'est elle qui, trompant encore Zeus, cette fois à l'aide du
sommeil, en profite pour tourmenter Hercule, au retour de l'expédition contre Troie, en le livrant à la fureur des flots tempestueux
qui le jettent sur les rivages hostiles de l'île de Cos. Elle se vante

même de cette aventure au 14ᵉ chant de l'Iliade [1], lorsqu'elle va trouver le Sommeil pour obtenir de nouveau l'assoupissement favorable de Zeus. L'inimitié d'Héra n'oublie jamais : elle saisit toutes les occasions, tous les prétextes de vengeance. Une ennemie irritée, une implacable marâtre, voilà ce qu'est Héra pour le fils d'Alcmène. Alcmène ne serait-elle pas pour Héra la plus odieuse des rivales ? Car Héra la frappe dans la personne de son fils, plus ingénieuse et plus cruelle dans son ressentiment qu'à l'heure où elle s'acharnait contre Io, contre Sémélé, contre Léto, « toujours douce, douce aux hommes et aux dieux [2] ». Elle épargne ses rivales pour concentrer toutes ses furies sur la noble tête d'Hercule.

> « ....Nil linquere inausum
> quæ potui, infelix ! quæ memet in omnia verti [3] !.... »

Pour comprendre cette cruelle jalousie, il faut, une fois que l'on s'engage dans l'anthropomorphisme, retenir certains traits de la figure d'Héra. Héra est avant tout la déesse chaste, la vierge [4], celle à qui toute souillure est odieuse et par conséquent toute union illicite de Zeus avec une mortelle. Elle ne manque pas de charme sévère ni de grandeur. Quand par son attitude courroucée, elle affirme l'autorité de l'épouse, Héra devient pour la femme grecque un type conjugal, un idéal féminin. C'est assez pour faire pardonner quelques exagérations à ceux qui, sincèrement épris de la Grèce, cherchent à retrouver dans la mythologie la beauté morale que l'on

[1] V. 250.
[2] Hésiode, *Théogonie*, v. 307.
[3] Virgile, *Énéide*, VII, v. 308-309.
[4] A Imbros, à Platée, en Eubée encore, Héra recevait les surnoms de Παρθενία ou Παρθένος et de νυμφευόμενη.

en a systématiquement bannie [1]. C'est encore assez pour faire comprendre par la revendication des droits de l'épouse la persévérance qui stimule contre le fils d'Alcmène cette Héra qui, d'abord, pourrait nous paraître uniquement comme la Clytemnestre d'Eschyle « une mémoire et une colère vengeresse [2] ».

Une simple anecdote, un conte transmis par Plutarque atteste d'une manière piquante la croyance populaire à une Héra jalouse, gardienne intraitable des droits de l'hyménée [3]. L'historiette en question nous montre la déesse-épouse, Ἥρα τελεία, résolue dans un de ses accès de courroux à se séparer de Zeus. Celui-ci, sur le conseil d'un certain Alalcomène, se choisit une autre femme, une femme de bois, qu'il désigne sous le nom de Dœdalé. Les chants d'hymen résonnent. Héra d'accourir, plus irritée que jamais. La fraude lui est bientôt révélée. Comme revenue de son emportement,

---

[1] M. Louis Ménard peut revendiquer une des meilleures parts dans cette généreuse et docte entreprise. M. Chassang, dans son remarquable ouvrage, *le Spiritualisme et l'Idéal dans l'Art grec*, a, sans parti pris, avec une impartiale sagacité, combattu pour la même cause. N'oublions pas les grands travaux, si honorables pour la religion des Hellènes, de MM. Vacherot, Denis, Havet et surtout l'œuvre récente où M. Jules Girard a résumé le plus sûr et le plus délicat à la fois des enseignements (*Le Sentiment religieux en Grèce*, Hachette, 1869).

Quelques lignes de M. Chassang font bien ressortir ces tendances de légitime réhabilitation (*l. cit.*, p. 5) :

« Certes, la mythologie grecque dont le sens symbolique échappait « au peuple semblait bien souvent en désaccord avec la morale comme « avec la raison. Mais ses récits amusaient plutôt l'imagination qu'ils « ne nuisaient à la conduite individuelle. Ce qu'ils avaient de mauvais « disparaissait sous la poésie dont ils étaient enveloppés ; il restait une « influence générale qui ne pouvait qu'être utile au cœur et profitable à « la moralité. »

[2] *Agamemnon*, v. 655.

[3] PLUTARQUE (ap. Euseb. præpar. evangelic., III, 8). Ce morceau se trouve le neuvième des fragments dans l'édition Dübner (t. V, Didot).

elle-même avec une sorte de bonne grâce conduit à l'autel la fiancée imaginaire. Bien mieux, elle établit en son honneur une fête appelée *Dœdala*. Vaine condescendance! le naturel reprend son empire, et, travaillée d'une instinctive méfiance contre la moins redoutable des rivales, Héra finit par satisfaire ses penchants en livrant aux flammes l'inoffensive image de Dœdalé.

Des hautes traditions homériques à cette histoire de nourrice la chute est profonde, mais ici l'imagination populaire s'accorde à merveille avec la conception des poètes. Comique ou tragique, la haine d'Héra ne peut être que funeste au fils d'Alcmène. Quels obstacles elle lui crée, quels périls elle lui suscite! Il reste pourtant à savoir si contre cette déesse impitoyable, contre des dieux la plupart malveillants, Hadès, Poséidòn, Arès, Apollon lui-même, Hercule n'a pas dans l'Olympe des auxiliaires et des protecteurs. N'en doutons pas. Il a pour lui l'efficace appui d'Athéné et la toute-puissante affection de Zeus.

Zeus n'a jamais cessé de voir dans Hercule, en même temps que son dernier né, son fils le mieux aimé. C'est ce que les Stoïciens comprendront et exprimeront mieux que personne. C'est déjà ce que devine Homère. Il nous a montré Zeus dans sa pensée profonde (μητιέτης) ménageant à son fils un éclat, une puissance, un bonheur que seule Héra peut lui dérober par un artifice. Quand la fraude d'Héra est découverte, nous voyons Zeus s'irriter contre la mystérieuse déesse du mal, la mauvaise conseillère Até, au point de la saisir par sa tête « aux cheveux luisants[1] » et de lui interdire à jamais l'entrée de l'Olympe et du ciel constellé[2]. Nous l'avons vu, dans l'épisode de Chalcodon, enlever Hercule et le dérober à un

---

[1] Κεφαλῆς λιπαροπλοκάμοιο. — Voir sur le mythe d'Até les appréciations de M. Jules Girard (*l. cit.* 113-114).

[2] *Iliade*, XIX, v. 126.

suprême péril. De même encore, dans l'Iliade [1], éclatant contre Héra qu'il accuse de favoriser jusqu'à l'iniquité la cause des Argiens, il lui rappelle ce que lui a coûté sa perfidie à l'endroit d'Hercule. En l'appelant « artificieuse, ouvrière du mal », il la prie de se souvenir du jour où, pour expier ses méfaits envers ce héros, elle pendait enchaînée à la voûte de l'Olympe : « Il n'en fut « pas apaisé le courroux qu'excitaient en moi les souffrances du « divin Hercule, qu'avec l'aide de Borée, dans tes desseins malfai- « sants, tu avais au gré des tempêtes lancé sur la mer inféconde « et que tu jetas ensuite sur les rivages de Cos, île peuplée; alors « moi je l'ai délivré et je l'ai ramené, malgré ses nombreux travaux, « à Argos, nourricière de chevaux [2]. »

Ce passage est des plus éloquents. Il montre au temps d'Homère la filiation d'Hercule, la paternité de Zeus profondément établie dans la croyance des Grecs. Et quelle paternité plus tutélaire que celle qui s'annonce d'abord par une vive douleur et se confirme ensuite par un châtiment exercé sur Héra elle-même, et qui sacrifie la majesté d'une épouse punie à la vengeance d'un fils persécuté. Il est vrai que cette légende porte un caractère allégorique et semble répondre à un phénomène naturel [3]. Mais dans l'Iliade, elle se présente à nous sous l'aspect du pur anthropomorphisme :

[1] *Id.* xv, v. 14.

[2] ἱππόβοτον.

[3] « Les dieux d'Homère et de l'Épopée sont des personnes divines, « libres, morales, élevées au-dessus de la nature, en rapport néanmoins « avec ses diverses parties, avec les grands phénomènes. Ils sont les « prototypes et les patrons des héros, comme ceux-ci sont les patrons « et les prototypes des hommes... Et pourtant si l'on soulève le voile « brillant d'anthropomorphisme qui les recouvre, si l'on recherche leur « origine, si l'on se rend compte de leurs noms, de leurs épithètes et de « maints traits de leurs légendes, on arrive à retrouver en eux des « dieux du monde et de la nature. » (Creuzer — sect. i, liv. v, note 3e de M. Guigniaut.) — Dans le livre de M. Jules Girard cité plus haut.

c'est ainsi que nous devons l'étudier. Nous y voyons alors le plus éclatant témoignage des préférences de Zeus à l'égard d'un fils qu'il n'abandonne aux tourments éphémères que pour lui réserver dans la maison de son Père une plus complète apothéose.

Cependant Zeus est encore bien loin de ce fils chéri. Ce père séparé des hommes par sa dignité olympienne ne suffit pas à Hercule. Il lui faut une protectrice plus présente, capable de se tenir à ses côtés, de l'encourager par la parole, de relever au besoin ses forces chancelantes. Cette amie, cette protectrice, le sang d'Alcmène la trouve dans Athéné, la forte et sage déesse qui naturellement s'intéresse au héros bienfaisant et résigné. C'est elle qui aide Hercule à franchir les passages les plus difficiles ; elle le guide dans sa descente aux profondeurs de l'Hadès pour emmener le triple Cerbère. C'est le fantôme même du héros, εἴδωλον, qui fait cet aveu à Ulysse [1]. Athéné semble veiller sur Hercule comme sur un jeune frère : elle a pour lui des pitiés et des tendresses de sœur. Quoique dans l'Iliade [2] elle paraisse reprocher à Zeus cette assistance fidèle, et qu'elle exprime l'apparence d'un regret, l'ensemble des traditions mythologiques ne la montre pas moins bonne et secourable pour le voyageur sans halte et sans asile, pour ce héros toujours errant et toujours malheureux. Si Athéné rappelle à Héra que souvent elle a raffermi le fils de Zeus lassé par les travaux d'Eurysthée, et qu'elle est venue plus d'une fois à lui quand il pleurait vers le ciel, c'est

nous trouvons l'appréciation suivante et analogue à la fiction homérique (p. 59) :

« Il est à croire que cette tradition sur la tempête que la déesse avait « soulevée contre Hercule et sur les violences dont elle avait été en- « suite victime ainsi que ses enfants impuissants à la secourir, était un « écho de quelque mythe perdu, d'un caractère plus naïf et plus reli- « gieux, sur les cultes des deux grandes divinités de l'atmosphère. »

[1] *Odyssée*, ch. XI, v. 626.

[2] *Iliade*, ch. VIII, v. 366.

qu'elle était à ce moment la consolatrice et l'amie du proscrit de
Thèbes; c'est qu'elle n'a pas voulu se dérober à l'appel de sa douleur : « Hercule pleurait![1] » Touchante et poétique défaillance chez
un héros qu'Homère nous peint ailleurs violent et farouche. C'est
par ces sortes de contrastes que le type d'Hercule, dès sa première
apparition dans la poésie, est si humain, si conforme au génie de
ces Grecs qui avaient placé leurs cieux « ni trop haut ni trop bas ».

Premier en date, ce témoignage d'Homère a pour nous l'importance de tout point de départ. Il est donc nécessaire de déterminer
le type d'Hercule dans l'Iliade, l'Odyssée et les hymnes homériques.

Homère établit l'existence des *travaux* d'Hercule, mais il n'en
affirme que deux, l'expédition contre Troie et le rapt de Cerbère.
A ses yeux, Hercule ne semble d'abord qu'une image de la force,
souvent excessive et déréglée, en hostilité avec les dieux, répondant
par la violence à l'injustice. Cependant par l'hymne εἰς Ἡρακλέα le
poète et son époque avec lui proclament le culte d'Hercule et son
droit à être honoré. Homère en effet, interprète de ses contemporains, reconnaît l'iniquité d'Héra, constate l'affection de Zeus pour
Hercule, la tutelle d'Athéné, et l'éternelle récompense dévolue au
héros. En énonçant la résignation, la patience du fils d'Alcmène,
le poète commence à faire pressentir en Hercule un autre élément
que la force brutale. C'est la première indication d'un caractère
moral que chaque poète fera ressortir davantage. Mais que ces
linéaments nous sont précieux par leur antiquité même. Plus tard
la figure d'Hercule se dessinera plus nettement; les couleurs lui
seront prodiguées en abondance; mais on peut déjà dire en trans-
posant le mot de Cicéron de la peinture à la poésie : « *Eorum qui*
« *non usi sunt plus quam quatuor coloribus formas et lineamenta*
« *laudamus*[2] ».

____

[1] *Ibid.*, v. 364.
[2] *Brutus*, ch. xviii.

CHAPITRE II.

HÉSIODE.

Hésiode a beaucoup plus fait qu'Homère pour la gloire d'Hercule et l'intelligence de son culte. On peut l'affirmer, même quand le fragment parvenu jusqu'à nous sous le titre de *Bouclier d'Hercule* ne serait pas attribué au poète de Cumes. En tout état de cause, il a singulièrement fécondé le thème merveilleux qui nous intéresse, ayant insisté le premier sur les travaux d'Hercule dont Homère néglige le détail. De plus, par sa façon spéciale d'entendre la religion, il agrandissait le type héracléen. On se plaît généralement à retrouver dans Hésiode un instinct de symbolisme, un goût d'allégorie dont Homère est à peu près dépourvu. Homère fait prédominer chez les divinités grecques les caractères nouveaux de l'anthropomorphisme; il les anime, il les meut, il les « passionne » autant que possible à la façon des humains dont ils ne diffèrent essentiellement que par l'extension de leur stature [1], la perfection de leurs organes et la supériorité relative de leur esprit. Remarquons toutefois que, par la faculté de se métamorphoser, les dieux restent encore identifiés avec la mère commune, la nature, παμμήτωρ. Mais c'est seulement chez Hésiode que s'accuse cette parenté des dieux avec la nature dont ils n'ont été d'abord que les activités transformées peu à peu en agents.

---

[1] Voir les bas-reliefs au Louvre. Près des dieux les hommes y paraissent des enfants...

« Chez Hésiode, » nous dit **M. Maury**, « le naturalisme perce à
« chaque vers ». Ce qu'il veut nous donner dans son déroulement
des générations divines, « c'est un tableau des grandes phases de la
« création du monde. » M. Guigniaut, dans sa dissertation sur Hésiode [1], nous dit en parlant du poète : « Il sentit que la loi du
« monde était le mouvement, la succession ou plutôt (car il était
« Grec et animé du génie de l'Occident), le développement, le
« progrès. Il sentit que ce développement, ce progrès, c'était l'his-
« toire du monde depuis son origine, et par conséquent celle des
« pouvoirs identiques à lui qui le gouvernent. Bien plus il devina
« que la série naturelle des évolutions cosmiques représentée par
« la série traditionnelle des révolutions divines s'était opérée comme
« une transition progressive de l'indéterminé au déterminé, de
« l'absolu au relatif, en un mot de l'infini au fini. C'est cette grande
« idée philosophique obscurément comprise qui lui donna l'unité
« intime et génératrice de son poème. »

Cette vue d'ensemble d'Hésiode dirigée vers le naturalisme semble
remettre en lumière le caractère physique du mythe d'Hercule. Si
l'enfant monstrueux de la Gorgone, Chrysaor, par l'étymologie de
son nom [2] et le rôle qu'on lui prête auprès de Zeus, correspond
au phénomène de la naissance de la foudre, Géryon qu'Hésiode
donne pour fils à Chrysaor, Géryon vaincu par Hercule et avec lui
le chien Orthros, né de la monstrueuse Echidna, cachent, sous des
apparences semi-humaines, semi-animales, des éléments impurs et
malfaisants vaincus par la lumière et l'air, Ἡρχ; κλέο;. Le mythe de
Chrysaor était des plus anciens, il ne reparaît plus dans la suite de
la religion hellénique; quant à Géryon, il avait été rattaché à Chry-

---

[1] Creuzer, livre vi, note 5.

[2] Chrysaor, « qui porte un glaive d'or; » la foudre de Zeus que Chrysaor est chargé de porter dans l'Olympe est en .quelque sorte une
arme d'or.

saor, la foudre, à Callirhoé, la pluie. De là une assimilation possible avec les vapeurs qui naissent après la pluie d'orage.

Hésiode le premier nous fait connaître cette lutte symbolique d'Hercule avec Géryon [1]. Dans sa *Théogonie*, il nous dit : « Après « s'être uni avec Callirrhoé, fille du vaste Océan, Chrysaor engen- « dra Géryon à trois têtes qu'Hercule dépouilla de ses armes au- « près de ses bœufs dans l'île d'Erythie baignée par les flots, le « jour où il chassa les bœufs aux larges fronts vers la Tirynthe « sacrée ayant traversé l'Océan et tué Orthros et le bouvier Eury- « tion dans l'étable obscure, au delà de l'illustre Océan. »

Successivement les allusions aux travaux d'Hercule se multi- plient : voici Cerbère, Orthros et l'Hydre de Lerne « λύγρ' εἰδυῖαν, savante en œuvres mauvaises », qui naissent également de Typhaon et d'Echidna « divine, à l'âme forte, moitié nymphe aux « yeux noirs, aux sourcils arqués, aux belles joues, moitié serpent « énorme, horrible, immense, bigarré, mangeur de chair crue, « hôtesse des cavernes de la terre divine. » Puis le lion de Némée qui dérive d'Echidna par l'intermédiaire de la Chimère, née de l'Hydre de Lerne. Enfin le serpent qui garde les pommes d'or des Hespérides appartient à la même race par l'hymen de Phorcys et de Céto.

On saisit l'importance de ces documents. Observons encore, pour l'intelligence du mythe, que le héros luttant successivement con- tre des monstres issus d'une même origine et tous d'une même famille semble combattre un être identique sous des noms diffé- rents. S'il n'existait aucun lien entre l'Hydre, le lion, Cerbère, Géryon, Orthros, nous avancerions un fait des plus contestables ; mais cet enchaînement ne nous laisse plus de doutes. La symé- trie rigoureuse qu'Hésiode adopte nous prouve que nous assis- tons véritablement à une seule lutte multipliée par l'imagination

---

[1] *Théogonie*, v. 288.

grecque, à la lutte d'une force bienfaisante, purifiante et régulatrice, Hercule, contre les éléments impurs, désordonnés et anormaux d'une nature en formation [1]. Pour ce mythe comme pour tout autre les conceptions religieuses primitives se ramènent de plus en plus à la physique et à la géologie. L'homme a vu des forces rivales; faute de comprendre, il a béni ces forces. Ses sensations se sont traduites par le langage; le langage en a fait des êtres : le langage a créé des dieux!

Cependant, pour le sujet qui nous occupe, Hésiode fait sa part à l'anthropomorphisme dominant à son époque. L'énumération qu'il donne des douze dieux ne désavoue nullement la mythologie homérique, elle s'en distingue seulement par l'indication de quelques mythes inconnus d'Homère [2]. Il signale l'acharnement passionné, vraiment féminin d'Héra contre Hercule, dans le voisinage de créations toutes symboliques. Il nous dit [3] que l'Hydre de Lerne fut nourrie par « Héra aux bras blancs insatiable dans sa haine contre la force d'Hercule. » De même [4] Héra « vénérable épouse de Zeus » nourrit encore le lion qu'elle plaça dans les champs de Némée, fléau des hommes, πῆμ' ἀνθρώποις. Il nous montre auparavant Athéné [5] se faisant la conseillère d'Hercule et le dirigeant dans son entreprise contre l'Hydre de Lerne.

Hésiode, à vrai dire, marque la transition entre le naturalisme primitif à moitié effacé et l'anthropomorphisme dont Homère annonce le développement. C'est chez lui que nous trouvons, à l'exception de l'aventure de Periclymenos, tous les épisodes surnatu-

---

[1] Parmi ces monstres, ceux qui ne succombent pas sous les coups vengeurs d'Hercule sont immolés par des héros de même nature, Bellérophon, vainqueur de la Chimère, Persée, dompteur de Méduse. C'est toujours le même duel.

[2] Voir les mythes de Phaéton, de Cadmos et d'Harmonia.

[3] *Théog.*, v. 302.

[4] *Ibid.*, v. 326.

[5] *Ibid.*, v. 318.

rels de la vie d'Hercule. Ces épisodes sont peu nombreux. Hercule a plus d'hommes à combattre que de monstres. Lui-même il est homme et tout en lui est proportionné et harmonieux. De là l'immense agrandissement moral qu'a pu comporter *l'archagète* Dorien, tandis que Bellérophon et Persée sont restés à mi-chemin, flottant entre la réalité vulgaire et le fantastique, sans caractère humain, sans excellence divine, sans autorité sur les âmes, sans action sur les destinées de la Grèce.

Chez Hésiode comme chez Homère l'anthropomorphisme commence à envelopper des conceptions morales. Mais chez Hésiode cette moralité naissante s'élève plus haut. C'est ainsi qu'il donne pour épouse à Zeus Métis, c'est à dire l'Intelligence [1]. C'est encore ainsi que dans un sentiment d'amour et d'estime pour Hercule le Zeus d'Hésiode « voulant glorifier son fils » lui accorde le droit de délivrer Prométhée en tuant l'aigle bourreau. Zeus alors fléchit sa colère longuement excitée contre le ravisseur du feu divin; « car il honorait son fils chéri. » Hercule en cette circonstance semble prendre ce rôle de médiateur dont le stoïcisme se plaira plus tard à le revêtir.

A la suite de la *Théogonie* et des *Travaux et des Jours*, attribués au moins en partie à Hésiode se trouvent des fragments mutilés ou dispersés. Quelques vers subsistent à peine d'un poème alternativement intitulé par les anciens κατάλογος γυναικῶν, *catalogue de femmes*, histoire des mortelles qui sont devenues mères des dieux, ou encore *Grandes Œoées*, d'après les mots qui ouvraient ces énumérations, ἤ οἵαι μεγάλαι. Ces vers ont été çà et là conservés par Athénée, par Suidas, par Porphyre. Quelques-uns se rapportent à notre sujet; car Alcmène avait sa place dans ce poème. Nous en extrairons d'abord un fragment assez court, d'ailleurs curieux puisqu'il met en relief un des adversaires d'Hercule, le monstrueux Periclymenos,

---

[1] *Théog.*, v. 886.

celui qui possédait la faculté de se transformer à son gré. Voici ce fragment relatif à l'expédition d'Hercule contre Nélée :

$$\text{Περικλύμενον τ'ἀγέρωχον}$$
$$\text{ὄλβιον, ᾧ πόρε δῶρα Ποτειδαών ἐνοσίχθων}$$
$$\text{παντοῖ, ἄλλοτε μὲν γὰρ ἐν ὀρνίθεσσι φάνεσκεν,.....}$$

« Ce Périclymène hautain et heureux à qui Poseidon ébranleur
« du sol avait assuré des dons infinis : car tantôt il se montrait au
« milieu des oiseaux sous la forme d'un aigle, tantôt, prodige
« effrayant, il s'était changé en fourmi, tantôt en éclatant essaim
« d'abeilles, tantôt enfin en serpent terrible et cruel : il avait donc
« tous ces priviléges qui ne purent le sauver plus tard, par suite
« des conseils d'Athéné. »

Le fragment suivant (fr. 31) conservé par Stéphane de Byzance fait allusion à Nestor préservé par son absence du massacre commun des fils de Nélée.

« Il tua les nobles fils du malheureux Nélée, au nombre de onze.
« Or le douzième, le cavalier Nestor, était à ce moment l'hôte des
« Géréniens dompteurs de chevaux. »

La tradition qui prévalut plus tard fait épargner Nestor par la clémence d'Hercule.

Quelques vers, empruntés aux scolies sur l'*Eth. à Nicomaque* d'Aristote, nous rappellent les tristesses d'Alcmène [1].

« O mon fils, Zeus ton père t'a engendré à la fois malheureux et
« grand entre tous les hommes. »

Un second vers cité renferme une idée analogue sauf la substitution des Mœres à Zeus. Un tronçon de vers... Φυλέα.... φίλον μακάρεσσι θεοῖσι, ramène notre pensée à un ami d'Hercule que nous retrouverons dans les mythographes.

---

[1] Fr. 69. Nous retrouverons dans Moschos ce thème repris et traité largement.

Enfin nous arrivons à un morceau d'une origine fort douteuse
mais d'une beauté littéraire incontestable. On a rattaché à ce
morceau des *Grandes Œoées* le récit du combat entre Hercule et
Cycnos. Ce combat est fréquemment rappelé dans beaucoup d'é-
crivains Grecs, mais jamais il n'a été décrit avec plus d'insistance
et de richesse surtout. Les cinquante-cinq premiers vers du poème
que l'on intitule « le bouclier d'Hercule » se rapportent uniquement à Amphitryon, à Alcmène, à Zeus. Quatre cent trente vers
sont consacrés à la description de la lutte héroïque, mais ils ne
doivent pas faire négliger l'exorde qui les précède. Nous trouvons
d'abord un portrait d'Alcmène qui permet de comprendre l'entraînement de Zeus vers la Midéenne. Elle a toutes les beautés fémi-
nines en y comprenant cette beauté qui semblait alors plus rare
chez la femme, l'intelligence, νόον. « Aucune autre ne luttait avec
« Alcmène en intelligence ; sur ses noires paupières respirait comme
« le souffle d'Aphrodite belle comme l'or. » Le poète ajoute qu'elle
dépassait encore par son amour pour Amphitryon l'affection des autres femmes pour leurs époux [1]. Et pourtant, nous dit-il, « Amphitryon avait tué son père dans une querelle au sujet des bœufs, »
litige fréquent dans le monde pasteur de l'Iliade [2]. Ce père, roi
de Mycènes, s'appelait Electryon. Il est vrai que l'opinion définitive adoptée par Apollodore [3] attribue cette mort au rebon-
dissement fortuit d'une massue lancée contre un bœuf qui s'en-
fuyait. Mais la donnée d'Hésiode est plus conforme au sentiment
primitif. Rien de plus fidèle à la tradition des temps héroïques que
cette complaisance des femmes pour les meurtriers de leurs pères

---

[1] V. 5-10.

[2] Voir les paroles de Nestor, *Il.*, xi, v. 670-673 :

$$\ldots \text{νεῖκος ἐτύχθη}$$
$$\text{ἀμφὶ βοηλασίη,}\ldots.$$

[3] *Bibl.*

ou de leurs époux. Les poètes en offrent plus d'un exemple. Ainsi Briséis [1], pleine de tendresse pour Achille, rappelle que dans Lyrnesse Achille a tué l'époux que lui avait donné son père et sa « vénérable mère ». Tecmesse absout dans Ajax le destructeur de sa patrie [2]. Qu'en faut-il conclure? la longue dépendance de la femme en ces temps héroïques, les préjugés qu'elle partageait avec ses contemporains, c'est-à-dire l'admiration excessive de la force. Remarquons en même temps un instinct primitif que peut seule corriger une morale épurée, une tendresse naïve et toute d'élan qui se livre aux marques extérieures de l'amour sans être retenue par des scrupules de conscience. La crainte a précédé l'amour.

La civilisation seule peut créer les admirables anxiétés de Chimène et ces débats du cœur que les époques à demi-barbares ne songent pas même à soulever.

De ce morceau se détachent deux vers saisissants dont la pensée est supérieure à l'esprit de l'hymne homérique, les premiers vraiment qui à la tradition des souffrances et des violences d'Hercule aient uni l'idée d'une mission bienfaisante et divine [3]. « Mais le père « des hommes et des dieux ourdissait une autre pensée dans son « esprit, c'était d'engendrer pour les dieux et les hommes indus- « trieux un défenseur contre le mal. »

Πατὴρ τ' ἀνδρῶν τε θεῶν τε
ἄλλην μῆτιν ὕφαινε μετὰ φρεσίν, ὄφρα θεοῖσιν
ἀνδράσι τ' ἀλφηστῆσιν ἀρῆς ἀλκτῆρα φυτεῦσαι.

Combien le type d'Hercule est rehaussé par ces vers. Le héros cesse d'être une force aveugle et passive pour devenir une force bienfaisante, ouvrière d'une œuvre divine. Les hommages qui lui

[1] *Il.*, ch. xix, v. 295.

[2] Soph., *Ajax*, v. 515.

[3] V. 27-30.

sont rendus n'en deviennent que plus justes. Ce n'est plus seulement le fils de Zeus qu'on honore, mais un Zeus terrestre, une providence visible, rapprochée, et sans cesse attestée par des actes humains. Qui de ces premiers Grecs [1], exposés à toutes les surprises des pirates, à toutes les violences des tyrans, mal défendus contre les bêtes fauves, ne trouve un charme et comme une consolation à invoquer le grand destructeur de bêtes fauves et de tyrans, celui devant qui Géryon, Busiris, Eurytos n'ont pas trouvé grâce, celui qui n'a fait que passer et laisse pacifié le lac Stymphale et Némée affranchie de l'épouvante? Les dangers les plus sensibles aux Grecs des temps héroïques, c'est Hercule qui les affronte, Hercule qui les combat, Hercule qui les anéantit. Hantés du souvenir de périls plus terribles que les hasards de leur vie présente, les Grecs ont volontiers attribué le commencement de sécurité dont ils jouissaient, l'amélioration des maux de leurs ancêtres, non pas à l'effort des siècles, mais à la rapide et puissante intervention d'un être unique. C'est en même temps un orgueil pour eux de devoir dans leur pensée le salut non pas à des dieux souvent indifférents, parfois ennemis des mortels, mais à un homme doué seulement des forces humaines, et que la vertu seule a promu à l'immortalité. Le mythe d'Hercule sera mieux partagé dans la suite, mais tous les progrès, les agrandissements ultérieurs, comme le chêne dans le gland, sont contenus dans cette expression frappante, ἀρῆς ἀλκτῆρα.

A ce fragment succède, en vertu d'une soudure que l'on a souvent signalée, un morceau beaucoup plus long, un véritable poème, d'un sentiment et d'une allure très-épiques, et qui, s'il n'est point parti de la main d'Hésiode, a dû sa naissance à un poète d'un génie égal. Le début est d'une parfaite simplicité :

« Il tua encore Cycnos, magnanime fils d'Arès; car il le trouva
« dans le bois d'Apollon qui frappe de loin, lui et son père Arès,

---

[1] THUCYDIDE, 1er livre, ch. IV et V.

« insatiable de guerre, tous deux éclatants sous leurs armes... Arès
« et Cycnos n'attendent que le combat; Cycnos convoita l'armure
« d'Hercule et du conducteur de son char, Iolas. » Cet Iolas est le
neveu d'Hercule, fils de son frère Iphitos; dans les antiques légendes il joue auprès du héros comme un rôle d'écuyer. C'est l'in-
séparable compagnon d'Hercule, associé par les poètes à sa gloire
comme aux temps non moins fabuleux de la chevalerie Olivier le
fut à la gloire de Roland.

Aucun détail n'est omis qui puisse relever l'aspect formidable de
Cycnos. « Tout le bois, tout l'autel était éclairé par ses armes et
« par lui-même; car ses yeux brillaient comme le feu. Or, quel mor-
« tel eût osé aller au devant de lui, sinon Hercule et l'illustre Iolas. »
Tel est l'adversaire du fils d'Alcmène. Comme dans toutes les
luttes héroïques, Hercule harangue son fidèle Iolas [1]. Il lui rappelle
sa naissance, les travaux auxquels il est voué, et l'exhorte à mar-
cher avec lui droit à l'ennemi « sans craindre Arès homicide qui
« maintenant bruyant et furieux remplit de fracas le bois sacré. »
Iolas répond par des paroles belliqueuses à l'appel du héros qui
avant de s'armer lui recommande son cheval aux crins noirs,
Arion [2]. Puis il revêt ses armes, don d'Héphaïstos. Il prend sa cui-
rasse, son épée, ses flèches, « donneuses de mort, humides de
larmes », son casque, enfin son bouclier.

Alors le poète entre dans la description de ce bouclier, par un
artifice analogue à celui qu'emploie Homère. Ce bouclier sur sa
vaste surface contient de même toutes les scènes de la vie héroïque.

[1] Iolas à qui l'on rendit un culte était spécialement honoré dans le
Cynosarge à Athènes (PAUSAN., I, 19) en même temps qu'Héraclès, Alcmène et Hébé.

[2] Ce cheval, ancêtre mythologique des coursiers d'Arioste et de
Boiardo, était né de Déméter et de Poseidon, considéré comme dieu
générateur et adoré à Sparte sous le surnom de γενέθλιος (PAUSANIAS, III,
ch. 15). On saisit la parenté d'Arion avec Pégase et le caractère symbo-

Ainsi l'on y voit d'une part la sérénité suprême, Apollon, jouant de
la lyre parmi les Olympiens; on y trouve aussi l'aspect rassurant
d'un port où semblent nager des dauphins d'argent, la figure d'un
pêcheur, des joueurs de flûte, des chœurs d'hyménée, le travail des
laboureurs, la gaité de la vendange, le mouvement de la chasse, le
vol des cygnes; mais aussi d'autre part les images les plus sombres,
les plus terribles y sont représentées avec une énergie qu'aucun
des modernes ne nous semble avoir égalée. Ce n'est d'abord que la
description d'un dragon, δράκοντος φόβος, la terreur d'un dragon.
Voici des âmes plongées dans l'Hadès, cependant que sur terre
« leurs ossements pourrissent. » Voici une lutte formidable entre
des sangliers et des lions, une bataille entre les Centaures et les
Lapithes, l'entreprise de Persée contre la Gorgone. Mais ce n'est
encore que la moindre horreur. Voyez la Mort qui d'une main
tenant un blessé, de l'autre un homme sain et sauf, en tire par les
pieds un troisième à l'état de cadavre. « Elle portait un vêtement
ensanglanté. » Il est impossible de faire sentir d'une façon plus
saisissante que la Mort est reine des champs de bataille, et que
tous, même ceux qu'elle épargne, lui appartiennent d'un droit égal.
Non loin sur l'airain ciselé se déroule un combat entre les assié-
geants et les défenseurs d'une ville. « Beaucoup gisaient à terre,
« un plus grand nombre soutenaient le combat avec acharnement :
« cependant les femmes sur les tours d'airain bien construites
« poussaient des cris perçants et déchiraient leur joues... Des
« hommes âgés sur lesquels s'était jetée la vieillesse étaient groupés

lique de ce cheval issu de l'élément humide. Les mythographes Phérécyde et Apollodore ont fait mention tous deux également d'Arion
comme monture d'Hercule. Avant eux Homère en avait parlé (*Il.*, xxiii,
346) pour vanter la vélocité de ce cheval incomparable.

Enfin Pausanias (*Arcadie,* viii, 16) nous dit qu'Hercule avait Arion
avec lui quand il attaqua les Éléens et que ce fut là pour les Arcadiens
l'origine du nom de *Poseidon équestre.*

« en dehors des portes et tendaient les mains vers les immortels
« bienheureux, émus de crainte pour leurs enfants; ceux-ci de leur
« côté soutenaient la lutte, tandis qu'à leur suite les noires Kères
« faisant craquer leurs dents blanches, aux yeux terribles, à l'as-
« pect farouche, sanglantes et formidables, combattaient contre
« ceux qui tombaient : car toutes désiraient boire le sang noir : or
« le premier qu'elles avaient saisi, mort ou blessé, sentait s'abattre
« sur lui leurs grands ongles, cependant que son âme descendait
« vers l'Hadès, dans le Tartare glacial. Et les Kères, lorsqu'elles
« avaient assouvi leur désir de sang humain, rejetaient ce cadavre
« derrière elles et se hâtaient de rentrer dans les tumultes et
« dans le carnage. »

Près de ces déesses épouvantables se place une figure non moins
sinistre [1], la Tristesse, « affreuse et misérable, pâle, déchar-
« née, aux gros genoux; des ongles démesurés pendaient à ses
« mains. De ses narines coulait l'humidité, et de ses joues le sang
« dégouttait sur la terre : elle était debout, grinçant de ses dents sans
« trêve, et sur ses épaules flottait abondamment une poussière
« trempée de larmes. »

On ne rencontre point dans Eschyle des peintures d'un éclat plus
sombre : nous ne croyons pas qu'après Eschyle on retrouve, sauf
peut-être chez Dante, ce grand art d'épouvanter par les mots.

Ce bouclier exprime fidèlement la vie du monde héroïque : peu
de scènes riantes et paisibles, beaucoup de tableaux horribles et
lamentables. Après cette description, le poète passe au combat. Il
nous montre Cycnos secouru par Arès, mais Hercule assisté par
Athéné qui se fait sa conseillère. Le combat est, comme dans
l'Iliade, comme dans tous les récits épiques, précédé d'un discours
où « la force d'Hercule » provoque son adversaire. La lutte s'engage, retentissante, appelant les images les plus grandioses,

[1] V. 264.

éeroulement de rochers, choc de sangliers écumants et de chas-
seurs, duels de lions rugissants sur le cadavre du cerf. Cycnos
tombe enfin « comme un chène, » Arès furieux attaque Hercule
avec de grands cris. Alors Athéné intervient vainement. Arès se
jette sur le héros, le frappe de sa lance. Athéné détourne le coup.
A son tour Hercule blesse le dieu « insatiable de combats » et le
renverse sur le sol. La Terreur et l'Epouvante transportent le vaincu
dans l'Olympe : le vainqueur se dirige vers Trachine. Cycnos est
enseveli en grande pompe, sur l'ordre de son beau-père Céyx.
« Mais l'Anauros rendit son tombeau et son monument invisibles,
« avec ses flots grossis par une pluie d'hiver. C'est ainsi que le
« voulut le fils de Léto, parce que Cycnos prenait dans ses embû-
ches et dépouillait tous ceux qui menaient des hécatombes à
Delphes. »

Ce dernier trait résume le poème et nous donne une conclusion
morale. Cycnos n'est qu'un ravisseur, un sacrilége, une puissance
injuste et brutale. Hercule qui le tue devient le libérateur des
pieux pèlerins de Delphes, le punisseur d'un être inique et violent,
le sauveur de tous ceux qu'aurait tués et le vengeur de tous ceux
qu'a tués ce fils intempérant d'Arès. Hercule se montre ici « ἀλκτῆρα. » Aussi cette lutte de Cycnos avec le fils d'Alcmène revient-elle
souvent chez les écrivains les plus anciens [1]. Cet épisode n'eût
pas été l'un des plus familiers à leur mémoire s'il n'était destiné à
faire ressortir la gloire d'Hercule, telle que Zeus la concevait d'a-
près Hésiode, telle qu'Hésiode nous l'a définie le premier, une
gloire qui se compose de bienfaits et qui se révèle par la destruction du mal et de l'injustice. Une massue, des flèches, une force
prodigieuse, un courage plus merveilleux encore, voilà ce qu'Hé-

____

[1] Cette lutte est aussi fréquemment traitée par les artistes. Entre
autres représentations Pausanias nous renvoie (I, 25) au temple d'Athéné
Poliade dans l'Attique, puis au sanctuaire d'Amyclée (III, 18).

siode a vu clairement chez Hercule. Voilà donc, traduite par le poète, la croyance des contemporains d'Hésiode, une croyance qui implique à la fois le souvenir du caractère primitivement naturaliste du type héracléen, une conscience très-vive de sa force physique et humaine, un pressentiment déjà bien accusé de la grandeur morale où ce type doit s'élever. Oui, déjà l'idée de la justice se dessine dans la pensée d'Hésiode, interprète de son temps. C'est surtout au poème *les Travaux et les Jours* qu'il faut se reporter. Quelques citations feront comprendre que le poète ait déjà pu se représenter la mission et le sacrifice d'Hercule. Toutes les épreuves subies par le héros apparaissaient justifiées à qui lisait ce beau vers: « Les dieux ont mis la sueur sur la route de la vertu » [1].

De même, pour mieux saisir ces alternatives de souffrances prolongées et d'éphémères triomphes dont se mêle la vie du fils d'Alcmène, on écoutait encore le poète exprimant ainsi les vicissitudes du bonheur et du malheur : « Tantôt les journées sont des marâtres, « tantôt des mères » [2]. Enfin ce même Hésiode rappelait à ses contemporains que « si la loi des poissons, des fauves et des oiseaux « était de se dévorer entre eux parce qu'ils *n'ont pas la justice*, le « fils de Chronos avait donné aux hommes la justice qui est de « tous les biens le plus précieux » [3].

Or, qu'étaient les actes de la justice à cette époque, ceux dont avait besoin l'humanité? l'extermination des monstres et des oppresseurs, en un mot les travaux d'Hercule.

---

[1] Τῆς δ'ἀρετῆς ἱδρῶτα θεοί προπάροιθεν ἔθηκαν
ἀθάνατοι

Travaux et jours, v. 277.

[2] *Ibid.,* v. 825.
῎Αλλοτε μητρυιὴ πέλει ἡμέρη, ἄλλοτε μήτηρ.

[3] *Ibid.,* 276-280.

Ces ἆθλοι, Hésiode les a le premier recensés, en petit nombre encore, mais en nombre suffisant pour nous faire comprendre à cette époque l'importance du culte d'Hercule. D'après le *Canon* des mythographes, c'est le premier travail (lion de Némée), puis le 2ᵉ (Hydre de Lerne), le 10ᵉ (Géryon), le 11ᵉ (Hespérides), le 12ᵉ (Cerbère), cinq travaux en somme qu'il nous révèle dans la *Théogonie*. Remarquez qu'il parle de Géryon avant les poètes chez qui, à propos de ce mythe, on a voulu chercher des réminiscences égyptiennes. Enfin parmi les πάρεργα il nous énonce la délivrance de Prométhée, les luttes contre Periclymenos, Cycnos, la victoire sur Nélée. Il esquisse la figure d'Alcmène, et d'un trait rapide indique Phylée, Arion, Iolas, personnages de la légende héracléenne. On voit tout ce que lui doit l'histoire du type d'Hercule. Ajoutons qu'il annonce le caractère moral de ce mythe encore à moitié engagé chez lui dans les origines naturelles. Ses indications de toute sorte sont trop brèves, voilà seulement la réserve que nous devons faire en passant à ses successeurs. Mais d'Homère à Hésiode, pour le sujet qui nous intéresse, que de chemin parcouru!

CHAPITRE III.

POÈTES CYCLIQUES.

Hercule jusqu'ici n'a pas encore obtenu un poème qui lui soit
entièrement consacré. Enfin, comme un sacerdoce spécial, il eut
ses poètes à lui qui de sa légende firent l'objet principal de
leurs chants. Ce fut à l'aide de ces poètes qu'Hérodore composa
vraisemblablement la première compilation mythographique sur le
fils d'Alcmène. Par malheur, ces anciens monuments sont à peu près
perdus pour nous; il n'en subsiste que de rares et souvent informes
débris. Au temps d'Homère ou immédiatement après lui s'était dé-
ployée une école de poètes cycliques embrassant dans leur imagination toute une période héroïque. Beaucoup devaient rencontrer
Hercule, quelques-uns le cherchèrent uniquement. Ainsi Carcinos
de Naupacte qui chanta les « Héroïnes » faisait sans aucun doute
allusion à l'illustre Alcmène. Cinéthon de Lacédémone ne pouvait
oublier dans sa *Théogonie* le dernier-né des dieux. Le poème des
retours, νόστοι, d'Augias de Trézène s'appliquait peut-être aux voyages d'Hercule aussi bien qu'aux « erreurs » des vainqueurs d'Ilion.
Les *Généalogies* d'Asios de Samos avaient encore trait à la naissance merveilleuse du héros, et la *Titanomachie* d'Eumélos de
Corinthe pouvait le montrer aux prises avec les ennemis des dieux.
Cercops de Milet avait chanté Ægimios roi des Doriens. Hercule
qui, d'après la tradition, s'était associé aux exploits d'Ægimios
dominait sans contredit dans cette œuvre. Il occupait tout entier
un poème cyclique attribué tantôt à Créophyle de Samos, tantôt à

Homère lui-même. Le titre seul, *prise d'OEchalie*, Οἰχαλίης ἅλωσις, indique un ouvrage consacré aux exploits d'Hercule, puisqu'Hercule avait pris OEchalie pour se venger d'Eurytos qui lui avait donné sa fille Iole. Ces poèmes de Cercops et de Créophyle, par le lieu de la scène, qui est le Péloponnèse, accusent nettement l'origine hellénique du mythe d'Hercule et, même par delà l'invention postérieure du fils d'Alcmène, vont retrouver le héros Dorien [1].

Otfried Müller dans son *Histoire de la littérature grecque* nous parle d'un autre poème perdu, inscrit sous le nom d'Homère. Ce poème représentait Hercule aux prises avec les Cercopes dont il faisait des nains malicieux, des pygmées, grotesques ennemis et captifs dérisoires du héros. Nous reviendrons à ces Cercopes dans le chapitre de la Comédie.

Enfin ces *Héraclées ou héracléides* furent nombreuses [2]; deux surtout restèrent célèbres, le poème de Pisandros et celui de Panyasis. Pisandros de Camire avait été placé par le canon d'Alexandrie immédiatement au-dessous d'Homère et d'Hésiode. On lui a peut-être à cause de ce renom attribué la 24ᵉ et la 25ᵉ idylle de Théocrite, toutes deux consacrées au fils d'Alcmène, et même un morceau analogue de Moschos. Sans parler des formes de langage, le ton de ces morceaux ne s'accorde pas avec la simplicité des anciens poètes. Au reste il ne subsiste guère de Pisandros que quelques mots.

---

[1] La date où parurent ces poètes est incertaine. Schœll, dans sa *Littérature Grecque*, se borne à nous dire que Cinéthon de Lacédémone fleurit à la troisième Olympiade, qu'Arctinos de Milet vécut entre la cinquième et la neuvième Olympiade et enfin qu'Eumélos de Corinthe fit partie de la colonie qui fonda Syracuse. (755 av. J.-C.)

[2] Dans le livre IIIᵉ, p. 986, Creuzer, en parlant des Amazones, dit qu'elles jouaient un rôle dans les *Héraclées*. Aucun fragment des poètes cycliques ne confirme cette assertion qui est du reste des plus probables.

Pisandros arma le premier Hercule de la massue. Il serait l'inventeur de cet attribut: jusque-là le héros n'aurait paru qu'armé de flèches. Strabon nous donne ce renseignement [1]. De même Eratosthène [2] dit en propres termes que l'appareil d'Hercule, la massue avec la peau de lion, ne fut pas antérieur à Pisandros. Cependant la présence du lion de Némée dans Hésiode nous semble impliquer l'appareil en question. Pausanias [3], réduisant à une tète l'Hydre de Lerne, prétend que Pisandros fut le premier à multiplier le nombre de ces têtes renaissantes. C'est à l'aide de Pisandros que Pausanias soutient la tradition des crotales d'airain qui ébranlèrent les oiseaux du lac Stymphale et précipitèrent vers la fuite leur vol épouvanté [4]. Pisandros indiquait encore la lutte contre Antée; il faisait allusion en deux vers aux sources d'eau chaude qu'Athéné tutélaire fit jaillir aux Thermopyles pour le héros favorisé. Un autre vers, cité par Stobée, se détache isolé, sans qu'on puisse facilement le rapporter à tel ou tel épisode. Müller l'applique pourtant à la lutte contre les Cercopes :

οὐ νέμεσις καὶ ψεῦδος ὑπὲρ ψυχῆς ἀγορεύειν.

Ce n'est pas un grand crime que de préférer la vie à la vérité [5].

Voici un vers mutilé que nous devons à Hésychios.

νοῦς... παρὰ Κενταύροισι

Nous y croyons reconnaitre une allusion à la violence des Centaures, adversaires d'Hercule et de son hôte Pholos. Nous avons

---

[1] Chap. xv.
[2] *Catastr.*, 12.
[3] ii, 35.
[4] Pausanias (viii , 22) prétend que les oiseaux du lac Stymphale se nourrissaient de chair humaine.
[5] Stobée, vii, 6.

réservé pour la fin les fragments 5 et 10 beaucoup plus significatifs[1]. D'abord Athénée[2] nous rapporte d'après Pisandros l'incident d'une coupe d'or prêtée par le Soleil à Hercule pour traverser l'Océan. Cet incident que nous retrouverons dans Panyasis a servi de prétexte à M. Creuzer et à plus d'un mythologue pour affirmer qu'à cette époque la légende d'Hercule commençait à prendre un aspect solaire. Songeons cependant que ce détail est unique de son genre dans les fragments des deux poètes, qu'il n'y a rien de bien concluant. Pour une légende peut-être antérieure à Pisandros et à Panyasis, établir une dépendance avec l'Egypte, ou croire à une invasion d'idées orientales, c'est faire preuve de cette facilité de généralisation dont tous les mythologues ont abusé depuis Creuzer jusqu'à M. Max Müller et M. Cox son disciple qui veut faire d'Iole une aurore personnifiant les nuages violets du matin, et que le soir le Soleil retrouve quand il va périr dans un grand embrasement. Selon nous il est plus sage de se garder de synthèses aussi hâtives.

Le second fragment de Pisandros sur lequel nous insisterons, le fragment 10, a pour nous une tout autre importance. Il s'agit de deux vers encore mutilés et recueillis par le commentaire d'Olympiodore.

$$\Delta \iota \varkappa \alpha \iota o \tau \acute{\alpha} \tau o \upsilon \ \tau \varepsilon \ \varphi o \nu \tilde{\eta} o \varsigma \cdot$$
$$\dot{\varepsilon} \pi \iota \ \gamma \grave{\alpha} \rho \ \varkappa \alpha \theta \alpha \rho \acute{o} \tau \eta \tau \alpha \ \varphi \acute{o} \nu o \upsilon \varsigma \ \dot{\varepsilon} \pi o \acute{\iota} \varepsilon \iota.$$

« C'était un meurtrier légitime, car il tuait pour purifier. » Comme ces vers révèlent l'intelligence du type d'Hercule et la persévérante intention du peuple qui a voulu l'amener à l'idée de justice. Or, que peut être la justice dans ces temps de violence,

---

[1] Edit. Fréd. Dübner. (Collect. Didot, t. VII.)
[2] L. XI.

sinon la suppression de la force par la force, la délivrance de l'inno-
cent par l'élimination du coupable? Le fils d'Alcmène, justicier
indépendant, passe et sur son passage fait disparaître le mal; il
purifie en châtiant. C'est ce double caractère de punisseur et de
purificateur, caractère des plus augustes, que Pisandros fait ici ressortir avec autant d'énergie que l'auteur du *Bouclier d'Hercule*.

Ces deux vers dans leur éloquente brièveté nous font envier
davantage le poème dérobé à nos regards.

Panyasis n'a pas laissé de vers plus significatifs, mais il reste
de lui deux ou trois fragments d'une tout autre longueur. Le temps
sans l'épargner beaucoup plus a été un peu moins impitoyable pour
lui. Panyasis est rangé comme Pisandros sur le *Canon* des Alexandrins. Quintilien ne l'a pas oublié, quoiqu'il tempère l'éloge en
n'accordant à ce poète qu'un talent mixte qui tient d'Hésiode et
d'Antimaque [1]. La destinée même de Panyasis servit à recomman-
der ses poèmes. Ce poète héroïque, qui, selon Suidas, ranima la
poésie éteinte, ἀβιωθεῖσαν τὴν ποιητικὴν ἐπανήγαγε, était originaire d'Halicarnasse. Il vécut au moment de la première guerre médique, et
son existence soumise aux conflits de l'indépendance et de la tyrannie fut tranchée par le tyran Lygdamis. Le principal ouvrage de
Panyasis fut une *Héracléide* en quatorze chants. Probablement il
passait en revue toutes les aventures d'Hercule en insistant sur les
travaux les plus négligés par ses prédécesseurs, ou sur ces incidents dont l'imagination des fidèles chargeait chaque jour la légende héroïque. M. Dubner cite à ce sujet l'opinion d'Otfried Müller [2].

« *Panyasidis Heraclea, si libris quattuordecim, versuum millibus*
« *novem comprehendebatur, gesta quædam, in medio præsertim*
« *carmine, maxima cum copia et satis prolixé narrata fuisse necesse*
« *est : nam ἄθλους omnes complectebatur liber primus. Quare Panyasin*

[1] Liv. X. ch. 1.
[2] *Dor.* II. p. 47.

« *breviter retulisse puto quæ ab aliis jam tractata essent ; ut fabulas*
« *ante ipsum fere neglectas ut peregrinationem Herculis in Lydiá*
« *luxurianti ingenio copiose exornavisse.* »

Vogel [1], à propos de ces Héraclées dont il nous reste si peu de
fragments, a prétendu que Pisandros, Panyasis et plus tard le lyrique Stésichore avaient rejeté le personnage d'Eurysthée comme un
vivant obstacle à leur conception solaire du mythe héracléen. Voilà,
selon nous, un exemple frappant de l'abus des hypothèses. De quel
droit Vogel hasarde-t-il cette supposition, et qui lui permet d'affirmer l'absence d'Eurysthée dans des poèmes qui nous sont arrivés
en lambeaux.

Ici les fragments sauvés du grand naufrage sont plus nombreux
que pour l'œuvre de Pisandros. De même pour les indications de
morceaux perdus. Ainsi Eratosthène [2] nous apprend que dans son
premier livre Panyasis faisait mention du καρκίνος envoyé par Héra
contre Hercule au secours de l'Hydre. Au troisième livre, d'après
Athénée [3], le poète nous montrait Hercule étanchant sa soif (sans
doute chez l'hospitalier Pholos) et disait :

« Quand il avait répandu le vin dans un grand cratère éclatant
« d'or, absorbant des gorgées fréquentes il savourait la douce
« boisson. »

Nous laissons de côté pour y revenir deux fragments qui plus
importants semblent faire suite à ces deux vers. Continuons. Nous
retrouvons rapportée par Athénée [4] la mention de la coupe du
soleil offerte à Hercule. Nous surprenons un de ces détails qui ne
permettent pas d'oublier la violence naturelle du type présenté

---

[1] *Hercules secundum Græcorum poetas et historicos antiquiores descrip
tus.* (Halis Saxonium, 1830.)

[2] *Cataster,* c. II.

[3] Ch. XI.

[4] Ch. XI

par Homère. Clément d'Alexandrie [1] dit encore d'après Panyasis
que dans Pylos la sablonneuse « Hercule blessa la reine Héra ». De
même, Arnobe [2] a cité le même fait pour s'en prévaloir contre les
païens, dans son égale ignorance des symboles helléniques et de
leur signification à peu près perdue. Tous deux méconnaissent
l'origine de cette légende. Un de ces fragments, le quatorzième,
sauvé par Pausanias nous dit que Castalie était la fille d'Achéloüs,
l'un des adversaires d'Hercule [3]. C'est encore Pausanias [4], qui va
chercher dans Panyasis comment Thésée et Pirithoüs sans paraître
attachés étaient retenus à une grosse pierre. Cinq vers sur un
géant du nom de Trémile devaient se rapporter à quelque combat
dont les πάρεργα ne sont pas mention. Ils ont du reste pour nous
moins d'intérêt que le cinquième fragment encore cité par Clément
d'Alexandrie [5], détaché sans doute de confidences adressées à
Hercule. On y rappelle que la plupart des dieux ont subi la servitude : « Tous ont été réduits, et Déméter, et aussi l'insigne Boi-
« teux, et Poseidon, et l'archer Apollon, à se mettre aux gages d'un
« mortel pendant une année; il y a été réduit également, Arès au
« puissant courage, par la volonté de son père. »

Panyasis nous apprend encore qu'Hercule en Lydie fut guéri par
les deux fleuves Hyllos et Acélas dont il transporta les deux noms à
ses fils Hyllos et Acélète. Apollodore [6] a emprunté au poète
d'Halicarnasse, en les résumant dans sa prose, de longs détails sur
Adonis. Il est vraisemblable que Panyasis ne parlait d'Adonis que
pour y rattacher Hercule. Une anecdote citée par le scoliaste de

[1] *Proptr. c.* c. II. 36.
[2] *Advers. Gent.* IV. 25.
[3] X. 8.
[4] X, 29.
[5] *Proptr.* II, 36.
[6] III. 6.

Théocrite [1], montre Hercule contempteur d'Adonis. Le héros vit un jour un peuple nombreux revenir des fêtes de l'amant efféminé d'Aphrodite, de ces fêtes où, parmi « les frais jardins en fleurs dans des corbeilles d'argent », les femmes pleuraient sur les terrasses celui qui devait ressusciter [2]. Saisi d'indignation devant ce culte sensuel et funèbre, il s'écria; « Je ne connais pas plus une solennité de ce nom qu'un Adonis au nombre des dieux. » Voilà ce qui peut justifier dans une Héracléide la présence de ces détails sur Adonis.

Les trois fragments que nous avons réservés doivent appartenir à un même épisode. Car une idée unique les relie, l'idée de la joie que suggère le vin. Ces fragments nous ont été conservés, le premier par Stobée [3], les deux autres par Athénée [4]. Ils sont d'un style aisé, d'un mouvement vif, et l'on croirait lire une page de l'Odyssée.

C'est encore Pholos sans doute qui exhorte Hercule à goûter la douceur du vin tout en le mettant en garde contre les intempérances du buveur :

« Courage, mon hôte, bois; ce n'est pas un médiocre mérite que
« de surpasser les autres hommes à boire dans un festin avec art
« et savamment, et de pouvoir défier le reste des convives : la
« table vaut la guerre; ce héros agile qui règne dans les combats
« douloureux où peu d'hommes sont hardis jusqu'au bout et
« attendent de pied ferme l'impétueux Arès, je ne le place pas au-
« dessus de celui qui glorieux également donne l'exemple de la joie
« dans un festin et contraint les autres à le suivre. Car celui-là ne
« me parait pas avoir vécu, ou au moins vivre la vie d'un homme à

[1] V, 21.
[2] THÉOCR. Id., XV. Les Syracusaines.
[3] Flor., XVIII. 22.
[4] II, 36 et 37.

« l'âme forte qui, dégoûté du vin, va dans sa sottise chercher d'au-
« tres boissons. Or pour les hôtes de la terre le vin est un don égal
« à la flamme, bienfaisant, libérateur des maux, compagnon du
« chant; c'est un aimable associé des fêtes, des plaisirs, des danses
« cadencées et du désir amoureux. Aussi faut-il que convive de ce
« festin tu boives d'un cœur content, et que l'on ne te voie pas
« rassasié de nourriture, et, le ventre gorgé, rester à table, oublieux
« de la douce joie. »

« Le vin est le meilleur présent que les dieux aient fait à
« l'homme, il est plein de délices; c'est le vin que suivent tous les
« chants, toutes les danses, tout les embrassements amoureux;
« c'est le vin qui chasse tous les soucis du cœur de l'homme, si l'on
« boit avec mesure; au delà de cette mesure il devient dangereux. »

« La première libation appartient aux Grâces et aux Heures au
« cœur gai et au bruyant Dionysos. Après viennent les déesses de
« Cypre et encore Dionysos; le breuvage du vin est excellent pour
« les hommes; si après avoir bu l'on revient à sa demeure au sortir
« du doux festin, on n'a pas de mal à craindre. Mais si, lâche bu-
« veur, on se laisse aller à une troisième libation, on devient le
« partage de l'injure et de la méchante Até, et l'on a les maux à sa
« suite. Mais toi, mon cher, tu as ta mesure de la suave liqueur; va
« donc vers ta femme et fais coucher tes compagnons : car je crains,
« si tu prends une troisième fois de ce vin doux comme le miel, que
« l'Injure ne soulève ses ardeurs dans ton âme et ne donne une fin
« mauvaise à un bon repas hospitalier. Écoute-moi donc et cesse
« tes libations fréquentes. »

Ces trois morceaux tiennent évidemment au même épisode,
quoiqu'on ne puisse pas autrement les y rattacher. Les sages conseils que ce dernier renferme ne peuvent venir qu'après les fran-
ches exhortations du premier fragment. Nous y avons trouvé
de rares qualités littéraires, un libre mouvement, une chaleur naturelle, un heureux mélange de verve et de simplicité. C'est de la

gaîté héroïque, de la bonhomie épique, comme on en rencontre chez Homère. Ces fragments mettent en lumière un des côtés les plus curieux du caractère d'Hercule, un de ceux qui signalent le plus l'origine vraiment grecque du héros et l'instinct d'anthropomorphisme qui présida à sa création définitive. Hercule a tous les instincts de l'homme et de plus, en vertu de sa force, les porte à leur suprême énergie. Sa vigueur physique entraîne de puissants besoins physiques, tels que l'amour du vin. Mais cet amour produit des excès auxquels pas plus que les autres mortels Hercule n'échappe. Le vin qui lui inspire plus qu'à tout autre une ardeur généreuse lui peut insinuer les excitations de violence et de meurtre. Car il est homme et par conséquent sujet au trouble et à l'erreur, ni infaillible, ni impassible.

Les fragments de Pisandros et de Panyasis, si restreints qu'ils soient, achèvent de déterminer le caractère d'Hercule, tel que l'ont conçu les anciens Grecs. Observons qu'aux travaux indiqués par Hésiode, au nombre de cinq, ils en ajoutent deux nouveaux, le sixième (oiseaux du lac Stymphale) et le neuvième (Amazones); ils augmentent les πάρεργα des luttes contre Antée et contre le robuste Achéloüs, sans oublier cet incident curieux de la coupe du Soleil. Nous croyons avoir réduit cette légende à ses vraies proportions relativement au système solaire dont on a fait gratuitement Pisandros et Panyasis les promoteurs et les interprètes [1]. On cherche en vain chez eux ces traces d'affinités égyptiennes si fortement imprimées, selon Creuzer et Vogel. D'après ces poètes, Hercule semble toujours d'origine autochtone, comme l'entendent Otfried Müller, Buttmann, Maury. L'idée d'une force physique que relève et soutient une intention morale, voilà ce que la Grèce a vu dans les premiers temps chez son Hercule, héros dorien, puis fils d'Alcmène. Voilà ce qu'elle verra de plus en plus distinctement, quoique les excès de

---

[1] Vogel, *livre cité.* — Creuzer, *liv. cit.*, t. II, l. IV, p. 492.

l'anthropomorphisme soient destinés à retarder l'achèvement de cette glorieuse figure. En résumé l'Hercule d'Homère, d'Hésiode, de Pisandros, de Panyasis, à la fois guerrier et justicier, violent et généreux, bienfaisant et funeste, exprime l'idéal de ces temps héroïques sur lequel nous semblent formés les Achille, les Ulysse et toutes les âmes de l'Iliade composées de fureurs spontanées et de pitiés soudaines. C'est la gloire de la race grecque de s'être regardée, d'avoir vu en elle-même le type de l'homme bien imparfait encore mais de combien supérieur au barbare, et de l'avoir porté par-delà les régions de la Poésie jusqu'aux bleus sommets de l'Olympe.

CHAPITRE IV.

PINDARE ET LES LYRIQUES.

Après les Epiques, les Lyriques. A la Rhapsodie toujours un peu
lente dans sa marche, embarrassée de détails et de faits infinis,
succède l'Ode qui supprime les intervalles, franchit les espaces,
et va comme « ces animaux bondissants » dont parle Bossuet,
l'Ode impétueuse, tourbillonnante, ailée, qui roule et précipite
avec elle dans un flot d'images les noms étincelants des dieux. Tous
les dieux lui appartiennent à cette conquérante de la terre, de
l'Olympe, de l'Hadès, et le dernier des dieux, Hercule, n'est pas celui
qu'elle a adopté le moins souvent dans ses capricieuses et soudaines
préférences. Que l'Hymne « roi de la lyre »[1] jaillisse donc en l'honneur d'Hercule, que l'Hyporchème éclate, l'Hyporchème, ami de
la danse, que pour lui se déroule le Prosode[2], l'Epénos et l'Enco-
mion, et l'Epinicion enfin dans sa gloire triomphale, famille enthousiaste des Rhythmes à la voix d'or.

Archiloque de Paros, le poète armé de l'Iambe vengeur, avait
composé une ode à la louange d'Hercule « Callinique. » Cette ode,
il l'a récitée lui-même aux jeux olympiques. Au temps de Pindare
la gloire de cet hymne s'était assez maintenue pour qu'on le chan-
tât encore :

Ὦ Καλλίνικε χαῖρ' ἄναξ Ἡράκλεις,

tel était le début de cette ode. Le scoliaste d'Homère[3] nous

[1] Pindare, 2e *olymp.*, trad. Boissonade-Egger.
[2] Ode que l'on chantait dans les cérémonies religieuses.
[3] *Il.* xxii, 327.

apprend qu'Archiloque avait célébré le combat d'Achéloüs et d'Hercule. Dans les scolies d'Apollonius nous voyons qu'il chanta aussi la lutte contre Nessos. Dion Chrysostome plus tard reprocha même au poète de Rhodes les longs discours qu'il prête à Déjanire pendant les tentatives de Nessos.

Une ligne seulement atteste que Tyrtée a parlé d'Hercule, une ligne conservée par Stobée :

Ἀλλ' Ἡρακλῆος γὰρ ἀνικήτου γένος ἐστί,

dit-il aux Spartiates pour les aiguillonner.

D'Alcée de Mitylène on sait seulement qu'il avait attribué neuf têtes à l'Hydre de Lerne[1], de Simonide de Cos qu'il lui en avait assigné cinquante[2]. Xanthos avait donné à Hercule le même vêtement qui lui est prêté dans Homère[3].

Poète plus renommé, Stésichore d'Himère fut le premier, dit-on, qui revêtit Hercule de son accoutrement complet, massue, flèches, peau de lion. Il témoigna une ferveur singulière pour Hercule, ayant fait un *Géryon* et un *Cycnos*. Ces deux poèmes étaient des compositions lyriques sur des sujets d'épopée. C'était dans la *Géryonide*[4] qu'il nous montrait le soleil naviguant sur une coupe d'or, et Hercule s'emparant de cette coupe. Le scoliaste d'Hésiode nous dit[5] que Stésichore avait dispensé six mains et autant de pieds à Géryon. Dans ce *Géryon*[6] le poète mentionnait une ville d'Arcadie du nom de Pallantion. C'est là que, selon Otfried Müller, cité

[1] *Scol. Hesiod. ad Theog.* 313.

[2] ATHÉN. XII.

[3] *Id.* XII.

[4] ATHÉN., VI.

[5] *Ad Theog.* 28.

[6] PAUSAN., VIII.

par Vogel, se trouve racontée pour la première fois l'aventure des
enfants de Mégare. Enfin Strabon nous a gardé un vers relatif au
troupeau de Géryon qui « était né dans la région de l'illustre
« Erythie. » Le *Cycnos* était sans doute un poème du même genre
sur les mêmes mètres. Le scoliaste de Pindare [1] nous a conservé la
mention de ce Cycnos « fils cruel d'Arès, hôte meurtrier, coupant
« les têtes des voyageurs pour élever un temple à Apollon. » Pollux
enfin témoigne d'un poème de Stésichore sur Cerbère dompté sans
doute par Hercule.

Mais voici, parmi ce nombre de chanteurs, Pindare, le maître
du chœur, le poète qui croit le plus à son art et qui a la plus noble
confiance dans sa gloire, l'infaillible donneur d'immortalité, celui
qui, selon sa belle expression, sait de la main la plus puissante et la
plus sûre allumer « la torche des hymnes » [2].

Concitoyen d'Hercule, Pindare n'a cessé de glorifier la mémoire
de celui qu'il croyait Thébain d'origine et qu'il appelait tour à
tour par une sorte de confusion que nous retrouverons chez les
poètes postérieurs fils d'Amphitryon [3] ou fils de Zeus [4]. Il insiste sur cette naissance glorieuse pour sa cité natale et qui pour
lui faisait en quelque sorte partie du culte des souvenirs. Par combien de fréquentes allusions il y ramène! Dans la quatrième pythique il nous dira en groupant Hercule dans une énumération qu'il
était fils d'Alcmène « aux noirs sourcils ». Dans la sixième isthmique il demande à Thèbes quel a été son plus grand jour?
Est-ce quand Zeus vint pour donner la naissance à Hercule? Dans

[1] *Olympiques*, XI, 19.

[2]
                    Πυρσὸν ὕμνων.
                                        (1e *Isthm.*, v. 74.)

[3] *Isthmiques*, VI, v. 56.

[4] *Olympiques*, VII, v. 40.

la neuvième pythique, il y revient plus longuement. « Avec cet Am-
« phitryon et Zeus la sage Alcmène procréa d'un seul enfantement
« la force victorieuse de deux fils jumeaux. Muet qui ne consacre
« point sa bouche à Hercule et ne se souvient pas toujours des eaux
« de Dircé qui l'ont élevé ainsi qu'Iphiclos [1]. »

La dixième Néméenne nous présente un morceau plus long :

« Argos est encore célèbre par la beauté de ses femmes et Zeus
« lui-même a consacré cette gloire, puisqu'il a honoré de ses ca-
« resses Alcmène et Danaé. Cependant que le roi d'Argos renver-
« sait les Téléboens sous les coups de sa lance, le roi des Immortels
« emprunta ses traits, pénétra dans sa demeure et déposa dans le
« sein d'Alcmène le germe de l'invincible Hercule, de ce héros qui
« admis dans l'Olympe partagea la couche d'Hébé, la plus belle
« des déesses, la fille d'Héra, protectrice de l'hymen [2]. »

Remarquez avec quel enthousiasme il parle de la naissance
d'Hercule. Notons avec quel soin il indique à la fin l'apothéose du
héros et son hymen avec Hébé. En nous parlant du combat contre
Antée, il évoquera l'image d'Hébé comme pour faire luire, au milieu
des épreuves subies par Hercule, une rose et brillante perspective
d'avenir.

De la naissance d'Hercule nous passons naturellement au premier épisode de sa vie, travail accompli avant les travaux que
prescrit Eurysthée, à la lutte contre les serpents soutenue dans un
berceau. Avant Pindare, cette fiction ne se trouve dans aucun
des monuments qui nous restent. Pindare devança de beaucoup
Théocrite. Le devançant, le surpassa-t-il? C'est ce que nous
essaierons de distinguer pour notre part :

« Le souvenir d'Hercule et de son antique histoire s'empare de
« mon âme charmée. Je me plais à redire comment le fils de Zeus [3],

[1] V. 150 et sqq.
[2] Trad. Poyard.
[3] Nous sommes obligé, ayant adopté le vocabulaire de la mythologie

« fuyant avec son frère les ténèbres du flanc maternel, ouvrait à
« peine les yeux à la céleste clarté, quand la reine des dieux,
« Héra, qui dans l'Olympe s'assied sur un trône d'or, le vit
« étendu sur ses langes que le safran a colorés. Poussée par
« une fureur jalouse, à l'instant elle lance deux serpents.
« Devant eux, les portes se sont ouvertes; ils pénètrent au
« fond du vaste appartement, impatients de tordre sous leurs
« dents avides ces faibles victimes. Mais Hercule lève la tête, et,
« faisant des combats une première épreuve, de ses deux mains il
« saisit au cou les deux monstres. Longtemps il les serre d'un nœud
« indissoluble, et enfin leurs âmes s'exhalent de leurs corps gigan-
« tesques. Cependant une mortelle terreur a frappé les femmes qui
« soignaient Alcmène en ses douleurs; pour elle, s'élançant à demi-
« nue de sa couche, elle aidait ses fils à repousser l'insulte des
« reptiles. Mais déjà accouraient en foule, couverts de leurs armes
« d'airain, les chefs des Cadméens; déjà Amphitryon se hâtait,
« agitant son glaive nu : une vive douleur tourmentait son âme.
« Tout mortel en effet est ému par le danger des siens; mais aux
« peines d'autrui le cœur d'abord reste insensible. A l'aspect du
« courage surnaturel et de la vigueur de son fils, il est saisi d'une
« surprise pénible et douce, les dieux avaient démenti leurs tristes
« messages. Aux portes du palais habite Tirésias, illustre prophète
« de Zeus Très-Haut; le devin véridique est appelé; il raconte au
« prince et à la foule assemblée les fortunes diverses de l'enfant
« merveilleux; de quels monstres féroces il délivrera la terre et
« l'océan, et comment un mortel insolent et perfide sera livré par
« lui au plus affreux trépas. Et il disait : Quand aux plaines
« de Phlégra sera donnée la bataille des Géants et des Dieux, les

grecque, de faire subir des modifications dans ce sens aux traductions
qui viennent enrichir notre travail. C'est une liberté dont nous nous
excusons mais qui nous est indispensable.

« Géants atteints de ses traits souilleront dans la poussière leur
« brillante chevelure. Alors, goûtant en récompense de ses grandes
« fatigues la quiétude d'une éternelle paix, il recevra pour prix
« sous les célestes demeures la main de la jeune Hébé, et désormais
« époux fortuné, il habitera, près du fils de Chronos, un auguste
« palais »[1].

Nous trouverons plus tard le poème de Théocrite, mais pour
n'être pas alors retardé par un parallèle, nous pouvons assurer dès
maintenant qu'il y a chez Pindare une supériorité qui réside dans
la simplicité et la conviction. Là, pas de mise en scène apprêtée,
nul de ces détails d'une grâce mignarde dont le Syracusain ne se
garde pas. Ici le sentiment de la force d'Hercule est plus vif, plus
vif aussi le pressentiment de son avenir glorieux. Ici l'accent de la
foi vibre davantage. Pindare est un croyant, Théocrite un curieux.

Cette force d'Hercule que Pindare a su si bien exprimer chez
l'enfant, il n'a pas cessé de la rechercher pour la glorifier chez
l'homme divinisé. Voyez ce fragment d'hyporchème :

« Il trempa ses flèches dans le sang; sa terrible massue frappait
« à coups redoublés : enfin il la brandit et la lança contre les flancs
« vigoureux de son ennemi ; la vie s'échappe de ses os brisés[2]. »

Dans un fragment conservé par Lucien[3], il le proclame « robuste
comme le fer. »

Il est trop fidèle à l'esprit de ce mythe pour ne pas reproduire
les excès de cette force. Il n'omet pas les besoins puissants d'Hercule, les appétits matériels dont la muse comique a tellement abusé
plus tard :

« Deux bœufs cuisaient sur un morceau de charbon, Hercule les
« dévora tout ardents : alors j'entendis le bruit des chairs déchirées

---

[1] Traduction Boissonade publiée et complétée par Egger.
[2] Huitième fragment.
[3] *De imaginibus.*

« et le profond gémissement des os brisés; j'avais heureusement
« beaucoup de temps pour jouir de cette vue [1].

De même les sophistes, tels que Calliclès mis en scène par Platon, pouvaient se servir de ces mots imprudents sur les licences de
la force :

« Le destin qui régit toutes les choses divines et humaines
« reconnaît comme juste et dirige de sa main puissante les actions
« les plus violentes : j'en juge par les exploits d'Hercule qui sous
« les portiques cyclopéens du roi de Mycènes amena les bœufs de
« Géryon qu'il ne lui avait ni demandés ni achetés [2]. »

Mais on sait pour correctif que dans cette circonstance comme
presque toujours la force d'Hercule n'a été que l'ouvrière de la
justice, la réparatrice de l'iniquité.

D'ailleurs Pindare a déjà la conscience que la force morale ou au
moins l'énergie du cœur est la vraie puissance d'Hercule, plus
encore que sa vigueur écrasante :

« Il était de petite stature, mais invincible d'âme, le fils d'Alc-
« mène, lorsqu'il vint de Thèbes la Cadméenne dans la Libye fertile
« en blés, vers la demeure d'Antée, prêt à la lutte pour réprimer
« celui qui avec des crânes construisait un temple à Poseidon; ce
« fils d'Alcmène qui eut accès dans l'Olympe après avoir parcouru
« la terre et pacifié par ses navigations la mer blanche et profonde.
« Maintenant il habite, auprès du Porteur d'Egide, embrassant la
« félicité suprême, honoré par les Immortels, époux d'Hébé, maître
« d'un palais d'or, et gendre d'Héra. C'est en son honneur qu'au-
« dessus des portes Electres préparant un festin, nous ses conci-
« toyens, nous accumulons sur les autels les couronnes récentes et
« les dons funèbres en mémoire de ses huit fils morts par l'airain,
« que Mégare, née de Créon, lui avait donnés. Pour eux, au coucher

[1] 27e fragment conservé par Philostrate (*Images,* II ; XXIII).
[2] 28e fragment, cité par Platon dans le *Gorgias.*

« du soleil, la flamme qui s'élève des sacrifices, entretenue pendant
« la nuit, vient frapper l'éther d'une fumée odorante [1]. »

Outre l'hommage rendu à la grande âme d'Hercule, outre la pré-
occupation constante de cette apothéose héroïque, comme l'on sent
par les derniers vers que Pindare est fier de se croire le concitoyen
d'Hercule. Ce n'est pas un héros quelconque, c'est son héros à lui.
Aussi pourrait-on l'appeler le *poète d'Hercule*, tant il s'est plu à
multiplier les vers sur le fils d'Alcmène.

Il a contribué à fixer les attributs d'Hercule. Il y revient à trois
reprises. Une première fois il mentionne la massue [2], une deuxième
fois les flèches [3], enfin l'arc [4], triple instrument de salut et de justice. Ailleurs il parlera de la peau de lion.

C'est au début de la carrière d'Hercule que Pindare a placé le
meurtre des enfants de Mégare, ce meurtre frénétique qui transporté plus tard perd toute son influence sur la suite de la légende.
Déjà nous avons rencontré une allusion à cet acte de démence
fébrile.

Il s'attache ensuite aux travaux d'Hercule. C'est par le lion de
Némée qu'il ouvre cette glorieuse série. Hercule le dit lui-même
dans la cinquième Isthmique [5] en montrant la peau de lion qui
enveloppe son corps.

On peut remarquer qu'en parlant d'Augeias contre lequel il
peint Hercule irrité, Pindare ne fait pas mention des fameuses
étables. Chez lui figurent les Molionides, alliés d'Augeias, ennemis,
un moment vainqueurs, puis victimes d'Hercule. C'est Ctéatos et
Eurytos dont le poète a parlé plusieurs fois.

[1] *Isthmiques,* III, v. 85.
[2] *Ol.* IX, 45.
[3] *Ném.* I, 102.
[4] *Isthm.* V, 50.
[5] V. 69.

Dans la dixième Olympique [1] Pindare se plaît à rappeler ce fameux combat que près du sépulcre de Pélops livra la force d'Hercule « quand il tua Ctéatos, fils de Poseidon ainsi qu'Eurytos, pour « exiger de l'inique Augeias le prix de son labeur. Dressant une « embuscade dans les défilés près de Cléones sur la route il les « dompta, les orgueilleux Molionides parce qu'auparavant ils avaient « détruit une armée venue avec lui de Tirynthe. »

C'est à ce moment qu'il semble fixer la création des Jeux Olympiques; après la victoire sur Ctéatos et Eurytos, après le châtiment d'Augeias énoncé en quelques vers. Voici ce passage important [2] :

« Cependant le vaillant fils de Zeus, rassemblant dans Pise « toute son armée et tout le butin, mesura un vaste terrain qu'il « consacra à son glorieux père. Un espace nu qu'il entoura de « palissades devint l'Altis; il destina au repos et aux festins la « plaine d'alentour. L'Alphée fut un des douze dieux qu'honora sa « piété, et la colline battue de neige qui, aux jours d'Œnomaüs, « ne portait pas de nom, fut par lui nommée la colline de Sa-« turne [3]. »

Dans la deuxième Olympique le poète nous dit : « Hercule fonda l'Olympiade, monument d'une guerre heureuse. » Dans la sixième il dit encore : « Au jour où le noble rejeton des Alcides, l'intrépide « Hercule viendrait instituer les sublimes lois des combats et fonder « en l'honneur de son père une fête où les peuples se presseraient « en foule [4]. »

Pindare croit fermement au patronage d'Hercule sur les jeux qu'il a institués, il dépossédait en sa faveur le Dactyle idéen, con-

---

[1] V. 25.
[2] *Ibid.*, v. 52. trad. Boissonade-Egger
[3] Même traduction.
[4] *Ibid.*

sacrant ainsi l'altération d'une légende antique. Voici le chant le plus spacieux qu'il ait voué à ce thème favori [1] :

« C'est de Pise que les chansons divines arrivent à l'athlète
« fortuné dont, pour obéir à l'ordre antique d'Hercule, l'Étolien,
« des combats équitable arbitre, a décoré la chevelure et le front
« du glauque feuillage de l'olivier que jadis le fils d'Amphitryon
« rapporta des sources nombreuses de l'Ister pour être le magni-
« fique témoignage des victoires olympiques. Il sut, par un langage
« amical, persuader le peuple des Hyperboréens, serviteurs d'Apol-
« lon, quand il leur demanda pour le bocage de Zeus cet arbre
« qui donnerait un ombrage aux Grecs assemblés et des couronnes
« aux talents. En effet déjà il avait consacré des autels à son père,
« et la Lune, partageant le mois, avait du haut de son char d'or
« fait resplendir tout entier l'œil du soir. Déjà sur les hauteurs
« saintes de l'Alphée il avait institué l'incorruptible tribunal des
« nobles combats et la solennité quinquennale. Mais le vallon de
« Pélops, fils de Chronos, ne se couvrait point de beaux arbres, et
« le héros comprit que sur le sol nu du jardin régnaient du soleil
« les trop vives ardeurs. Obéissant alors à l'impulsion de son âme il
« partit pour la contrée de l'Ister. La fille de Latone l'y avait accueilli
« quand, soumis à la volonté paternelle et aux messages impérieux
« d'Eurysthée, il vint, quittant les vallées sinueuses des monts de
« l'Arcadie, chercher la biche aux cornes d'or qu'une inscription
« tracée jadis de la main de Taygété consacrait à Artémis Orthosia.
« Ce fut en la poursuivant qu'il vit cette région située par-delà le
« souffle glacial de Borée. Il s'arrêta ravi d'admiration à l'aspect des
« arbres. Le désir lui vint de les planter près de la borne dont les
« coursiers font douze fois le tour. Et voici qu'aujourd'hui le héros
« propice se montre à cette fête avec les Jumeaux, fils divins de la
« belle Léda. En effet, lorsqu'il monta vers l'Olympe, ils furent

---

[1] Trad. Boissonade-Egger, 3e olympique, v. 26.

« chargés par lui de présider à ces nobles combats où brillent la
« vigueur des athlètes et l'adresse qui dirige les chars rapides. »

Hercule est donc pour Pindare l'inventeur des Jeux Olympiques
et par suite le grand athlète, l'exemplaire vivant qui idéalise et
divinise la lutte, celui qui a rendu la force sacrée!

Reprenons avec Pindare le déroulement des ἆθλοι. Deux fois
seulement le poète nous a parlé de Géryon, en comptant le passage
reproduit par Platon. Il n'a donc pas autant insisté sur cette
aventure que l'on s'est plu à le répéter. La première fois [1] il nous
dit en rappelant sa patrie : « C'est là qu'Alcmène enfanta son fils
« intrépide devant qui tremblèrent les chiens farouches de Géryon. »
Nous connaissons la seconde allusion. Dans les deux cas la lutte
contre Géryon n'offre chez Pindare aucune de ces intentions symboliques qu'on lui a gratuitement attribuées ainsi qu'à Pisandros et
à Panyasis.

De Géryon aux colonnes d'Hercule la transition est facile. C'est
dans la troisième Néméenne [2] qu'il en est fait mention.

« Il est difficile de tenter par delà les colonnes d'Hercule un
« Océan impénétrable. Le héros-dieu les posa, splendides témoins,
« lorsque dans ses lointaines navigations il domptait sur les flots les
« immenses baleines, explorait seul les courants des ondes maréca-
« geuses et, s'avançant tant qu'une route fût ouverte, fixait des
« limites au monde [3]. »

Pindare ne parle qu'une fois d'Antée dans un passage cité
plus haut. On voit donc combien est hypothétique l'opinion de
MM. Maury et Bréal selon lesquels Pindare aurait attaché une importance souveraine à ces deux mythes prétendus solaires. Opinion
que se sont léguée presque tous les mythologues et que les textes
consultés ne justifient pas un instant.

[1] *Isthm.* I, v. 15.
[2] V. 36.
[3] Traduct. Boissonade-Egger.

Si la légende d'Antée a pu être suspectée d'origine exotique, ce que nous ne nions pas, l'expédition des Argonautes est bien de provenance locale. Pindare s'en est soucié dans sa quatrième Pythique [1] : « Bientôt se présentèrent trois fils de Zeus « Chronide, tous trois infatigables dans les combats. L'un a « pour mère Alcmène aux noires prunelles : aux deux autres Léda « donna la vie. »

L'expédition contre Troie est plus souvent rappelée, dans la troisième Néméenne [2], dans la quatrième Néméenne [3], mais principalement pour indiquer l'assistance de Télamon. De même dans la quatrième Isthmique [4]. Enfin dans la cinquième Isthmique [5] nous trouvons un passage plus significatif. Au milieu d'un banquet, Télamon a porté la santé d'Hercule. Alors le héros « levant au ciel ses mains inexpugnables [6] » prononça ces paroles :

« Si jamais, ô Zeus ô mon père, tu entendis mes vœux avec « faveur, aujourd'hui je te supplie, avec la sainte prière, de faire « qu'Eribœa donne à ce héros un fils plein d'audace et que l'heureux « destin de mon hôte s'accomplisse par toi. Que de ce fils le robuste « corps rappelle cette peau qui m'enveloppe aujourd'hui, dépouille « du monstre tué jadis à Némée, premier de mes travaux, et que son « courage y réponde. » Or, comme il achevait ces paroles, Zeus lui « envoya le grand aigle, roi des oiseaux, et une douce joie chatouilla « le cœur d'Hercule; il dit alors avec l'accent d'un devin : « Tu « l'auras, ce fils que tu désires, ô Télamon, » et du nom de l'oiseau « (αἰετός) qui venait d'apparaître, il l'appela le vigoureux Ajax

[1] *Ibid.*, v. 301.
[2] V. 61.
[3] V. 40.
[4] V. 45.
[5] V. 38.
[6] Même traduction.

« (Αἴας), la terreur des peuples dans les travaux d'Arès; et, après
« ces paroles il s'assit aussitôt [1]. »

Ce passage est important; car il fait éclater un des caractères
principaux d'Hercule. Hercule n'est pas seulement le justicier et le
travailleur, c'est l'Ami [2]. Aussi Télamon le suit-il contre les Amazones [3] et contre les Méropes [4]. Tous deux sont inséparables dans
le danger. C'est avec Télamon que le héros dompte le prodigieux Alcyonée, redoutable guerrier qui déjà sous le poids d'une
roche avait écrasé douze quadriges et deux fois autant de hardis
conducteurs de coursiers [5].

Les scolies d'Homère nous rapportent d'après Pindare le combat
contre Achéloüs. Le poète Thébain tient compte de toutes ces luttes.
Il ne néglige pas de nous dire [6] qu'Hercule a pu hésiter devant
Cycnos. Mais Pindare sait mieux que tout autre comment Hercule
n'a pas accoutumé de fuir. Il nous fait assister par une brillante
énumération à ses combats contre les immortels [7].

« C'est par le secours céleste que les immortels deviennent et
« braves et savants. En effet, comment Hercule d'une main hardie
« eût-il opposé sa massue au trident, lorsque Poseidon debout
« devant Pylos repoussait ses efforts; lorsque Phoibos dirigeait

[1] Même traduction.

[2] Il est un autre ami d'Hercule dont nous avons déjà parlé et auquel
Pindare fait deux fois allusion, héros aussi connu des anciens, moins
connu des modernes que Pylade et Patrocle. C'est Iolas. Dans la troisième Néméenne Pindare nous dit : « Compagnon fidèle d'Iolas, le vigoureux Télamon dompta Laomédon ; » et dans la quatrième Isthmique il
nous atteste des jeux célébrés à Thèbes en l'honneur de cet Iolas
« habile cavalier. »

[3] 4e Néméenne.

[4] 5e Néméenne.

[5] 4e Ném., v. 43.

[6] 10e Olymp., v. 19.

[7] 9e Olymp., v. 43.

« contre lui son arc d'argent et Hadès la verge fatale dont il con-
« duit les humains vers la creuse demeure des morts [1]. »

Ces vers accusent nettement l'hostilité des dieux contre Hercule
et les montrent tous impuissants à vaincre le héros préféré par
Zeus. Mais, si Pindare se rend compte de ces luttes auxquelles il
ajoute par lui-même des détails, il ne comprend pas moins la fin
suprême de ces travaux, la destinée d'Hercule réconcilié et admis
dans la gloire olympienne. Nous avons vu combien cette idée de
l'apothéose d'Hercule lui était familière. Il va marquer d'une façon
expressive le retour de la plus impitoyable ennemie d'Hercule,
ce qu'on pourrait appeler la métamorphose intérieure d'Héra.

Dans la septième Néméenne [2] Pindare invoque Hercule en faveur
d'un athlète avec sa famille comme intermédiaire auprès d'Héra :

« Immortel Hercule, il t'appartient de lui rendre propice Héra et
« son époux et la vierge aux regards d'azur, tu peux souvent toi-
« même secourir les humains en leurs graves dangers. Puisses-tu
« donner et au fils et au père une vie solidement heureuse, entre-
« laçant pour leur félicité commune de l'un la saine vieillesse aux
« jeunes années de l'autre. [3] »

On sent ici poindre la croyance, plus nettement accusée dans la
suite, à un Hercule devenu de héros actif dieu tutélaire et providence de chaque jour [4].

Voyons ce que Pindare a pu ajouter au type d'Hercule, ce qu'il
a pris à ses devanciers. Il s'accorde avec Hésiode sur la naissance
d'Hercule : n'était-il pas comme lui Béotien ? Mais il semble intro-

[1] Même traduction.
[2] V. 149.
[3] Même trad.
[4] N'oublions pas combien nous avons perdu de pages pindariques.
Dans un des *hymnes* du lyrique, d'après Quintilien (livre VIII, ch. VII),
Hercule, au moment où il fondait sur les Méropes, était assimilé à la
foudre.

duire la fiction des serpents étouffés par l'enfant héroïque. En
revanche il omet l'Hydre de Lerne. Vogel[1] a cru pour cette raison
à une transformation de la légende. Pourquoi? Il est naturel qu'un
Thébain oublie un mythe d'origine péloponnésienne? Et puis, que
peut-on affirmer pour les ouvrages de Pindare qui nous manquent?
Les attributs d'Hercule sont les mêmes que chez ses devanciers.
Pindare rappelle Eurysthée dont le nom n'a pas été prononcé dans
les fragments de Pisandros et de Panyasis. Ce qui ne prouve pas
que l'on eût abandonné l'idée d'un persécuteur, comme le soutient
Vogel. C'est chez Stésichore qu'on trouve pour la première fois le
meurtre des enfants de Mégare. Mais le premier Pindare indique
le châtiment d'Augeias, la mort des Molionides et d'Alcyonée, nouveau Periclymenos, le secours prêté aux dieux contre les géants.
Vogel rattache l'aventure de Géryon, les colonnes d'Hercule, la lutte
contre Antée à des traditions égyptiennes. Mais en avouant que Pindare ne parle pas de la fameuse « coupe du soleil » dont on a tant
abusé, il fait tomber l'argument en faveur du système solaire emprunté à cette coupe. Pindare encore le premier associe Hercule à
l'expédition des Argonautes; quant à l'expédition de Troie il a
suivi les données d'Homère. Mais partout il a développé, il a élargi.
Hercule est chez lui avant tout autre considéré comme un divin
voyageur et en même temps comme une providence quotidienne.
Voilà deux aspects bien nouveaux du type agrandi. Ensuite Pindare,
en dépit des allégations contraires, fait perdre tout caractère symbolique à Hercule, et amène sa conception à l'anthropomorphisme
définitif, à cet anthropomorphisme qui est la vraie expression du
génie de la Grèce. Remarquons encore combien Hercule est aux
yeux de Pindare l'homme divinisé, le héros plutôt que le dieu, et
comme sur ce point le Béotien est fidèle à la tradition dorienne. Il
nous reste à dire que nous n'avons pas encore rencontré en l'hon-

---

[1] *L. cit.*, p. 30.

neur d'Hercule un ensemble aussi imposant de vers et des vers aussi admirables, dignes des Grâces que le poète invoque souvent, d'un éclat et d'une sonorité incomparables, qui permettent aussi bien à Antipater de Sidon [1] d'appeler Pindare « l'éclatante trompette des muses » qu'à un moderne, notre maître M. Chassang, de dire [2] : « Cette riche imagination fait éclore partout les fleurs et briller les plus riches pierreries. » Aux deux extrémités de l'art règne le Lyrique de Thèbes, semblable au père dont il a parlé qui « dans l'or pompeux fait bouillonner la douce rosée de la vigne » [3], à la fois magnifique et gracieux, charmant et sublime!

Bacchylide, moins respecté par le temps que Pindare, offre peu de documents. C'est à lui que l'on doit la première mention de la lutte victorieuse d'Hercule contre le centaure Eurytion qui avait voulu violer la fille de son hôte Dexamène [4]. Athénée [5] cite de lui un fragment très-court où le poète nous représente Hercule arrivant inconnu aux noces de Céyx et disant sur le seuil : « Sans être invités les hommes de bien peuvent s'approcher du riche festin des honnêtes gens. »

Avec les Lyriques, le dénombrement des ἆθλοι est à peu près arrêté; la figure d'Hercule, en même temps humaine et divine, s'est dégagée des vagues réminiscences primitives. C'est aux poètes qui viendront ensuite de continuer leur œuvre, d'accuser d'avantage le caractère moral du héros, d'inventer et d'exprimer, comme dit Tacite, la forme d'une âme. « Figuram animi magis quam corporis complectantur. [6] »

[1] Antholog. *Epigr. funéraires*, 34.
[2] A. Chassang, *le spiritualisme et l'Idéal dans l'art et la poésie des* **Grecs**, chapitre sur Pindare, p. 332.
[3] 7e Olympique.
[4] *Scol. ad Homer. Odyss.*, 295.
[5] L. IV.
[6] *Vie d'Agricola*, XLVI.

CHAPITRE V

ESCHYLE.

Si la poésie lyrique n'était pas dispersée, elle aurait pu nous offrir des poèmes dont Hercule était entièrement maître et possesseur. Mais Archiloque et Stésichore ont à peu près péri, et dans Pindare aucune ode n'appartient uniquement à Hercule. Le théâtre au contraire nous présentera quelques œuvres où se déploie largement la puissante nature du héros. Le théâtre, dans sa liberté dionysiaque, était encore mieux disposé que l'épopée ou l'ode pour reproduire cette existence complexe et tumultueuse où chaque aventure semble un drame. Ce mot rend, nous le croyons, l'impression que produit la vie fabuleuse d'Hercule. Elle est dramatique avant tout, et les épisodes qu'elle multiplie ne le cèdent pas en intérêt aux traditions des Atrides. Cependant ces épisodes fournissent moins à la tragédie qu'au drame satyrique. Quelques-uns favorisent même la comédie, mais la plupart s'accommodent au drame satyrique. En effet, dans le plus grand nombre des aventures héracléennes, toujours des éléments de comique ou pour le moins d'extrême familiarité se mêlent au pathétique et à la grandeur des situations. Ainsi de la lutte contre les Centaures on pouvait tirer plus aisément un drame satyrique qu'une tragédie, à cause du personnage craintif de Pholos, l'hôte d'Hercule. L'épisode de Géryon, le séjour chez Omphale inclinaient fortement au drame satyrique. Personnage tout en dehors, être d'action et d'expansion, Hercule était désigné pour tenir une large place sur la scène grecque. Cette place, il l'occupa. L'honneur de son culte, l'intelligence de son type n'en profitèrent pas médiocrement. Les poètes dramatiques achevèrent d'assimiler le peuple grec avec son héros favori.

Eschyle avait beaucoup servi la gloire d'Hercule; il avait érigé au héros des monuments dignes de lui. Que nous reste-t-il? Hélas! Lucain nous répondra : « *Periere ruinæ.* » Les pièces qui nous ont été conservées trahissent faiblement le passage d'Hercule sur la terre. Ainsi, dans l'*Agamemnon* [1], Clytemnestre pour, rabattre la superbe de Cassandre, lui rappelle la destinée du fils d'Alcmène contraint à se laisser vendre et à subir le joug de l'esclave. A deux reprises dans le *Prométhée enchaîné* [2] nous entendons le grand captif se prédire à lui-même un libérateur qui n'est autre que le futur enfant d'Alcmène et le descendant promis à Io. Bien avant Alcmène, Io favorisée de Zeus est la rivale et la victime d'Héra. A peine délivrée d'Argos, elle fuit « vierge vagabonde » sous une forme animale, persécutée par la poursuite et les atteintes du taon, lasse d'épouvante. Et c'est ainsi qu'elle rencontre Prométhée, et qu'au pied du rocher attristé par l'œuvre de la Force et de la Violence, elle mêle sa plainte inquiète à la profonde douleur de ce vaincu. Elle interroge même cette prescience qui survit à la grandeur déchue de Prométhée; elle connait sa destinée, elle veut connaître la destinée du Titan.

> Io. — Qui te délivrera malgré eux?
> PROMÉTHÉE. — Ce sera fatalement un de tes descendants.
> Io. — Que dis-tu? un de mes fils doit t'affranchir de tes maux?
> PROMÉTHÉE. — Le troisième après dix autres générations.

Plus loin, Prométhée éclaircit sa prédiction en indiquant le caractère de son libérateur : « De cette race naîtra un auda-

[1] V. 1040.
[2] V. 771-871.

cieux, un illustre archer qui me délivrera de ces épreuves [1]. » Ces
vœux nous font attendre la grande œuvre d'Eschyle vainement
désirée, le *Prométhée délivré*. Hélas! les vers insignifiants que le
temps nous a laissés ne permettent en aucune façon de ressaisir
aucune des beautés de cette tragédie. Nous ne pouvons que les
préjuger et les regretter d'autant plus qu'aucun sujet ne répondait
davantage au génie d'Eschyle. Jamais le poète de race héroïque
n'avait mis en présence l'un de l'autre de tels héros. Quelle fête,
quel triomphe pour son imagination éprise de sublime et née
pour le grandiose! Une première pensée dominait le poète, la clémence de Zeus; une autre non moins haute le remplissait et l'ani-
mait, l'idée d'un bienfaiteur secouru lui-même par un nouveau
bienfaiteur des hommes. Car tous deux ont chassé le mal, ἀρῆς
ἀλκτῆρας. L'un faisant agir son esprit, l'autre laissant travailler sa
force, ils ont également voulu à travers les épreuves, les périls, les
servitudes, rendre la vie heureuse. Ambition commune et superbe,
magnifique fraternité du vieux Titan et du jeune héros! Egalement
suspects aux dieux, également chers aux hommes, Hercule et Prométhée sont à la fois les victimes et les vainqueurs de l'injustice
terrestre ou divine. Etonnez-vous ensuite que le peuple inventeur
de pareils types ait été libre entre tous et jaloux de son indépendance, au point de créer contre les monarchies de l'Orient le gou-
vernement de la Loi et de l'Harmonie, la République. De tels demi-
dieux chantés par de tels poètes servaient de gardiens et d'exemples
vivants à l'indépendance de ce peuple. Des spectacles comme celui
du *Prométhée délivré* ne pouvaient que les confirmer dans la
haine des maîtres, ces Athéniens qui avaient révélé comme une
puissante sympathie en adorant les premiers de tous Hercule à titre
de dieu [2], de même qu'en décernant à Prométhée un culte assidu

---

[1] V. 17.

[2] Diodore de Sicile, IV, 39.

dans la blanche Colone [1]. Ce sont bien les divinités d'un peuple libre. Et voilà comment Eschyle, sentant quel enthousiasme devait provoquer le sujet de son drame, étant inspiré par son auditoire autant que par lui-même, avait dû tirer une œuvre admirable de cette admirable idée, un Libérateur qu'un Rédempteur délivre!

Voici les fragments du *Prométhée délivré* qui peuvent se rapporter à Hercule. Prométhée semble jouer auprès d'Hercule le même rôle qu'il a rempli auprès d'Io en lui rendant le service de lui dévoiler l'avenir.

« Tu arriveras ensuite chez un peuple très-juste, le plus hospi-
« talier des mortels, chez les Gabiens où ni la charrue, ni le hoyau
« qui fend la terre ne blessent le sol, mais où les sillons ensemencés
« d'eux-mêmes (αὐτόσποροι) procurent aux mortels une nourriture
« abondante. »

Un vers isolé fait mention « des Scythes, peuple juste et mangeur de fromages de jument. » Voici encore deux autres vers également isolés : « Que le chasseur Apollon dirige droit tes flèches. » Allusion évidente à l'aigle que le héros devait percer. — « Celui-ci est pour moi le fils bien aimé d'un père odieux. » Ce dernier vers fait contraster la reconnaissance de Prométhée envers Héraklès et sa haine tenace contre Zeus.

Cependant, après ces vers séparés, se place un fragment de quelque étendue et qui semble appartenir au même morceau que le fragment sur les Gabiens. Il détache avec netteté un épisode des voyages d'Hercule [2] :

---

[1] *OEd. Col.* v. 56. Les habitants du Caucase, en mémoire de Prométhée, honoraient Héraklès, mais en déniant par une généreuse audace toute espèce de culte à Zeus et à Athéné, persécuteurs du Titan.

[2] Cet épisode n'est rapporté que par Hygin (*Poet. Astr.* II, 6). Dans ce passage Hygin cite la pièce d'Eschyle, *fabula quæ inscribitur* Προμηθεύς λυόμενος.

« Tu rencontreras l'intrépide armée des Liguriens : là, quoique
« vaillant, nous le savons assez, tu n'auras pas à t'attribuer la
« bataille; car le destin veut que les flèches t'y fassent défaut. Or,
« tu ne pourras prendre sur le sol aucune pierre, car le terrain est
« mou : voyant ton embarras Zeus en aura pitié, et, te mettant à
« l'abri sous un nuage, il obscurcira la terre d'une grêle de pierres
« arrondies avec lesquelles tu chasseras aisément l'armée des
« Liguriens. »

Il est à remarquer, à l'appui de ce que nous disions plus haut,
que d'après le catalogue des pièces d'Eschyle Hercule figurait plutôt dans des drames satyriques que dans des tragédies. Le poète
avait en cela compris mieux que personne le véritable esprit de la
légende héracléenne. Ce qu'il y avait dans cette légende de vraiment humain, pour mieux dire de vraiment grec, c'est qu'elle présentait tous les contrastes et qu'elle offrait à l'art toutes les extrémités. Dans son exubérance de vie, le même être manifestait avec
autant d'énergie les ambitions morales et les appétits physiques. Quelle fécondité pour le poète! quelle prodigalité de soi-
même! Hercule allait aussi loin, aussi haut dans le comique que
dans le sublime, d'une bonhomie, d'une gaîté, d'une exigence char-
nelle prodigieuses autant que ses élans les plus héroïques, rejoi-
gnant les dieux par la hauteur de l'âme et touchant aux Cyclopes
par l'expansion effrénée du corps. A-t-on jamais imaginé un type
plus complet, plus fait pour exprimer la nature humaine composée
d'invitations terrestres et de célestes essors? un type qui peut
solliciter à la fois un Homère et un Aristophane, qui plus tard
tenterait et inspirerait également un Dante et un Rabelais ? Ce
même Hercule qu'Eschyle nous avait su montrer au sommet de la
grandeur humaine, sauveur de la Victime par excellence, il
peut, sans altérer la tradition, nous le faire voir dans ses Κήρυκες
débordant d'un appétit insatiable et d'une faim monstrueuse.
N'oublions point de dire pourtant que si cette double con-

ception d'Hercule prouva la force du génie grec, on a été trop loin dans ce sens et que pour notre part nous préférons la marche vers la pureté absolue et l'Idéal exclusif que le type du héros a suivie plus tard.

Hercule dans ce drame d'Eschyle apparaissait vêtu de la peau de lion. Ce fait est remarquable; car ordinairement le héros déposait sur la scène ses attributs [1]. Quelques vers ont survécu à cette pièce, isolés du reste, mutilés ou en petit nombre. Par exemple : « Et de la peau, dépouille du lion. » Et ce peu de mots qui indiquent le désappointement d'un buveur : « La bouche du vase est étroite. » Athénée nous a conservé à deux reprises des vers qui se rapportent toujours à la grande affaire du festin : « Sacrifiant ce « cochon né de la même truie qui dans la maison m'a fait tant de « misères en mettant tout sens dessus dessous [2]. »

Voici encore un fragment de dialogue [3] :

« Est-il blanc? — Pourquoi? Certes, oui et il est bien cuit le « cochon. Surveille encore la cuisson, mais prends garde de te « brûler. »

Que signifiait tout cela pour le peuple ? Hercule en belle humeur, se donnant des intermèdes et des armistices de gaîté, sympathique par la sincérité de sa joie, Hercule descendant au niveau des hommes, mais après les avoir élevés jusqu'à lui. L'art se délassait heureusement à ces fantaisies pleines d'une verve innocente. Mais il vint un moment où la conception du type y perdit beaucoup par une conséquence inévitable de l'anthropomorphisme, ingénieux, poétique, utile même, tant que la foi, le patrio-

---

[1] Hercule dans les tragédies ne paraissait pas en athlète avec le manteau taillé dans la peau d'un lion, mais dans ce costume bigarré où les attributs de la massue et de l'arc ne figuraient que comme complément symbolique. (Ot. Müller, *Histoire de la Littérature grecque.* 2ᵉ vol. trad. Hillebrand)

[2] Athén., IX.

[3] *Ibid.*

tisme et les mœurs le soutinrent, mais dangereux quand les
honnêtes interprétations des honnêtes gens lui firent défaut et qu'il
tomba de la nature largement comprise à la basse réalité. La chute
fut soudaine et profonde. Mais à l'époque d'Eschyle il n'en était
pas ainsi. Les dieux représentaient toutes les forces de la nature ;
toutes ses formes paraissant également adorables, les appétits physiques ne pouvaient être alors compris et célébrés qu'en toute
naïveté et en toute simplicité[1]. La malignité viendra plus tard.
Hercule affamé n'exprime pour Eschyle et les soldats de Marathon
qu'un héros qui se conforme nécessairement aux besoins de la vie
et se familiarise avec les hommes en ne dissimulant aucun des instincts auxquels il est soumis comme eux. Hercule n'en est que plus
grand quand il s'élève au-dessus de ces instincts. Dans l'avenir
ces instincts seront transformés en ridicules, presque en vices, et
les énergies du tempérament converties en excès. Mais aussi c'est
la faute de la décadence athénienne. La Grèce d'Homère, d'Hésiode,
de Panyasis, de Pindare, d'Eschyle qui avait voulu qu'Hercule
restât un homme en devenant un dieu n'est pas responsable de ces
abaissements coupables. Mais, ce qui est évident, c'est que dans ses
drames satyriques Eschyle ne songeait pas plus à ridiculiser Hercule qu'au moyen âge on n'eût cherché dans un mystère à bafouer
saint Christophe, robuste porteur de Jésus.

[1] Une épigramme de l'Anthologie (*Epigr. descript.* 316) indique la
créance générale sur ce point : « O vous qui passez par ce sentier, soit
« que vous alliez aux champs, soit que des champs vous descendiez à
« la ville, nous sommes deux dieux, gardiens des bornes rurales. Tel
« que tu me vois, l'un est Hermès, l'autre est Héraklès, tous deux secou-
« rables aux mortels, mais peu d'accord entre nous. Quelqu'un nous
« apporte-t-il des poires sauvages, le glouton les dévore. Oui, certes ; il
« fait de même des raisins, en un instant ils disparaissent. Je hais cette
« communauté. Donc que celui qui nous apporte quelque chose le pré-
« sente séparément, non en commun : à chacun de nous qu'il dise :
« Prends ceci, Héraklès, et toi, Hermès, prends cela... Ainsi il coupera
« court à nos débats. »

Parmi toutes ces pièces d'Eschyle vouées à Hercule, on comptait probablement un *Cycnos*, comme le donnaient à entendre ces vers d'Aristophane [1] où dans la fameuse dispute Euripide dit à Eschyle :

ἀλλ' οὐκ ἐκομπολάκουν

ἀπὸ τοῦ φρονεῖν ἀποσπάσας, οὐδ' ἐξέπληττον αὐτούς,

Κύκνους ποιῶν καὶ Μέμνονας κωδονοφαλαροπώλους.

D'une tragédie dont Hercule est le héros, Θρᾷσσαι, les *Thraces*, il ne nous reste qu'un détail curieux. Eschyle avait mis Ajax dans des condition spéciales en prétendant que le fils de Télamon était invulnérable de tout le corps, sauf de la partie qui ne fut pas couverte de la peau du lion, quand Hercule tout en serrant dans ses bras l'enfant faisait des vœux au ciel pour le fils de son ami [2]. Hésychios fait foi de l'existence d'une *Alcmène*. Que de pertes ! Encore une tragédie des *Héraclides* qui n'était certes pas sans relation avec ce sujet dont pouvait sortir plus d'une tétralogie. Sujet inépuisable ! Telles les mines de Laurion, telles les carrières de Paros ne se lassaient point dans leur fécondité généreuse de prodiguer l'argent qui fonde les villes et le marbre d'où jaillissent les dieux.

---

[1] *Gren.* 972.

[2] Ce détail est consigné dans le scoliaste de Sophocle (*Argum. in Ajacem*). Selon lui un endroit s'était trouvé à découvert parce que la peau était percée par le carquois d'Hercule.

CHAPITRE VI.

SOPHOCLE.

La vie d'Hercule avait fréquemment inspiré Sophocle. On cite de lui un *Iolas* [1]. Les scolies de Sophocle [2] nous parlent d'un *Amphitryon* regardé comme un drame satyrique. Dans les fragments de Sophocle, M. Ahrens [3] indique d'après Orion un Ἡρακλίσκος, drame satyrique d'où se trouvent détachés deux vers assez intéressants, car ils contiennent une intention morale [4] :

$$\text{Κρεῖσσον θεοῖς γάρ ἢ βρότοις χάριν φέρειν·}$$
$$\text{τὸν δρῶντα γάρ τι καὶ παθεῖν ὀφείλεται.}$$

Une *Alceste* perdue eût mis Sophocle en parallèle avec Euripide. Cette comparaison eût été des plus curieuses, surtout si, comme le soutient Ahrens, l'intervention d'Apollon, ancien berger d'Admète, avait été substituée à celle d'Hercule. Cette *Alceste*, d'après quelques vers recueillis qui du reste n'ont pas trait à notre sujet, semble une tragédie. Or c'était en drames satyriques que la légende héracléenne apparaissait surtout féconde. Nous en trouvons plusieurs à joindre à l'Ἡρακλίσκος et à l'Ἀμφιτρύων. D'abord un *Hercule au Ténare*, Ἐπι

[1] Scol. Aristoph. *Cheval.*, v. 496.
[2] Scol. Soph. *OEd. Col.*, v. 390.
[3] Edit. Didot.
[4] Il vaut mieux rendre grâces aux dieux qu'aux mortels. — Celui qui commet une action doit souffrir la pareille.

Ταυκρίαις, désigné parfois par le simple titre d'Ἡρακλῆς σατυρικός. Le chœur était composé de Satyres qui n'étaient pourtant pas les suivants d'Hercule. On s'est demandé si Hercule était représenté avant sa descente chez Hadès ou au retour. Nous pencherions pour la seconde hypothèse : les idées de triomphe et de joie s'accordent mieux avec ces détails culinaires dont foisonnent tous les drames satyriques sur Hercule. Un passage d'Athénée [1] nous montre les Satyres assez familiers avec Hercule :

Κατακεῖσθαι δὲ λέγεται καὶ κατακλίσθαι, ἔστι δὲ εὑρεῖν καὶ ἐπὶ ἐννοίας ταύτῃ; [*dans ce sens*] τὸ ἀνακεῖσθαι. Σάτυρος παρὰ Σοφοκλεῖ τοῦτο φησιν· « Ἐπικαιόμενος τῷ Ἡρακλεῖ ἀνακειμένῳ μέσον εἰς τὸν αὐχὲν' εἰταλοίμην, » si je suis atteint par le feu, je sauterai sur la tête d'Hercule couché.

Quelques autres vers du même poème nous sont transmis par Pollux [2]. « J'ai réuni du bois pour alimenter la flamme de peur « d'être pris au dépourvu. »

Un autre drame satyrique dont le sujet n'est pas moins intéressant a été longtemps disputé à Sophocle. Le titre de ce drame, Ζωστῆρες, est simplement cité par Pollux sans autre commentaire [3]. C'est Welcker qui a rattaché ce drame à l'histoire d'Hercule. Ζωστῆρες ne semble pouvoir se rapporter qu'aux Amazones chez lesquelles Hercule alla chercher le baudrier de la reine Hippolyte. Cette explication me parait beaucoup plus simple que la fiction proposée de Satyres travestis en Amazones. Les Amazones sont les porteuses de baudriers, d'où le titre de la pièce.

Enfin on revendique encore pour Sophocle une tragédie du nom d'*Athamas*. Le personnage qui désigne la pièce, persécuteur de ses propres enfants, auteur d'une sécheresse envoyée par les dieux, est au moment de se voir immolé par la fureur de son peuple, quand l'intervention d'Hercule l'arrache à la mort.

[1] L. l.
[2] X, 110.
[3] VII, 68.

Ces pertes sont d'autant plus regrettables que les tragédies conservées de Sophocle sont dénuées pour la plupart des documents que nous cherchons. Un seul vers de l'*Ajax* (v. 1302) fait allusion par la bouche du héros à cette Hésione qu'Hercule abandonna à Télamon après la prise de Troie. Rien de plus. Il faut arriver aux *Trachiniennes* et à *Philoctète* pour trouver à son rang le fils d'Alcmène, dramatique à coup sûr entre tous les héros.

La première de ces deux tragédies, l'œuvre que Sophocle a entièrement consacrée à Hercule nous semble digne à la fois du personnage principal et du poète. Trop souvent on s'est plu à déprimer les *Trachiniennes*; pour ne pas égaler un *Œdipe Roi*, un *Ajax*, une *Antigone*, ce poème n'en reste pas moins intéressant par le sujet, plein de détails touchants et poétiques, en un mot une œuvre inférieure, nous l'avouons, à certains chefs-d'œuvre mais supérieure encore à tant de productions distinguées de l'art dramatique. Sans doute l'un des deux ressorts de la tragédie, la terreur, y fait à peu près défaut; mais comme la pitié y tient une large place, la pitié qui d'un bout à l'autre du poème ne cesse de nous saisir le cœur, l'attachant tour à tour aux souffrances de Déjanire, au malheur d'Iole, aux tourments d'Héraklès! Quel pathétique continuel et d'un genre nouveau, tel qu'on le trouve dans *Philoctète* et dans *Œdipe à Colone!* En vain Schlegel se déchaîne sur les *Trachiniennes* comme sur une œuvre indigne de Sophocle. Depuis longtemps la critique allemande lui a répondu avec autorité [1]. Chez nous M. Patin a établi ces rares mérites de l'œuvre qui partage avec les plus parfaites conceptions de Racine l'honneur des décris de Schlegel.

Les *Trachiniennes*, pleines du nom et de la pensée d'Hercule, quoique le fils d'Alcmène ne paraisse qu'aux dernières scènes, sont une des plus heureuses interprétations de la légende consacrée par

---

[1] Jacobs. *Quæst. Sophocl.* — Hermann, *Præf. ad Trachin.*

Homère et par Hésiode. Cette tragédie met en lumière le dernier
incident de la vie d'Hercule ; elle commémore également quelques
faits antérieurs, la captivité chez Omphale rappelée par une double
allusion, la lutte contre Achéloüs et l'aventure du Centaure Nessos
évoquées par Déjanire. Cette tragédie sert encore à définir, par
l'exemple d'Hercule et de la famille d'Hercule, le caractère et la
vie des héros tels que les Grecs se les figuraient, couronnés d'un
prestige divin, mais se déployant dans des conditions essentiellement humaines [1]. Ces héros vivent une existence terrestre, au
milieu d'hommes, de femmes qui leur imposent la société de leurs
goûts, de leur habitudes, de leurs passions, et ne peuvent se distinguer du reste des mortels que par le courage et la vertu.
Hommes beaucoup plus que dieux, ils semblent les premiers parmi
des égaux. Souvent les dieux eux-mêmes ne produisent pas une
autre impression sur nous. Au reste, si nous mettons à part la
dissemblance de Clytemnestre et de Déjanire, Hercule est attendu
comme Agamemnon par ses fidèles. Il est attendu avec impatience,
avec respect, mais sans terreur superstitieuse ou servile. Il n'opprime
personne de ses exploits, de son caractère divin. Il est en quelque
sorte réclamé comme un mari aimé de sa femme, comme un bon père
de famille nécessaire à sa maison. Ce mot de famille rend à peu près
le ton qui domine dans cette pièce. Partout dans le langage comme
dans les sentiments des personnages règne une simplicité, une
naïveté qui ne se trahissent pas ailleurs que dans la vie domestique.
On sent déjà par moment cette familiarité d'Euripide qui servira de
transition à la nouvelle comédie. Ainsi le pathétique contenu dans

----

[1] Pindare a fidèlement exprimé l'idée grecque en s'écriant : « Elles
« sont unes la race des hommes et la race des dieux. Nous ressemblons
« aux Immortels ou par la grandeur de notre esprit ou par notre
« nature. » (*Néméennes*, VI, 1.)

Voir à propos de ce passage J. Girard (*livre cité*, 338) ; A. Chassang
livre cité, 359.

l'expression est presque toujours doux et discret, et par suite très-
attendrissant. Nous voulons parler du rôle de Déjanire auquel tous
ces traits s'appliquent. C'est Déjanire qui mêle à cette donnée mythologique, la mort d'Hercule, de singuliers éléments de réalité par
l'accent ingénu de ses plaintes, par l'expansion familière de ses
confidences domestiques. Quoi de plus journalier qu'une épouse
déplorant devant des amies ou des servantes l'absence d'un époux
chéri et faisant entendre les pressentiments de la jalousie [1]? Son
admiration persistante pour Hercule qui indique chez elle le sens
de la grandeur héroïque, la gravité des maux qui l'accablent, l'em-
pêchent seules d'incliner au ton de la comédie de mœurs. Sans les
péripéties fatales qui se déroulent, elle serait uniquement une ma-
trone qui suggère les conseils de sa sagesse conjugale aux jeunes filles
qui l'entourent, et, il faut l'avouer, avec bien du charme, de la
douceur, avec une grâce mélancolique qui touche en même temps
qu'elle persuade.

C'est encore avec cette maternelle bénignité que Déjanire reçoit
la jeune captive Iole, sa rivale inconnue, au silence morne et mena-
çant. Plus tard, même dans ses lamentations, elle ne s'emporte pas
ainsi que les Ariane ou les Médée. Comme le dit si bien M. Patin,
« sa douleur est celle d'une épouse et non pas d'une amante. » Au
héros en qui elle voit un homme l'imagination grecque a donné
une véritable femme pour épouse. Nous allons voir que Sophocle
n'a omis aucun de ces traits qui font le type d'Hercule si complexe
et si vivant.

Remarquons d'abord qu'il n'atténue nullement la véhémence des
passions chez cet être armé par la force. Il nous dit en propres

____

[1] Nous n'admettons pas avec Bode cité par M. Patin que cette tragédie
nous offre le type idéal de l'épouse. Il ne faut pas oublier que l'ardeur
indiscrète de Déjanire est la cause de la mort d'Hercule. De plus il
nous semble que Pénélope et qu'Alceste méritent davantage ce titre et
cette gloire.

termes que le héros n'a pris Œchalie que par un violent amour pour Iole [1]. Il nous le montre emporté contre Déjanire par toutes les fureurs du ressentiment, au point d'inviter Hyllos son fils à remettre en ses mains une mère criminelle. Mais comme les autres instincts de la nature héracléenne sont puissamment traduits! Quel noble orgueil, quelle conscience de ses exploits quand il dit [2] : « Et « ce mal, ce n'est ni une lance guerrière qui l'a fait, ni l'armée des « Géants, fils de la terre, ni la force des monstres, ni les Grecs, ni « les barbares, mais une femme! » Plus loin, il nous rappelle avec la même fierté sympathique ses travaux dénombrés [3] : « O mes mains, « mes mains, mes épaules, ma poitrine, mes chers bras, est-ce vous « qui jadis avez dompté le lion, hôte de Némée, fléau des bouviers, « bête énorme et formidable, et l'Hydre de Lerne, et les Centaures « monstrueux au pas de chevaux, race injurieuse, ennemie des lois, « insolente, et la bête d'Erymanthe, et le chien à trois têtes de « l'Hadès, monstre invincible, né de la terrible Echidna, et le dra- « gon gardien des pommes d'or aux extrémités du monde. »

Ainsi Prométhée sur le Caucase évoque le souvenir de ses bien-faits audacieux et de ses sublimes imprudences. Plus tard, comme apaisé et « *doux envers la mort*, » Hercule témoigne un calme, une

---

[1] « De tous ses travaux, » dit M. Cox, « il ne tira de profit que l'amour de la charmante Iole. » Il nous semble que M. Cox a raison d'attribuer une certaine importance à la lutte d'Hercule contre le roi d'Œchalie, l'un des travaux les plus anciennement célébrés, mais que d'autre part il exagère en subordonnant la suite de la vie d'Hercule à cet amour pour Iole. Hercule revient à Eurytos comme il revient à Augeias, plu-tôt par un juste ressentiment que sous l'aiguillon d'un amour déçu.

Iole fut souvent associée par les artistes à Hercule. Winckelmann (*Hist. de l'art dans l'antiquité*, l. IV, ch. IV) nous parle de têtes d'Iole couvertes d'une peau de lion.

Dans l'ouvrage de Stosch (*Pierres gravées*, Amsterdam, 1724), la tête d'Iole exprime l'insouciance enfantine.

[2] V. 1058.

[3] V. 1089.

résignation dignes de celui qui a supporté les douze travaux. Il s'élève peu à peu jusqu'à la sérénité en faisant à Hyllos ses recommandations pour le bûcher funèbre, en lui confiant par un vœu suprême l'existence d'Iole; la grandeur de sa mort tempère l'amertume de ses imprécations. Hercule à la fin de la pièce devient une vertueuse victime; une interprétation plus philosophique en fera un martyr. Sachons gré à Sophocle d'avoir élevé à une telle hauteur le sacrifice du héros. Il a permis à Cicéron de prendre cette oblation pour emblème d'une immortalité glorieuse succédant à la perte d'une dépouille éphémère [1].

Quelques mots prononcés par Hyllos achèvent de nous montrer combien, au temps de Sophocle, le culte d'Hercule était soutenu par la faveur publique, quel prix on attachait à ses services, quelle horreur accompagnait le souvenir de sa mort :

« O mes compagnons, pardonnez-moi tout ce qui va se passer. « N'en accusez que les dieux qui ont la connaissance de toutes les « choses humaines et qui, bien que nous ayant engendrés et se « laissant appeler nos pères, peuvent soutenir la vue de tels « malheurs. Personne ne prévoit l'avenir; mais si ce présent est « triste pour les hommes, il est honteux pour les dieux. »

Cette accusation lancée contre Zeus par son petit-fils en plein théâtre ne fait-elle pas juger de la liberté que les Grecs s'étaient réservée vis-à-vis de leurs dieux? En cela comme en toute chose les Grecs ont été nos maîtres. Cette disposition d'esprit manifestée par les poètes soutint l'indépendance de la parole et de la pensée. Au dogme flexible, aux dieux discutables répondent l'heureuse mobilité de l'Art, le progrès continu dans la cité. C'est ainsi qu'Athènes

---

[1] *Pro Sextio* (LXVIII) : « *Cogitemus corpus esse mortale… virtutis gloriam sempiternam. Hanc opinionem in illo sanctissimo Hercule consecratam videmus cujus corpore ambusto vitam ejus et virtutem immortalitas excepisse dicitur.* » M. J. Girard (*livre cité*, p. 105) appelle ce mythe d'Hercule sur l'OEta « une apothéose de l'humanité. »

devient l'Athènes de Périclès, de Phidias et de Platon en n'admettant rien d'immuable ni d'inflexible autour d'elle, au-dessus d'elle rien d'infaillible, à commencer par les dieux!

Sophocle dans les *Trachiniennes* nous a donné une image très-épurée d'Hercule. Cependant Fénelon a cru devoir tenter d'amener cette image plus près de la perfection. Dans le 15ᵉ livre de son *Télémaque*, à propos de Philoctète, il est remonté à la mort d'Hercule. Il nous en a présenté une image toute chrétienne. Son héros expie un péché, la trahison de la foi conjugale. Nous ne parlons pas ici du symbolisme primitif dont le sens se trouve complétement oblitéré. Mais, en prenant à la lettre ces nombreux hymens, comment y voir autre chose que d'inévitables emportements de la force? Est-ce le lieu de moraliser? Faire sortir un être supérieur du conflit des passions tantôt actives pour le bien, tantôt actives pour le mal, voilà l'idée antique dans sa véritable expression. Epurer un type de cette façon n'est-ce pas le mutiler? Voilà l'erreur de Fénelon et de tous ceux qui ont voulu *christianiser* les personnages grecs.

L'épuration réelle a été accomplie par les Stoïciens. Poètes ils auraient su faire sentir chez le héros, à l'approche de la mort, le détachement de la vie terrestre, la conscience des travaux accomplis, le pressentiment de l'Olympe à conquérir. Cette transfiguration d'Hercule sur le bûcher ne sera donc définitive qu'après le long travail des philosophies [1].

Sophocle fait reparaître Hercule dans une autre tragédie. Le héros a légué ses flèches à son ami Philoctète : or de la possession des flèches d'Hercule dépend la ruine de Troie, et Philoctète gît abandonné dans l'île de Lemnos. Hercule est donc souvent évoqué dans ces vers par des allusions fréquentes aux armes dont il a fait un admirable usage. Cet arc, c'est toute la gloire, tout l'honneur, la

---

[1] Nous renvoyons le lecteur à deux poèmes remarquables; l'un d'André Chénier, l'autre de M. Leconte de Lisle, inspirés également par le sacrifice de l'OEta.

vie même de Philoctète : autour de lui s'agite et vit tout le drame. Et comment le drame se dénouera-t-il? Encore par une intervention d'Hercule en faveur de la faiblesse contre la violence. Hercule apparaît à Néoptolème, à Philoctète dignes de cette vision, et, comme il le dit, descendu de la demeure céleste, il vient déclarer les volontés de Zeus et indiquer à Philoctète le salut. Dans une phrase qui ne manque pas de fierté sublime, il convie Philoctète à l'émulation de ses travaux :

« Je te rappellerai ma fortune, comment après avoir traversé
« tant de laborieuses épreuves j'ai conquis une gloire immortelle
« qui éclate à tes regards. Ce même sort t'est réservé, une vie glo-
« rieuse après de semblables épreuves. »

Ce petit discours n'a plus l'accent que l'on prête à Hercule pendant sa vie terrestre. Le héros s'exprime avec un air de gloire et d'autorité morale, il a la voix d'un dieu, *plus quam mortale sonans*. Et réellement il fait office de dieu en rétablissant la justice et le bonheur dans l'existence d'un ami vaillant et pieux. En même temps ses flèches agiles, sûres de leur vol, meurtrières, hâteront la chute de la ville ennemie des Grecs. La prise de Troie à l'aide des armes confiées à Philoctète, qu'est-ce donc, sinon le dernier travail d'Hercule ?

CHAPITRE VII.

EURIPIDE. — TRAGIQUES.

D'Eschyle à Sophocle le passage est peu sensible. Mais quelle brusque révolution de Sophocle à Euripide! Avec le poète de *Médée* nous entrons dans un monde nouveau. L'ère religieuse se ferme, l'ère philosophique s'est ouverte. De là toute une interprétation nouvelle des mythes conforme à ces témérités de dialectique dont s'enchantait l'élite des Athéniens. Il en résulte parfois un désaccord fâcheux entre le mythe et l'interprète novateur, une atténuation regrettable de cette poésie naïve ou grandiose qui embellit les fictions religieuses. Sous prétexte d'ennoblir et d'épurer un type divin, on ne doit pas le mutiler, avons-nous dit, il n'est pas moins funeste de l'altérer ou de le rabaisser. Si vous ramenez Hercule à l'humanité pure, donnez-lui les plus grandes proportions de la nature humaine.

Au moins, en dépit des réserves que nous aurons lieu de formuler, Euripide s'est-il occupé fréquemment de la légende d'Hercule et a-t-il contribué à en maintenir l'honneur en la rattachant à quelques-unes de ses œuvres les plus applaudies. Hercule apparaissait dans un certain nombre de pièces perdues. Mais parlons d'abord de celles qui nous restent et qui suffisent pour nous montrer quelques aspects de la grande figure héracléenne. Deux principalement traitent chacune à fond un des épisodes de cette vie héroïque. Ces deux tragédies que nous devons mettre au premier plan sont *l'Hercule furieux* et *l'Alceste*.

L'aventure traitée dans l'*Hercule furieux* offre un intérêt qu'Euripide a volontairement diminué. D'après la plupart des mythologues, ce meurtre d'enfants commis par un père en délire précède les douze travaux et les détermine en leur prêtant dès l'abord un caractère expiatoire. Ce caractère disparaît dans l'œuvre d'Euripide. Pourquoi ? parce qu'il a plu au poète de jeter cet incident au milieu de la vie d'Hercule, après sa douzième entreprise, au lendemain de son retour de l'Hadès. Nous ne croyons pas nous abuser en disant qu'à cette date l'immolation des enfants d'Hercule devient un simple acte d'égarement et perd cette horreur fatale qui la caractérise, lorsqu'elle voué le meurtrier involontaire aux fantaisies despotiques d'Eurysthée armé par Héra. Hercule inaugurant sa carrière par un si terrible abus de la force, avant de faire tourner la force à la gloire du Bien et du Juste, quelle leçon plus haute, quel enseignement plus religieux et même plus philosophique? Enlevez à ce meurtre ses conséquences et vous n'aurez plus qu'un affreux accident, une scène d'ivresse sanglante sauvée par des effusions de sensibilité facile.

Prenons ce poème au début. On y sent déjà l'embarras du poète qui semble lutter contre son sujet en combattant sans cesse le mythe qui lui sert de donnée et de point de départ. C'est Amphitryon qui ouvre la pièce par une de ces longues expositions trop fréquentes dans Euripide. Amphytrion, dès les premiers mots, nous indique bien qu'il « a partagé la même couche avec Zeus, » mais il ne s'en déclare pas moins le père d'Hercule. Il relie Hercule beaucoup plus à lui-même qu'on ne saurait l'admettre. Le vieillard nous raconte ensuite qu'à la faveur de l'absence du héros, Lycos, tyran de Thèbes, usurpateur du pouvoir de Créon qu'il a tué, médite de perdre les enfants d'Hercule, parent de Créon, et d'envelopper dans leur ruine Mégare et lui-même Amphitryon. Tout ce récit est entrecoupé de réflexions morales sans élévation et sans pathétique, d'une sagesse un peu vulgaire, et qui ne décèlent ainsi

qu'une médiocre inquiétude. Mégare accourt vers Amphitryon :
elle est beaucoup plus anxieuse de l'absence du héros et des dangers de ses fils sur lesquels elle veille, dit-elle, « comme la poule
sur ses poussins. » Dans les réponses d'Amphitryon le lieu commun abonde sous prétexte de philosophie. Entre les observations
morales que détache délicatement et sagement Sophocle et cette
profusion banale la différence est trop sensible pour s'y arrêter
davantage. Voici Lycos, ce tyran farouche : on dirait un sophiste
usurpateur. Il conteste les efforts d'Amphitryon et des siens pour
se rattacher à la vie; il met en litige l'intervention de Zeus dans la
vie conjugale d'Amphitryon : il institue une controverse sur la
qualité des exploits d'Hercule.

« Quels sont les hauts faits de ce fameux mari? Est-ce d'avoir
« abattu l'Hydre marécageuse ou le fauve de Némée, qu'il a pris
« dans des rêts, prétendant l'avoir étouffé entre ses bras? Cet Her-
« cule, il s'est fait une réputation de courage en ne portant jamais
« de bouclier à la main gauche, en ne se hasardant jamais au
« combat des lances, mais avec un arc, avec l'arme du lâche, et
« lui-même toujours prêt à la fuite! »

Amphitryon lui donne la réplique sur le ton du sophiste. A peine
fait-il entendre quelques paroles naturelles. Mais lui sied-il de
reprendre dans les discours de Lycos la plus puérile des imputa-
tions et de disserter à son tour sur la nuance qui sépare les armes
de jet de l'épée et de la lance? Et même auparavant, avec quelle
sécheresse et quelle froideur il rappelle la lutte contre les Titans et
l'expulsion des Centaures. Ce Lycos qui cherche à convaincre ses
victimes de la nécessité de mourir, cet Amphitryon qui argumente
avec une fatigante subtilité, voilà à coup sûr des personnages qui
ont perdu toute fierté et toute grandeur héroïque, sans gagner la
moindre dignité, la moindre élévation morale à cette sophistique
d'Euripide. On sent trop que les acteurs servent de porte-voix

au poète. Ainsi cette exclamation d'Amphitryon qui suit le débat en règle avec Lycos n'a rien d'antique. Autant vaudrait mettre les sorties du xviiie siècle dans la bouche de Frédéric Barberousse ou de Godefroy de Bouillon :

« O Zeus, c'est en vain que je t'ai eu pour compagnon de couche ;
« en vain nous t'appelons père de mon fils ; tu es moins notre ami
« que tu ne le paraissais : moi mortel, je te supplie en vain, toi qui
« es un dieu ; car je n'ai pas trahi les enfants d'Hercule. Toi, tu
« savais en secret t'introduire dans une chambre nuptiale, occupant
« la couche d'autrui, sans qu'on te l'eût permis ; mais tu ne sais
« pas sauver tes propres amis, tu es impuissant ou injuste. »

C'est Euripide qui pose ce dilemme et non Amphitryon. Cette forfanterie d'impiété est, dans une œuvre de ce genre, uniquement ridicule. Ces paroles sont heureusement relevées par un chœur à la gloire d'Hercule qui retrace la vie du héros non avec cet éclat de coloris où nous avaient accoutumés Sophocle et le vieil Eschyle, mais avec une vivacité encore très-poétique :

« Phoibos entonne l'Ailinos avec des chants joyeux, ébranlant sa
« lyre mélodieuse sous l'archet d'or ; et moi je viens, pour cou-
« ronner ses travaux, célébrer celui qui est entré dans les ténèbres
« souterraines, qu'il soit fils de Zeus ou d'Amphitryon ; car les
« louanges dédiées aux généreux travaux sont l'honneur des morts.

« D'abord il purgea la forêt de Zeus de la présence du lion, et il
« enveloppa sa blonde chevelure et son dos de la tête horrible du
« monstre. Puis il blessa de son arc meurtrier la race des farouches
« Centaures, hôtes des montagnes, succombant sous ses flèches
« ailées. Vous le savez, ô Pénée aux belles eaux, et vous, campagnes
« spacieuses et stériles, vallée du Pélion, antres de l'Homole, d'où
« les Centaures armés de pins allaient dompter la Thessalie par
« leurs courses. Et cette biche aux cornes dorées, au dos tacheté,

« ennemie des laboureurs, après l'avoir tuée, il la consacra à la
« déesse d'Œnoé [1] meurtrière des bêtes fauves.

« De là il monta sur le quadrige et imposa le frein à ces cavales
« de Diomède qui sans frein dans leurs étables broyaient entre
« leurs mâchoires une nourriture sanglante, joyeuses de faire avec
« des sacrifices humains un hideux repas. Ensuite il traversa l'Hé-
« bre aux flots d'argent, soumis à un travail pour le tyran de
« Mycènes; il suivit la côte péliaque, le long des ondes de l'Anauros.
« Il tua avec son arc Cycnos assassin de ses hôtes, insociable habi-
« tant d'Amphanée.

« Il alla jusqu'à la région de l'Hespérie, vers les Nymphes harmo-
« nieuses, pour cueillir un fruit parmi les rameaux éclatants d'or,
« en tuant le rouge dragon qui gardait l'arbre inaccessible par ses
« replis entrelacés. Il s'avança dans les profondeurs de la mer,
« assurant la sécurité des mortels. Il alla jusqu'à la demeure d'Atlas
« et étendant ses bras au milieu de la voûte céleste, il soutint par
« sa force les palais constellés des dieux.

« Puis à travers les flots de l'Euxin il se rendit vers la cavalerie
« des Amazones, près du lac Méotide où ruissellent les fleuves!
« Quelle troupe d'amis ne quitta point la Grèce pour le suivre
« quand il ravit l'armure d'or et le funeste baudrier de la vierge
« vouée à Arès, dépouille d'une barbare qu'il transmit à la Grèce :
« Mycène les conserve encore. Il détruisit par la flamme le chien ho-
« micide de Lerne, l'Hydre aux mille têtes, du venin de laquelle il im-
« prégna les flèches qui tuèrent le pasteur d'Erythie au triple corps.

« Ayant dans d'autres combats obtenu d'heureux succès, il a
« navigué vers Hadès fertile en larmes, suprême travail où l'in-
« fortuné a fini son existence; car il n'est pas encore revenu, sa
« maison est vide d'amis, et le voyage sans retour sur la barque de
« Charon est réservé à ses enfants, voyage injuste, impie. Héros ab-

[1] Artémis que l'on adorait à *Œnoé* dans l'Argolide.

« sent, ta famille cherche tes bras de ses regards. Si j'avais la force
« de la jeunesse, si je pouvais brandir la lance dans les combats.
« avec les Thébains de mon âge, j'assisterais de mon secours ces
enfants; je suis maintenant bien loin de l'heureuse jeunesse.

« Mais je vois sous le vêtement des morts les fils d'Hercule
« jadis si grand et son épouse chérie qui traine ses enfants à la
« lisière, et son vieux père. Malheureux je ne puis retenir dans
« mes yeux l'épanchement de mes larmes stériles. »

Ce chœur renferme la première mention des cavales de Diomède,
de l'aide prêtée à Atlas, de la conquête faite sur les Hespérides.
Que d'enrichissements pour le mythe d'Hercule. Ce n'est rien moins
que le huitième et le onzième travail, outre un des πάρεργα les
plus intéressants. On voit, malgré des omissions inévitables, que la
suite des travaux d'Hercule est déterminée.

Quant à la pièce en elle-même, voilà bien le premier morceau
remarquable. L'expression s'y revêt parfois d'une hardiesse et d'un
éclat trop rares chez Euripide si médiocrement lyrique par comparaison avec ses devanciers. Le mouvement en est vif et rapide. La fin
même se relève par un de ces élans de sensibilité où l'on reconnaît
surtout la puissance véritable d'Euripide, le don du pathétique [1].
C'est cette sensibilité qui fait oublier ici comme ailleurs tant de
vices de déclamation et de subtilité. Ainsi l'on ne peut refuser son
admiration quand après ce chœur on entend ces paroles de Mégare
vraiment déchirantes : « O mes enfants, votre père vous destinait
« trois royaumes... Et moi je choisissais d'avance des jeunes épou-
« ses... Tout est évanoui et la fortune en échange nous donne pour
« épouses les Kères; elle ne m'offre que mes larmes pour pain
« nuptial et elle fait disposer à votre aïeul un repas d'hymen qui
« vous départira pour beau-père Hadès, parent cruel. Lequel de
« vous recevra mes premiers ou mes derniers baisers? Lequel

---

[1] On pourrait sans exagération appliquer à Euripide cette belle parole
de Bossuet (*Panégyr. de saint Paul*): « Il porte ses coups droit au cœur. »

« embrasserai-je. Lequel serrerai-je contre mon cœur? Que ne puis-
« je, comme l'abeille aux ailes rapides, recueillir toutes vos larmes
« et de ce butin faire jaillir un flot de pleurs. »

Les métaphores qui pourraient paraître excessives à nous
modernes sont dans le goût de l'antiquité la plus pure [1]. Les paroles
touchantes qu'elles accompagnent sont vraies et belles de tout
temps. Enfin Hercule paraît, libérateur inattendu. Ce n'est plus
l'Hercule de l'Épopée, de l'Ode, des premiers Tragiques. D'abord
Euripide en a presque fait un roi, puisque Mégare parlait de
royaumes à distribuer entre ses enfants. Hercule a plutôt l'air d'un
monarque absent que du héros vagabond et proscrit. Pourtant son
entrée en scène est naturelle et touchante :

« Salut, ô demeure, ô vestibule de mes foyers ! qu'avec bonheur
« je vous revois de retour à la lumière. »

Mais il change bien vite de ton. Quand on lui a appris les malheurs des siens, il s'écrie avec une violence déclamatoire :

« Pour moi, puisque l'on a besoin de mon bras, j'irai, je détrui-
« rai la demeure du nouveau tyran, je trancherai sa tête impie et
« la jeterai aux chiens. Quant à ceux des Thébains que j'aurai trou-
« vés ingrats, de cette arme victorieuse je les dompterai et, dissi-
« pant les autres à l'aide de mes flèches ailées, je remplirai l'Isménos
« de carnage et j'ensanglanterai les ondes limpides de Dircé. »

Même à la fin de la scène, Hercule en revenant au naturel donne
à sa pensée un tour trop sentencieux et une portée trop générale :

« Je ne me refuse pas à prendre soin de mes enfants : tous les
« hommes se ressemblent; tous, puissants ou gens de rien, aiment
« leurs enfants. Ils sont bien séparés par la fortune, mais tous
« aiment leurs enfants. »

Tout à l'heure c'était le ton du matamore, maintenant c'est

---

[1] Électre, l'Électre de Sophocle parle au chœur des « ailes de ses
lamentations, » πτέρυγας ὀξυτόνων γόων (V. 242).

l'accent du déclamateur banal. Amphitryon, comme l'Oreste des *Coéphores*, comme plus tard le Joad d'*Athalie*, prend Lycos dans un piége. Mais à peine Lycos a-t-il péri qu'on voit paraître, messagères sinistres d'Héra, Iris et la Rage, Λύσσα, la Rage, fille de la Nuit. Héra vient pousser Hercule au crime pour le rendre au malheur. Cette scène où Iris expose à la Rage les volontés de l'implacable déesse est très-belle, pleine d'épouvante et d'horreur. La description des fureurs naissantes d'Hercule, « le voilà « déjà qui secoue la tête à l'entrée de la carrière, qui roule en « silence et d'une manière menaçante ses yeux hagards, impuis- « sant à retenir son souffle, comme un taureau qui prend son élan », les conseils effrayants d'Iris sont presque dignes d'Eschyle. C'est un récit qui nous fait connaître les effets atroces des aiguillons de Lyssa. Quelques traits énergiques s'en détachent: ainsi Hercule est comparé à un forgeron lorsqu'il écrase ses enfants. Le poète, négligent de la tradition, ajoute à ce meurtre des enfants la mort de Mégare. Sous l'influence d'idées nouvelles, il ne conçoit pas une mère survivant à ses enfants et acceptant de la main du meurtrier un autre époux [1]. Cette répugnance indique un progrès de l'opinion, un désir de diminuer la dépendance de la femme. Mais aussi comme cette dépendance était plus conforme à l'esprit des temps héroïques. Après ce récit du carnage Euripide nous fait assister au réveil du fils d'Alcmène endormi par la main de Pallas [2]. Il revient lentement à la perception de tout ce qui l'entoure, et son étonnement s'exprime en beaux vers :

« Oui, je respire, je vois encore ce que je dois voir, le ciel, la

---

[1] D'après la tradition, Hercule donna Mégare pour épouse à Iolas.

[2] Ce détail est conforme à la tradition. La déesse, fidèle amie d'Hercule, intervient volontiers dans la vie de son protégé. Ici elle apaise un peu tardivement son délire en dirigeant contre sa poitrine une pierre qui, selon Pausanias, avait la vertu de calmer et qu'on appelait σωφρονιστήρ.

« terre, les traits brillants du soleil... Mais de quelle tempête terrible
« a donc été battue mon âme, pour que mon souffle s'échappe de
« ma poitrine si brûlant, si précipité, si inégal? Ah! des liens qui
« attachent, comme le navire au rivage, ma poitrine, mes bras à un
« débris de colonne. Je suis captif, et dans des lieux voisins sans
« doute du séjour des morts. Autour de moi sont répandues sur la
« terre mes flèches ailées, mon arc, ces armes qui toujours dans
« mes mains me défendaient, et que je savais défendre. Serais-je
« redescendu aux enfers? Eurysthée m'aurait-il forcé de re -
« commencer ce voyage? Mais je n'aperçois point le rocher de
« Sisyphe, ni Hadès, ni le sceptre de la fille de Déméter. Je ne
« puis revenir de mon étonnement; je cherche en vain où je suis...
« Oh! n'y a-t-il point près de moi aux environs de ces lieux, quel-
« qu'un de mes amis qui veuille éclairer mon ignorance? car je ne
« reconnais aucun des objets auxquels mes sens étaient accou-
« tumés [1]. »

Sûr enfin de son infortune, il maudit son existence souillée [2].
C'est alors que le poète fait longuement intervenir Thésée par complaisance pour les gloires d'Athènes : car Thésée ne vient là que
pour donner la réplique à Hercule dans un dialogue aussi subtil,
aussi compliqué que la dispute entre Lycos et Amphitryon. Le fils
de Zeus si patient se déchaîne contre les dieux avec une ironie et
une violence étrangères à la pensée populaire et poétique qui a créé
le type de ce héros inspiré et patient. On dirait presque un des
personnages de Byron défiant le ciel, Manfred ou le Giaour :

« Je suis né de cet homme qui meurtrier de mon aïeul, encore
« souillé de son crime, épousa Alcmène qui m'a mis au monde.
« Lorsque le fondement d'une race a été mal posé, les enfants sont
« nécessairement malheureux. Et Zeus, quel que soit ce Zeus, m'a

----

[1] 1063-1082, traduction de M. Patin.

[2] PHILOSTRATE, *Imag.* II, Ἡρακλῆς μαινόμενος.

« engendré pour être haï de Héra. Ne t'offense pas, vieillard, car
« c'est toi et non pas Zeus que je regarde comme mon père... »

Il rappelle sur le même ton les serpents envoyés par Héra pour
le faire périr, les monstres dont il a triomphé. Puis il s'étend sur le
contraste de son infortune et de sa fortune passée, comme si
jamais Hercule avait pu être heureux :

« Voici le degré de malheur où j'arriverai. La terre élévera la
« voix pour m'interdire de la toucher, la mer également et les
« fleuves pour me défendre le passage ; et je serai semblable à
« Ixion enchaîné sur la roue. »

Tout cela n'est que déclamation gratuite. On comprend que
dans les poèmes dramatiques ou dans les épopées Hercule pût
s'emporter contre Héra ; mais quand il accuse Zeus, ce n'est plus
Hercule qui parle, c'est Euripide. Ne trouvez-vous même pas plaisant cet Hercule reniant la paternité de Zeus avec un si beau mouvement et se tournant vers Amphitryon avec le geste de d'Alembert
éloignant madame de Tencin [1] ? C'est du comique involontaire. Les
déclamations irrégulières de Thésée qui suivent la tirade d'Hercule
sont encore plus choquantes, encore plus déplacées :

« Les dieux n'ont-ils pas contracté des mariages sacriléges ?
« n'ont-ils pas par ambition enchaîné et outragé leurs pères ? Et
« pourtant ils habitent l'Olympe ! »

Une telle manière d'écrire pour le théâtre peut merveilleusement
profiter à la polémique, mais comme elle est contraire à la poésie.
On peut dire à Euripide : « Si nous admettons votre guerre philosophique contre l'Olympe, choisissez au moins tout autre personnage qu'Hercule pour diriger vos traits et vos attaques.

L'Hercule d'Euripide n'est pas plus vraisemblable quand il
reprend en sous-ordre la déclaration de Thésée que dans ses effu-

---

[1] Ménandre a dit aussi, mais sans ombre de déclamation : « Ton vrai
père, ce n'est pas celui qui t'a engendré, c'est celui qui t'a élevé. »

sions de sensibilité éplorée et efféminée. Son invocation aux Mânes
de ses enfants, de son épouse, ses exclamations, son horreur pour
les flèches qui lui rappelleront sans cesse l'égorgement de sa famille,
tout cela sent la douleur vulgaire et non la mâle affliction d'un
Hercule. Cette allusion aux flèches est d'un dramaturge et non d'un
poète : nous la trouverions à sa place dans une composition de
Mercier ou même de Florian : nous la rencontrons avec peine dans
une œuvre héroïque. Tout le rôle de Mégare, les chœurs, le réveil
d'Hercule, voilà ce que nous réserverions dans cette pièce, pour
faire la part des beautés. Le reste nous plaît beaucoup moins. Mais
pour cette raison même nous ne saurions omettre de louer le troisième chœur, d'un mouvement pressé, d'une grande vivacité de
peinture, le quatrième chœur sur la *jeunesse et la vieillesse*, qui renferme l'ingénieuse et charmante idée d'une double jeunesse rêvée par
les gens de bien et un jugement remarquable sur l'œuvre d'Hercule :
« Il a surpassé sa noblesse par sa vertu [1], » et enfin cette exclamation des plus heureuses, des plus éloquentes, des plus athéniennes :
« Je ne cesserai jamais d'unir les Grâces aux Muses. » Tout l'esprit
de la Grèce, *spiritus Graiæ camœnæ*, a passé dans ce cri. Ils n'ont
jamais cessé d'unir les Grâces aux Muses, ces fortunés enfants de
l'Hellade, et voilà pourquoi, en dépit de toutes les méprises de
l'homme de parti, un Euripide dans la moindre de ses œuvres reste
encore poète, et pourquoi il est grand poète dans ses œuvres
les plus accomplies. La nature, le don de l'art, le secours des
Muses corrigent les erreurs du goût et les égarements du système [2].

Euripide a tout autrement réussi à concilier les droits de la
tradition et les progrès de l'anthropomorphisme dans son admirable
tragédie d'Alceste. C'est là qu'il nous a présenté un Hercule à la

[1] V. 696-97.

[2] Ajoutons que les rares beautés de la tragédie d'Euripide gagnent
singulièrement à la comparaison avec l'*Hercule furieux* de Sénèque le
Tragique.

fois divin par la noblesse de ses actions, humain par la brusque
naïveté de son langage, en un mot l'une des plus complètes effigies
du type que nous cherchons à réparer. Déjà la moitié de la pièce
est écoulée, lorsqu'intervient ce personnage inattendu qui sera le
véritable auteur du dénouement. Euripide nous a fait connaître le
dévouement d'Alceste, il nous a fait entendre les plaintes touchantes
de cette femme courageuse, épouse idéale, qui ne craint pas de
regretter la vie et qui n'hésite pas à la sacrifier pour son Admète.
Assistant à la douleur naïve des enfants et des serviteurs d'Alceste,
nous croyons l'œuvre de la mort à jamais accomplie et son décret
irrévocable : Hercule apparaît. Hôte et visiteur d'Admète, recon-
nu par les vieillards qui forment le chœur, il s'annonce à eux avec
une fière simplicité, comme venant par l'ordre d'Eurysthée enlever
les coursiers du Thrace Diomède, et sans aucune forfanterie décline
toutes les objections que lui oppose le chœur épouvanté. Notons
même un trait qui confirme l'antagonisme d'Hercule et d'Arès. Les
vieillards lui disent que « Diomède est fils d'Arès. » Hercule
répond : « Tu m'indiques une épreuve digne de ma destinée
« âpre et toujours emportée vers les cimes ($\alpha\check{\imath}\pi o\varsigma$), puisqu'il me
« faut toujours lutter avec les enfants d'Arès, d'abord avec Lycaon,
« ensuite avec Cycnos, pour la troisième fois avec Diomède et ses
« coursiers: mais personne ne verra jamais le fils d'Alcmène fléchir
« devant l'attaque des ennemis. »

Admète vient à son tour rejoindre l'hôte qu'on lui a annoncé.
Par un scrupule d'hospitalité, le roi des Thessaliens dissimule à
son hôte la mort d'Alceste. Ne pouvant lui cacher l'appareil de
deuil il lui dit en termes enveloppés « qu'une femme » est morte
dans sa maison. Hercule songe à quitter Admète pour lui épargner
une présence importune. Admète avait prévu ce mouvement : il
multiplie les instances pour arrêter Hercule. Enfin il obtient à
grand'peine que le héros entre dans la chambre des hôtes « séparée
du reste de la maison. » Ces réticences, ces ménagements, si pé—

nibles qu'ils puissent être pour lui, ont préservé le culte et l'honneur de l'hospitalité. C'est en vain que le chœur essaie de blâmer
Admète. Celui-ci croit avoir rempli son devoir au prix de sa douleur comprimée, et il ne saurait être répréhensible à nos yeux pour
un tel témoignage de force morale. D'autre part n'oublions pas avec
quelle délicatesse Hercule se refuse à entrer dans la demeure visitée
par la mort. Cependant après quelques scènes, la pièce penche vers
le drame satyrique. Un serviteur arrive pour se plaindre d'Hercule
et pour l'accuser avec la promptitude du vulgaire qui ne sait juger
que d'après les apparences [1] :

« J'ai vu bien des hôtes venant de contrées diverses dans la
« demeure d'Admète à qui j'ai servi des aliments; mais je n'en ai
« jamais reçu à ce foyer de plus fâcheux. D'abord, voyant notre
« maître en deuil, n'a-t-il pas osé entrer et franchir le seuil?
« Ensuite, connaissant notre malheur domestique, il n'a pas usé
« avec modestie des dons de l'hospitalité, mais il nous a demandé
« avec exigence tout ce que nous lui apportions. Saisissant entre
« ses mains la coupe enroulée de lierre, il boit la liqueur de la
« mère sombre (la vigne) de façon à se réchauffer à la flamme du
« vin; il couronne sa tête de myrtes en hurlant des chants dépla-
« cés : c'était une double mélodie; car cet homme chantait sans
« souci des maux qui résident chez Admète, tandis que nous servi-
« teurs nous pleurions notre maîtresse, tout en cachant à l'hôte nos
« yeux humides : car Admète l'avait ordonné ainsi. Et moi main-
« tenant dans la maison je surveille le festin d'un étranger, rusé
« voleur et pirate sans doute, cependant que notre maîtresse est
« sortie de son palais sans que j'aie pu la suivre, ni étendre la main,
« en gémissant sur le sort de cette maîtresse qui pour moi et pour
« tous les serviteurs était une mère. Elle nous défendait de maux
« innombrables en adoucissant les colères de son époux. N'ai-je

[1] V. 745.

« donc pas raison de détester cet hôte qui est venu au milieu de
« nos peines ? »

Hercule est, on le voit, représenté, selon l'habitude des comiques,
dans l'expansion de ses appétits sensuels : c'était une partie indispensable de la tradition. Distinguons toutefois dans cette donnée
l'excès de la juste mesure! Euripide, dans ce morceau comme dans
celui qui va suivre, s'est tenu à la juste mesure. Il exprime avec
une grande abondance la joie physique, mais sans tomber dans
l'ignoble ni dans le bouffon. C'est du comique de haut étage. Ainsi
le héros, attiré par les plaintes bruyantes du serviteur, arrive,
s'aperçoit de ses dispositions malveillantes, et le gourmande avec
une bonhomie relevée [1] :

« Hé l'homme! pourquoi me regardes-tu de cet air morose et
« soucieux? Pour les hôtes le serviteur doit être non pas refrogné
« mais d'un accueil facile. Et toi, voyant un ami de ton maître, tu
« le reçois d'un visage sévère et les sourcils froncés, et cela pour le
« malheur d'une étrangère. Approche, pour que je te rende plus
« sage, sais-tu la nature des choses ici-bas? Je crois que tu l'igno-
« res; car où l'aurais-tu apprise? Ecoute, mourir est une nécessité
« pour tous les hommes; il n'en est aucun qui sache s'il vivra le
« lendemain. La marche de la fortune reste toujours obscure,
« inconnue, insaisissable, même à l'art. Prends donc des leçons de
« moi et réjouis-toi, bois à ton aise, regarde la vie de chaque jour
« comme ton partage et le reste comme la part de la fortune. Ho-
« nore également Cypris, la plus aimable des déesses pour les
« mortels; car elle est d'une âme bienveillante. Laisse le reste et
« crois à mes conseils, s'ils te paraissent justes comme à moi. Ne
« vas-tu pas, délivré de cette tristesse immodérée, boire avec nous,
« franchissant cette porte et couronné de fleurs? Je suis sûr que tu
« seras détourné de cette anxiété qui resserre ton cœur par le

[1] V. 773.

« bruit sonore de la coupe. Étant mortels, nous devons avoir les
« sentiments de notre condition mortelle : car, pour ces êtres
« tristes et refrognés à mon avis l'existence n'est plus une exis-
« tence, mais une misère. »

Hercule, dans ce passage, reste fidèle à son caractère. A des
épreuves continuelles il faut des distractions puissantes : son allé-
gresse n'a rien d'inconvenant, dans l'ignorance où l'a laissé Admète. Aussi quand les paroles du serviteur ont dissipé cette ignorance, Hercule, comme excité par un réveil généreux, déplore
l'épouse qu'Admète a perdue, désarme son innocente gaité, et ne
songe qu'à réparer une involontaire indifférence. Seul, il s'exhorte
au dévouement par un élan admirable :

« O mon cœur audacieux, ô mon âme, montre maintenant quel
« fils la Tirynthienne Alcmène, fille d'Electryon, a enfanté avec Zeus. »

Et il prend la résolution d'arracher Alceste au ravisseur qui
l'a emportée, à la Mort. Jusqu'au dénonement l'intervalle est rempli
par les touchants regrets d'Admète, par des plaintes d'un pathétique
simple où l'on reconnaît le principal titre du génie d'Euripide, le
naturel. Ce n'est pas le lieu d'insister sur ces beautés si vivantes.
Retrouvons Hercule, cette fois suivi d'une femme voilée [1] qu'il propose de laisser à la garde d'Admète pendant son voyage chez les
Bistoniens. Cette femme est, dit-il, le prix d'une lutte contre des
athlètes. En même temps il fait à Admète le reproche amical de lui
avoir dissimulé la vérité. Admète s'excuse d'abord en invoquant les
exigences de l'hospitalité, puis il répond à l'offre d'Hercule en refusant d'accepter la garde de cette femme qui du reste ressemble
tant à Alceste et dont la vue « le fait mourir de douleur ». Hercule
continue l'épreuve, tente l'âme d'Admète et la trouve inflexible à
son gré; s'il le décide à accueillir cette femme dans sa maison, c'est

---

[1] Ainsi dans le *Conte d'Hiver* de Shakspeare, l'épouse que le roi de
Sicile croit sacrifiée à ses injustes soupçons et à jamais perdue, est
restituée à son amour repentant par une feinte du même genre.

pour le mettre aussitôt en présence d'Alceste dévoilée, d'Alceste reconquise sur la mort. L'émotion qui saisit Admète exigeait des préparations et des ménagements : ces lenteurs avec lesquelles le poète a traîné la scène finale attestent toute son expérience et toute sa délicatesse. En même temps ce dénouement fait honneur au caractère d'Hercule. Il peut s'écrier : « Tu diras que le fils de Zeus est un hôte reconnaissant : » car il a su prouver à Admète par une telle œuvre de dévouement qu'après l'excellence de l'amour conjugal il pouvait attendre encore la perfection de l'amitié. Hercule s'élève au type sublime de l'Ami, après avoir trahi tous les sentiments familiers et tous les instincts communs de la vie humaine. C'est ce mélange d'idéal et de réalité qui fait les héros; rarement il a été mieux pratiqué que dans cette œuvre à la fois domestique et tragique, triomphe de l'âme dans la vie de famille, apothéose du foyer [1].

Hercule ne figure dans aucune autre des pièces d'Euripide qui sont parvenues jusqu'à nous : cependant le poète a fait plus d'une allusion à la vie du héros, et toutes ces allusions doivent nous revenir. Ainsi dans l'*Ion* [2] le chœur désigne, au milieu du temple de Delphes, une représentation du combat d'Hercule contre l'Hydre. Non loin se trouve l'écuyer Iolas qui « a pris en commun les tra- « vaux et les peines avec le fils de Zeus. » Plus loin [3] un serviteur

---

[1] Ne quittons pas ce drame sans noter une des dernières paroles d'Hercule (v. 1135) : Tu la possèdes; puisse l'envie des dieux t'épargner.

Ce vers contient une allusion mélancolique à cette habitude des Olympiens dont Hercule a plus d'une fois souffert. Nous retrouvons à chaque instant chez les poètes grecs des signes de cette jalousie céleste, si curieusement étudiée dans la *Némésis* de M. Tournier. M. J. Girard a dit (*l. cit.* p. 106) : « Théognis accepte pleinement cette doctrine de « l'envie des dieux dont tous les points principaux se révèlent à nous « aussitôt que le génie grec, et doivent toujours rester inhérents à la « partie populaire de la religion hellénique. »

[2] V. 190.

[3] V. 1144.

indique, parmi les trésors sacrés, les dépouilles des Amazones,
offrandes d'Hercule. Dans l'*Hippolyte* [1] le chœur en s'inspirant des
maux de l'amour, prend Iole pour exemple « cette jeune cavale
« d'Œchalie, encore libre du joug nuptial, ἄζυγα λέκτρων, ignorante
« de l'homme et de l'hymen, l'ayant enlevée de sa maison sur un
« navire, comme une vagabonde bacchante de l'Hadès, avec le sang,
« avec l'incendie et les hymens meurtriers. Cypris la donna au fils
« d'Alcmène. » Strophe d'une énergie sauvage et d'une tendresse
qui ferait envie à Eschyle. Iole n'est-elle pas l'innocente meurtrière
d'Hercule? avec elle entrent la mort et le deuil dans la maison du
héros. On peut rapprocher cette strophe des vers où Eschyle nous
montre Hélène « nourrie dans la maison par la volonté d'un dieu
« comme une prêtresse du Malheur [2] . »

Les *Troyennes* [3] renferment deux strophes consacrées à l'expédition d'Hercule contre Ilion :

« O Télamon, roi de Salamine nourrice des abeilles, habitant le
« séjour de l'île cernée par les flots, voisine des collines sacrées où
« Athéné a pour la première fois montré le rameau du verdoyant
« olivier, la couronne céleste, honneur de la riche Athènes, tu es
« venu avec l'archer fils d'Alcmène, compagnon de courage, pour
« ravager Ilion, Ilion notre ville au moment où Hercule amena la
« fleur de la Grèce virile, irrité par le refus des cavales; à l'em-
« bouchure du large Simoïs il arrêta les vaisseaux qui vont sur la
« mer, liant les poupes avec des câbles, et il tira hors du navire les
« flèches qu'il lançait d'une main sûre, meurtrières pour Laomé-
« don : ces murailles construites par les règles d'Apollon il les dé-
« truisit avec la rouge flamme du feu et ravagea les champs de
« Troie. »

[1] V. 545.
[2] *Les Coéphores*, v. 742.
[3] V. 801.

On voit combien en l'absence de tout document mythologique ces fragments peuvent servir à reconstruire les légendes divines.

Euripide avait encore composé une *Alcmène* et une *Augé*. Ces deux pièces nous font également défaut; mais les fragments qui nous en restent valent qu'on les recueille avec soin. Stobée nous a conservé un certain nombre de vers de l'*Alcmène*, dans le véritable goût d'Euripide, sentencieux et gnomiques :

« L'homme heureux doit être sage entre tous. »

« Qu'il sache combien il est insensé l'homme qui opprime le « peuple par confiance dans ses ressources. »

« La noblesse n'est rien par comparaison avec la richesse; car « l'argent élève au sommet le plus mauvais. »

« La richesse jointe à l'ignorance est une chose odieuse. »

« Il faut toujours plaire à ses maîtres, car c'est le meilleur parti « pour les esclaves, et, quoi qu'on leur ordonne, il faut faire les cho— « ses qui conviennent aux puissants. »

Tous ces vers semblent également s'appliquer à Eurysthée, heureux et insensé à la fois, tyran présomptueux, excédant sa puissance et abusant de la dépendance d'Hercule. Le dernier vers que nous trouvons sort évidemment de la bouche d'Alcmène :

« Dieu a mis dans le cœur des mortels un grand amour pour « leurs enfants. »

Quand on songe à la rareté des témoignages relatifs à l'*Alcmène* d'Euripide [1], on regrette davantage le poème où l'héroïne qui fut honorée par les Grecs tantôt opposait à la violence d'Eurysthée la fière dignité de la femme aimée de Zeus, tantôt décelait la touchante anxiété d'une mère toujours inquiète pour son héroïque enfant. Mais nous regrettons encore plus l'*Augé* d'Euripide. Jamais poète n'a mieux choisi le sujet qui s'accordait avec sa nature; car aucun

---

[1] Aristophane, *Grenouilles*, v. 93, v. 540, lance à cette pièce des allusions ironiques.

sujet ne prête plus au pathétique et à tous les mouvements de la sensibilité. Rappelons cet incident de la vie d'Hercule. Le héros, à son passage chez le roi Alès, ravit sa virginité à la fille de ce roi, Augé. Il part et reprend son existence aventureuse. Augé met au jour un enfant que la mère de la jeune fille va porter dans le temple d'Athéné, à Tégée. Alès trouve l'enfant et le fait exposer sur le mont Parthénios où une biche lui sert de nourrice. Strabon[1] ajoute à la tradition mythologique, d'après la pièce perdue d'Euripide, qu'Augé avec son fils fut jetée par les ordres de son père dans un coffre et lancée à la merci des flots. Une jeune femme en face d'un père inexorable et plus rigide que l'airain, voilà le thème sur lequel se déroulaient toutes les péripéties de la pièce. Ce thème n'était pas encore banal. Ajoutons que le nom, que le souvenir d'Hercule relevaient singulièrement cette situation dramatique. Cette délaissée, cette infortunée, c'était l'amante d'un héros, victime plus obscure que l'on pouvait rapprocher de Sémélé et de Léto. Elle était frappée en quelque sorte d'un mal divin et respectable en même temps que sympathique au spectateur. A défaut des morceaux émouvants que devait renfermer ce poème, nous citerons tels quels tous les fragments qui en ont été préservés.

Deux vers d'abord : « Le vin m'a troublé l'esprit; mais j'avoue « que, si je t'ai fait injure, l'injure n'a pas été volontaire[2]. »

On a cru pouvoir attribuer ces paroles à Hercule. Mais comment supposer l'intervention d'Hercule dans ce poème sans la juger impuissante? Hercule présent au palais du roi Alès eût suffi à protéger la jeune femme et l'enfant en péril.

Clément d'Alexandrie[3] dit, d'après son parti pris de polémique qu'Augé eut raison de reprocher à Athéné sa répugnance pour admettre l'enfant exposé dans son temple : « Tu te plais à voir les

[1] L. XIII.
[2] Stobée, XVIII.
[3] Strom., VII, 4.

« dépouilles des morts et les restes des cadavres, ces choses ne
« sont pas impures pour toi ; mais si j'ai enfanté, tu regardes cela
« comme sacrilége. »

Stobée nous a conservé un certain nombre de fragments qui
paraissent faire partie d'une scène importante entre Augé et sa
nourrice. Augé semble d'abord avec cette fidèle amie se consulter
sur le refuge qu'elle doit ménager à son fils [1] :

« Où ? comment le cacheras-tu ? y a-t-il pour nous un ami sûr ?
« Cherchons ; la confiance est un mal pour les hommes et se plait à
« tromper nos tentatives. »

Voici maintenant un retour de la jeune fille sur elle-même, un
essai d'excuse pour son entraînement, un appel à la fois libre et
ingénu aux forces irrésistibles de la nature :

« Quiconque ne regarde pas l'amour comme un grand dieu et le
« plus puissant de tous les dieux ou bien est stupide ou bien igno-
« rant du beau, il ne sait pas que c'est pour les hommes le dieu
« souverain [2]. »

Cette réflexion mélancolique peut appartenir aussi bien à la
nourrice qu'à Augé :

« Pour tous les mortels, non pour vous seulement, soudain ou au
« bout d'un certain temps un dieu bouleverse l'existence et personne
« n'est continuellement heureux [3]. »

Nous aimerions mieux rapporter à Augé un vers touchant qui
doit appartenir à une scène entre la jeune princesse et son père :

« La douceur soulage les misères [4]. »

On la voit essayer de fléchir ce père en l'attendrissant [5] :

[1] STOBÉE, *Florid.* XXI, 7.
[2] *Ibid.* LXIII, 2.
[3] *Ibid.* CV, 15.
[4] *Ibid.* XXXVII, 20.
[5] *Ibid.* XXVIII, 4.

« Qui ne se réjouit des jeux des enfants. » Puis elle se relève
sans doute sous les coups du mépris cruel :

« Nous sommes femmes; en partie nous sommes vaincues par la
« crainte, en partie personne ne surpasserait notre audace [1]. »

Quelqu'un s'interpose sans doute et, personnage pour nous
inconnu, s'emporte contre l'insensibilité d'Alès en s'écriant :

« Qu'ils fassent une mauvaise fin tous ceux qui aiment la tyran-
« nie et la domination d'un petit nombre; car le nom seul de la
« liberté vaut tout en ce monde et pour celui qui n'a rien il tient lieu
« des plus grands biens. »

A ces plaintes, à ces abjurations Alès répond avec la sophistique trop fréquente du crime qui veut se décorer d'équité :

« Il faut avoir pitié non des méchants, mais de la justice [2]. »

Ne trouvez-vous pas dans ces fragments successifs comme l'esquisse du drame, au moins l'indication de trois scènes principales?
Quant au style, le génie pathétique d'Euripide nous est assez connu
pour nous faire comprendre ce qu'Euripide avait pu mettre dans
ce rôle d'Augé! Suprêmes pudeurs de la vierge, orgueil amoureux
de la femme, tendresse et angoisses de la jeune mère, larmes et
cris, toute une abondance d'émotions! Nous soupçonnons aussi le
langage qu'il avait prêté à Alès, langage qui trop souvent peut-être
dépassait la mesure par l'abus de la subtilité et l'affectation de
l'odieux. Les défauts habituels à Euripide se fussent sans doute
donné rendez-vous dans cette œuvre, mais également ses qualités,
et quelles qualités!

A cette attendrissante tragédie d'*Augé* on aurait pu opposer par
manière de contraste le *Sylée* du même poète si ce drame satyrique
nous était parvenu. La destruction du tyran Sylée, fils de Poseidon, est un des travaux qu'accomplit Hercule pendant qu'il servait

[1] Stob. LXXIII, 41.
[2] *Ibid.* XLII, 9.

Omphale [1]. Dans le drame Hercule était vendu à Sylée, vente dérisoire qui devait introduire un singulier esclave dans la maison du maître barbare. En effet Hercule, comme un chasseur qui se jouerait d'une bête avant de l'immoler, épouvante Sylée en déployant tous les caprices de sa force, une vigueur prodigieuse, un formidable appétit. La pièce se terminait par le meurtre de Sylée et, dit-on même, de sa fille Xénodice qu'Hercule aurait fait périr après l'avoir violée. Là est l'excès de la force, la dépravation de l'imagination grecque, le détestable abus de tout anthropomorphisme. En prêtant aux dieux les faiblesses humaines on arrivait un jour à leur attribuer les crimes de l'homme.

Cette pièce n'a été sauvée de l'oubli que par Philon [2] et Eusèbe [3]. Ce sont eux qui avec une certaine insistance ont recueilli les fragments que nous avons été rechercher. Ces fragments ont d'ailleurs sous forme d'ensemble été réunis dans l'édition de M. Frédéric Wagner [4]. C'est dans l'ordre adopté par cet éditeur que nous les reproduirons en les traduisant. Mais nous devons d'abord citer, pour confirmer le caractère de la pièce, le témoignage d'un grammairien anonyme publié par Cramer (*Anecdot. gr.* I, p. 725).

« Hercules Syloeo pro servo rustico venditus mittebatur in agros
« ut vineam coleret. Is autem ligone vites cum radicibus eruit eas-
« que in aedes domini intulit, deinde magnos panes fecit, e bobus
« majorem immolavit. Cellam vinariam effregit optimumque dolium
« aperuit, postremo januam ut mensam apposuit. Comedit ac bibit
« canens et agri dominum aegre id ferentem atque iratum fructus
« et placentas afferre jussit. In fine vero fluvium ad villam direxit
« omniaque inundavit. »

---

[1] APOLLOD. II, 6. — DIODORE, IV, 31.
[2] *Quod omnis probus liber sit*, etc.
[3] *Præparat. evangel.* VI.
[4] Collect. Didot.

Les fragments qui nous restent sont au nombre de huit, presque tous empruntés à Philon.

Il nous montre Hercule frappant de stupeur les assistants, non-seulement comme un être libre, mais comme le maître futur de celui qui l'achète.

Aux questions de Sylée Hermès répond :

« Il n'a rien de méprisable; tout au contraire il a l'extérieur
« digne, nullement abject, nullement dégradé, comme pour les
« autres esclaves; car dans son allure il est beau à voir et fier avec
« sa massue. »

Sylée devant la contenance d'Hercule est saisi d'appréhensions justifiées.

« Nul ne se soucie d'acheter, de placer dans sa maison plus fort
« que soi, de se donner un maître. Rien qu'à te voir on tremble ;
« ton œil est plein de feu, comme celui du taureau attendant l'atta-
« que du lion.

« Dans ton silence même se trahit ton caractère. On peut juger
« que tu feras un serviteur peu docile, plus disposé à commander
« qu'à obéir. »

Hercule bientôt montre au tyran à quel esclave il a affaire. Son naturel éclate en paroles menaçantes et terribles [1] :

« Vienne le feu, vienne le fer! brûle, consume mes chairs; gorge-
« toi de mon sang. Les astres descendront au-dessous de la terre,
« la terre s'élèvera au-dessus du ciel, avant que tu entendes de ma
« bouche d'humbles et flatteurs discours [2]. »

Nous intervertirons l'ordre des fragments pour placer ici deux vers qui touchent de très-près au morceau précédent [3] :

[1] Traduction de M. Patin.
[2] Cité par Philon, *Indic. de Joseph*, E, 14. — ID. *les Allégor.* III, 71. — EUSÈBE, *Præp. Ev.* VI. — ARTÉMIDORE d'Éphèse, *des songes*, IV.
[3] STOB. XLVI, 1.

« Je suis juste pour les justes, mais les méchants n'ont pas de
« plus grand ennemi que moi [1]. »

Un assez long commentaire de Philon précède deux vers
où Hercule semble ironiquement inviter Sylée à boire avec lui.
Voici le commentaire : « Quand Hercule a été envoyé par son maître
aux champs, il y montre par ses actes son naturel indomptable ;
sous prétexte d'un sacrifice à Zeus il immole le meilleur des taureaux pour s'en régaler ; puis apportant du vin à foison il se couche en l'absorbant tout pur. Sylée arrive, mécontent du dommage
qui lui est fait, et de la paresse de son serviteur et de sa singulière
arrogance ; mais celui-ci, sans daigner donner satisfaction pour la
viande dévorée et pour ses autres exploits, répond avec assurance :
« Assieds-toi, buvons et fais avec moi l'expérience pour savoir
« qui l'emportera. »

Un autre fragment ne peut se rapporter qu'à la fille de Sylée,
il dénonce en quelques mots la brutalité des mœurs héroïques :

« Rentrons pour nous coucher ; essuie tes larmes [2]. »

Nous ne savons vraiment à qui se rapporte le dernier fragment.
Sans doute à Sylée :

« Va donc, chère arme, combats pour moi et sois audacieuse [3]. »

Cette pièce devait offrir un spectacle des plus variés et des plus
originaux. Nous ne connaissons pas de sujet mieux choisi pour un
drame satyrique. D'une part, Sylée défiant et crédule, barbare,
cauteleux, insolent quand il opprime, type accompli du tyran ; de
l'autre Hercule dédaigneux, railleur, plein d'intempérantes fantaisies, violent et calme, que de développements curieux, que de

[1] Même trad.

[2]   Βαυβῶμεν εἰτελθόντις· ἀπόμορξαί σέθεν
           τά δάκρυα.

Lex. Sangerm., *in Bek. an. græc.* p. 85 : Βαυβᾶν ἀντὶ τοῦ καθεύδειν. Εὐρι-
πίδης Συλεῖ.

[3] EUSTATH. *ad. Il.* A. 107

nuances, que de traits devaient offrir ces deux personnages, ces héros d'une fable qui s'élève d'une part à l'Olympe où règne la Justice et de l'autre confine à Barbe-Bleue.

Au même genre, à la même inspiration, à la même pensée appartenait un second drame satyrique, l'*Eurysthée*. Le sujet de ce drame était tiré probablement de l'anecdote mythologique que rapporte Apollodore, et qui nous représente Eurysthée dans sa crainte d'Hercule se faisant construire un tonneau souterrain pour indiquer de là au fils d'Alcmène des travaux futurs par l'intermédiaire d'un hérault. Apollodore d'après la tradition a placé cet incident après la capture du lion de Némée. Le poète tragique semble l'avoir transporté à la suite de la descente d'Hercule dans l'Hadès. Malheureusement les fragments qui nous restent sont en petit nombre, mutilés et isolés.

On a rapproché de cet ouvrage un autre drame satyrique d'Euripide, θερισταί, *les moissonneurs*. On a pensé que ce drame contenait l'aventure de Lityerse. Mais il ne nous reste aucun fragment des *Moissonneurs* [1]. Nous n'en connaissons l'existence que par le grammairien Aristophane [2].

Nous avons réservé, pour conclure, une œuvre achevée et entière, pleine de la vertu d'Hercule, quoiqu'Hercule n'y figure pas. Il s'agit des *Héraclides*. Le poète nous transporte au lendemain de la mort d'Hercule. Les enfants du héros s'étaient réfugiés à Athènes, guidés par Iolas le fidèle compagnon et par la vieille Alcmène ; Iolas, Alcmène, témoignages vivants de la grandeur du héros! Or, Eurysthée a réclamé les enfants d'Hercule. Thésée refuse de livrer un tel dépôt, comme on le voit dans Sophocle (*Œdipe à Colone*)

---

[1] L'auteur d'une dissertation publiée à Berlin en 1831, *de cantibus popularibus veterum Græcorum*, Hermann Kœster avance, ainsi que Bode, que ce *Sylée* d'Euripide et les *Moissonneurs* étaient une seule et même pièce. — PATIN, *Tragiques grecs*, Chapitre sur le drame satyrique.

[2] *Argument. Eurip. Méd.*

dénier à Créon la violation de l'hospitalité. La guerre s'engage. Un oracle consulté n'assure la victoire aux Athéniens qu'au prix du dévouement d'un des enfants du héros. Une fille d'Hercule et de Déjanire, Macarie, s'offre à l'immolation. Malheureusement dans cette pièce toute politique, toute patriotique, pleine d'allusions, Euripide a trop peu donné au dévouement de Macarie, mais dans ce peu de paroles celle-ci a prouvé qu'elle est la digne enfant d'Hercule et que le sacrifice de la fille continue le sacrifice du père. Généreux héritage ! tradition sublime! rien n'était plus émouvant que de voir la fille de celui qui a passé sa vie dans le danger et au seuil de la mort réclamer aussi le péril, assumer aussi le trépas. Elle demande sa part de souffrance à cette heure où la jeunesse convie à l'existence. Elle est bien de la race des héros « *non inferiora secuta* [1]. »

La légende d'Hercule, outre les trois grands poètes du théâtre athénien, avait inspiré d'autres tragiques qui, moins connus de la postérité, de leur vivant jouissaient d'un renom incontestable. Ainsi Achœos avait composé un *Linos*, une *Omphale* et une autre pièce citée par le seul Athénée [2] et intitulée Ἆθλα. Phrynichos avait auparavant mis sur la scène une *Alceste* où pour la première fois, nous dit Suidas, paraissaient les femmes dans la poésie dramatique [3]. Ion, Astydamas, Denys le tyran avaient traité le sujet d'*Alcmène*. Plus tard Eschyle d'Alexandrie écrivit un *Amphitryon*, et Nicomaque un *Géryon*. Diogène, poète athénien, avait composé un *Héraclès* auquel Tertullien fait allusion. Avec lui, avec Denys le tyran et Timésithée, Lycophron, comme nous l'atteste Suidas dans l'énumération de ses œuvres dramatiques, s'était rencontré dans le choix de ce

---

[1] Le chœur prononce dans cette pièce une parole qui pourrait s'appliquer à toute la vie d'Hercule : ●La vertu marche à travers les souffrances. »

[2] ATHÉN. XIII.

[3] *Apolog*. II.

sujet. Enfin Spinthare, poète également cité par Suidas, avait
composé un Ἡρακλῆς περικαιόμενος. Astydamas à son *Alcmène* avait
joint un drame satyrique, Ἡρακλῆς σατυρικός; nous relevons ce vers
expressif : « Il a donné aux hommes la vigne mère du vin comme
« remède au chagrin [1]. »

De l'*Alcmène* composée par Denys le tyran il ne nous reste que
ces trois vers : « Si tu t'imagines que ta vie sera toujours vide de
« douleurs, tu as un caractère heureux et tu rêves la vie des dieux
« et non celle des hommes [2]. »

L'*Omphale* d'Ion était un drame satyrique dont il nous reste des
fragments trop mutilés pour que l'intérêt littéraire s'y attache.

Enfin un poète de la pléiade alexandrine, Sosithée, a fait intervenir Hercule dans un drame satyrique du nom de *Lityerse*. Il nous
représente un de ces travaux secondaires, accidents d'une existence errante, dont l'imagination et la crédulité devaient toujours
augmenter le nombre. La fable de ce drame est des plus romanesques. On dirait un épisode d'Arioste. Comme l'ogre du vieux temps,
Lityerse, le roi de Célènes, fils de Midas, est grand amateur de
tueries. Aussi perfide que cruel, il attire les étrangers sous les
dehors d'une large hospitalité; mais le soir il conduit ses hôtes
dans les champs comme pour moissonner avec lui et là profite d'un
moment de distraction pour leur abattre la tête avec sa faux.
Cependant Daphnis, l'illustre berger dont Théocrite fait pleurer la
mort par toutes les voix de la nature, Daphnis, à la recherche de sa
maîtresse enlevée par les pirates, arrive chez Lityerse [3]. Il va tom-

---

[1] ATHEN. II.

θνητοῖσι τὴν ἀκέσφορον

λύπης ἔφηνεν οἰνομήτορ' ἄμπελον.

[2] STOB. XCVIII, 30.

[3] Voir pour cette légende THÉOCRITE, *Schol. idyll.* X, v. 41. — Ce
Lityerse, moissonneur infatigable, avait donné son nom aux chansons
dont les moissonneurs activaient leur travail.

Voir aussi SERV. *ad. Virg. Ecl.* VIII, 68.

ber dans le piège inique, lorsqu'Hercule survient pour le délivrer. Hercule reçoit une faux des mains de Lityerse et s'en sert pour décapiter le tyran. On ne peut imaginer de drame satyrique où le mélange du comique et du divin se fasse avec plus d'aisance. D'une part un monstre à demi-bouffon comme Lityerse que l'on représentait cruel et goguenard à la fois, de l'autre un héroïque sauveur, voilà tout le drame satyrique dans son ingénieuse structure!

Le *Lityerse* offre bien des analogies avec le *Sylée*. Ces deux légendes sont sœurs. L'ensemble de ces tragédies et de ces drames satyriques nous a permis de constater l'importance toujours croissante du culte d'Hercule chez les Grecs, l'achèvement graduel de la divine figure. En même temps que par Euripide, à l'exception d'un seul [1], les ἆθλοι sont déterminés ; en même temps que les trois tragiques précisent la croyance à un Hercule voyageur, leurs œuvres attestent encore un progrès incessant dans l'intelligence des travaux héracléens, une tendance à soumettre de plus en plus à un idéal tous les actes du héros, à l'adopter de plus en plus comme le type du Purificateur et du Justicier qui a conscience de sa mission. Chez eux la résignation d'Hercule devient moins passive que volontaire. Même dans ces drames satyriques où sa nature se débride, en face de ces tyrans grotesques, il est toujours et partout le Libérateur ; ce caractère eût absolument prévalu, si la comédie n'eût établi un obstacle permanent à l'œuvre des lyriques et des tragiques en dépouillant Hercule de son caractère héroïque et en exagérant publiquement les instincts matériels de sa nature humaine. La comédie ruina la conception religieuse du type d'Hercule et entrava l'interprétation philosophique qui se fût produite alors avec autant d'éclat et de grandeur, mais avec un succès moins limité et une action moins aristocratique.

[1] Etables d'Augeias. Voir le chapitre sur Théocrite.

CHAPITRE VIII.

ARISTOPHANE. — LES COMIQUES.

On comprend à certains moments que des esprits jaloux de noblesse et de grandeur aient songé à exclure le genre comique du domaine de la poésie, à dénier absolument le titre de poète même à un Plaute, à un Molière. Sans aller jusqu'à cet excès, on ne saurait nier dans la comédie l'existence d'un élément nécessaire, mais souvent anti-poétique, l'ironie; car si l'ironie s'attaque aux travers, aux ridicules, aux vices, que de fois elle atteint la vertu sous couleur d'exagération. L'œuvre de la comédie est efficace quand elle s'applique à la vie quotidienne, aux ridicules journaliers de Chrysale ou de Strepsiade: mais elle serait la plupart du temps dissolvante et funeste si on l'encourageait à diriger sur les grands personnages de l'histoire ses instruments d'observation fins et précis, mais en même temps bornés dans leur portée et limités dans leur objet. La comédie ne peut saisir les grands hommes que par leurs petits côtés; elle n'a pas de prise sur le sublime et sur la beauté; il faut bien qu'elle trouve où elle peut son injurieuse revanche. Voyez ce qu'elle a fait de Socrate. Elle n'aurait pu faire de Périclès qu'un débonnaire esclave d'Aspasie [1]. Dans Hercule elle n'a vu qu'un gourmand et qu'un ivrogne. Ces intempérances physiques auxquelles le drame satyrique avait touché non sans

[1] Voir les pièces de Cratinos et d'Eupolis.

quelques ménagements, elle les a dépeintes avec complaisance, avec amour; elle y a insisté jusqu'à les faire paraître démesurées et monstrueuses. C'était son rôle. Elle devait rendre le personnage d'Hercule risible et elle serait arrivée à le rendre ridicule. Ne croyons pas qu'elle l'ait fait méchamment. Bon nombre de ces poètes comiques étaient amis de la vieille foi, détracteurs des philosophes, des sophistes et de tout chercheur de nouveautés; ils plaisantaient innocemment avec des dieux vénérés comme le paysan superstitieux et naïf avec le saint qu'il bâtonne [1]. Longtemps ces libertés de la comédie ne furent pas plus agressives que les licences de nos mystères. On peut se porter garant de la sincérité d'Aristophane. Mais, comme partout ailleurs, le scepticisme se glissa dans la comédie avec les Alexis, les Philémon, et l'on vit alors ce que pouvait produire cette parodie de l'Olympe, ce carnaval où tous les Immortels avaient été travestis. Au moins pour Hercule, nul doute que sous ces apparences de bouffon il n'ait à la longue beaucoup perdu dans le respect de bien des spectateurs et que la malice inoffensive d'abord et plus tard hostile des poètes comiques n'ait contrarié le développement moral de ce type marqué pour la perfection. Hercule était un héros primitivement mélangé de bien et de mal; il fallait donc non pas supprimer d'un coup le mal, ce qui était contraire à la nature humaine et par suite à l'esprit du polythéisme, mais l'atténuer et l'éliminer graduellement. Cette œuvre si bien commencée par Pindare, Eschyle, Sophocle et l'Euripide d'*Alceste* aurait été accomplie avec rapidité si les comiques n'avaient, pour Hercule comme pour les autres dieux, fait obstacle à cette purification de l'Olympe et hâté même à leur insu la ruine de divinités que quelques-uns croyaient défendre.

Aristophane donna l'exemple de cette entreprise de caricature

---

[1] Les pasteurs arcadiens frappaient les images de Pan, quand leurs bestiaux étaient malades.

dont les dieux de la patrie sortirent si compromis; pourtant, par intervalles, il vit où était l'inconvenance et le danger. Il hésita plus d'une fois à défigurer les nobles traits du Libérateur. Il se fit même gloire publiquement d'avoir évité ces moyens vulgaires. Ne nous dit-il pas dans la *parabase* de la *Paix* [1], dans une de ces confidences où le poète se livre au public et fait œuvre de critique sur son propre ouvrage :

« Ces Hercules mâchant toujours et toujours affamés, poltrons et
« fourbes qui se font battre à plaisir, il les a le premier couverts de
« ridicule et chassés de la scène. »

Dans les *Guêpes* [2], il revient sur la même réserve :

« Nous n'avons pas d'Hercule qu'on frustre de son dîner. »

Ce vers nous montre à quelles extrémités de grotesque on réduisait ce pauvre Hercule, à une attitude de souffre-douleurs, à la posture des modernes Cassandres bernés et bafoués par nos infatigables Pierrots.

Mais ce scrupule n'a pas toujours suivi Aristophane dans le cours de ses tumultueuses fantaisies.

> Video meliora proboque;
> deteriora sequor....

Car il a plus d'une fois repris la donnée de la voracité héracléenne, et quand il nous a présenté Hercule lui-même, ce n'est pas à coup sûr sous des traits bien avantageux.

Le scoliaste de la *Paix* [3] nous indique une pièce perdue, αἰολοσίκων [4]

---

[1] *Paix*, v. 741. Nous empruntons toutes nos citations d'Aristophane à l'excellente traduction de M. Poyard.

[2] V. 60.

[3] V. 740.

[4] Sicon est un nom esclave aussi commun que ceux de Xanthios et de Carion.

où Hercule était l'énorme mangeur de la tradition burlesque [1]:

« Ἀριστοφάνης ὡς γαστρίμαργον τὸν Ἡρακλέα κομῳδεῖ καὶ ἐν Ὄρνισι καὶ ἐν Αἰολοσίκωνι καὶ ἐν τοῖς Σφηξὶ περὶ τούτων φησί.

Dans cette pièce, Aristophane ne devait le céder en rien à ses confrères qu'il reprend avec tant de hauteur : du reste, nous le voyons à l'œuvre, quand il fait figurer le fils d'Alcmène dans les *Oiseaux* et les *Grenouilles*. Par instants sa verve bouffonne égale en irrévérence tout ce que l'on peut imaginer des comiques ses contemporains.

On connaît les *Grenouilles*. C'est surtout une parodie littéraire. Figurez-vous les badinages que l'on se permet à l'endroit de nos tragédies, de nos drames, de nos comédies, voire même de nos opéras en vogue et n'oubliez pas le génie d'Aristophane avec lequel nos modernes parodistes n'ont rien à démêler. Les *Grenouilles* constituent la principale action d'une petite guerre dirigée sans cesse contre Euripide. Dans cette action Hercule tient le personnage d'un railleur et d'un goguenard. Dionysos a usurpé ses attributs pour descendre dans l'Hadès. Il s'est affublé de la peau de lion et de la massue. Remarquons que Dionysos n'est pas seulement associé à Hercule par la fantaisie du poète. Les croyances et les rites avaient souvent rapproché ces deux êtres mythiques, les derniers venus de l'Olympe et parmi les Immortels les plus voisins de l'humanité [2]. Le fils de Sémélé, le fils d'Alcmène se rejoignaient d'a-

---

[1] A cette pièce se rapporte un passage de Libanius (*Epist.* CCCCCXX) : « Il pense mieux qu'Alcibiade et il agit comme Sicon ; ce que faisait ce dernier, demande-le à Aristophane.»

[2] Dans les épigrammes de l'Anthologie de Planude (185, auteur anonyme), nous rencontrons un petit poème fort curieux sur *des statues de Dionysos et d'Hercule* : « Tous les deux de Thèbes, tous les deux « guerriers et fils de Zeus; l'un était redoutable par son thyrse, l'autre « par sa massue. Aussi leurs statues sont-elles rapprochées, leurs armes « sont semblables, même peau de lion, mêmes cymbales et crotales.

bord par la communauté de l'origine; ce n'était pas leur seule affinité. Tous deux voyageurs, tous deux féconds en travaux, ils étaient réputés également des bienfaiteurs et des civilisateurs, seulement le culte de Dionysos devait donner naissance à un sensualisme effréné; il comportait l'amollissement, l'énervement, ou la fureur nerveuse et la dangereuse ivresse [1]. Au contraire le culte d'Hercule trempa les corps et les âmes. Il suscita des athlètes et des soldats; il allait bientôt créer des philosophes [2].

C'est donc dans cet accoutrement que le Dionysos d'Aristophane vient frapper « comme un centaure » à la porte du temple d'Her—

« Héra les poursuivit de sa haine et tous les deux s'élevèrent de la terre « au ciel, purifiés par le feu. »

« L'art fit entrer Hercule dans le thiase des compagnons de Bacchus et s'amusa du contraste du héros vigoureux et peu endurant et de ses joyeux compagnons.» (Ot. Muller, *Archeol.*, t. II, p. 393.)

Le même auteur (*id.* 394-395) nous cite des vases peints où Hercule figure dans la pourpre bachique monté sur le char même de Bacchus, ou jouant de la flûte parmi les satyres, partageant le repas de Bacchus et d'Ariane ou luttant au défi de la coupe avec son émule divin.

[1] On sait les désordres que provoqua à Rome l'introduction des Bacchanales, désordres auxquels le Sénat ne put remédier qu'avec la hache.

[2] M. Guigniaut dans le 3e livre de la *Symbolique de Creuzer* fait ressortir les analogies entre Hercule et Dionysos. Il cite l'opinion de Plutarque selon lequel Dionysos est un des derniers êtres qui ont subi le mélange de l'élément divin et des passions humaines. Puis M. Guigniaut pour son propre compte nous dit que dans la poésie populaire Hercule et Dyonisos étaient deux héros, fils de Zeus, également persécutés par Héra. Seulement des dissemblances notables frappent son attention, surtout parce qu'elles gênent son système solaire. « Le mythe d'Hercule, » avoue-t-il, « dissimule si bien son origine étrangère, l'élément symbo- « lique y est tellement subordonné, tellement absorbé par l'élément « héroïque et grec, qu'il est besoin d'une grande attention pour y décou- « vrir le rayon divin, la trame d'antique religion solaire qui court à tra- « vers le mythe tout entier. Au contraire le mythe de Dyonisos même « sous sa forme la plus humaine laisse encore entrevoir la patrie « orientale. »

cule [1]. Hercule le reçoit avec des risées et des quolibets. Il fait sa partie dans les propos littéraires que tient Dionysos au détriment d'Euripide et « des petits jeunes gens qui font des tragédies par milliers. » Il ne se fait pas faute d'effrayer Dionysos en lui présentant une description assombrie du voyage chez Aidoneus. Cette scène n'aurait rien de trop irrévérencieux si Dionysos ne demandait à Hercule, comme à un connaisseur, de lui indiquer sur la route les maisons de débauche et si l'éternelle allusion à la gourmandise ne reparaissait à trois reprises .

DIONYSOS.

« As-tu été pris soudainement du désir de manger de la purée?

HERCULE.

« De la purée! oh! oh! mille fois dans ma vie.

DIONYSOS.

« Comprends-tu bien? m'expliquerai-je autrement?

HERCULE.

« Oh! pour ce qui est de la purée, j'entends à merveille [2]. »

Plus loin [3], Dionysos dit encore à Hercule : « Quand il s'agira de cuisine, fais-moi la leçon. » Enfin, lorsque Dionysos a repassé à

[1] Le temple d'Hercule était située dans le bourg Mélite, très-près d'Athènes. On voyait dans ce temple une remarquable statue du dieu, œuvre d'Eléas qui fut maître de Phidias. (*Notes de M. Poyard.*)

[2] V. 62 à 117.

[3] V. 107.

son esclave et compagnon Xanthias la défroque héracléenne, une
servante de Perséphoné qui se trompe à première vue s'écrie [1] :

« Ah! c'est donc toi, Hercule bien-aimé, entre. Dès que la déesse
« a su ton arrivée, elle a vite enfourné le pain et mis sur le feu deux
« ou trois marmites pleines de pois cassés; elle a fait rôtir un bœuf
« entier et griller des gâteaux et des galettes. Entre vite.

XANTHIAS.

« Non, merci.

LA SERVANTE.

« Oh! par Apollon, je ne te laisserai pas aller. Elle t'a fait aussi
« bouillir des volailles, frire des croquettes et t'a préparé du vin
« délicieux. Allons, entre chez moi.

XANTHIAS.

« Bien obligé.

LA SERVANTE.

« Es-tu fou? je ne te lâche pas. Il y a aussi à ton intention une
« joueuse de flûte ravissante et deux ou trois danseuses. »

Cet Hercule « au triple talent » nous fait un peu trop oublier le
dompteur d'Erymanthe, l'oiseleur du lac Stymphale, l'exterminateur de Diomède et de Géryon, le héros! Qu'est-ce encore auprès
du soudard imbécile qu'Aristophane dans les *Oiseaux* décore on ne
sait trop pourquoi du nom d'Hercule et qui ressemble au véritable
fils d'Alcmène comme un grotesque mascaron au pur profil d'une
médaille? On avait cent fois avec une sorte de vraisemblance
reproduit un Hercule insatiable et inassouvi jusqu'à provoquer le
dégoût chez Aristophane. Mais il était réservé à ce dernier de nous

[1] V. 503.

peindre un Hercule inepte et brutal, type d'aveugle stupidité. Rappelons-nous les incidents qui amènent la venue du fils de Zeus. Les dieux sont bloqués dans l'Olympe par la cité des Oiseaux, Néphélococcygie, qui intercepte l'encens et la fumée des sacrifices. Poseidon envoyé en négociateur s'est adjoint Hercule. Mais l'Hercule d'Aristophane ne connait qu'un procédé, assommer, ne comprend qu'une concession, se mettre à table.

POSEIDON.

« Dis, Hercule, que faisons-nous?

HERCULE.

« Je t'ai déjà dit que je veux étrangler cet homme qui a osé nous
« bloquer.

POSEIDON.

« Mais, mon ami, nous sommes des messagers de paix.

HERCULE.

« Raison de plus pour que je veuille t'étrangler [1]. »

Hercule ne se radoucit qu'à la vue d'oiseaux prêts à être servis sur la table. L'espoir d'un bon diner le décide à voter pour la paix; d'où Poseidon furieux s'écrie : Tu n'es qu'un idiot et qu'un goinfre.

Un idiot! voilà où Aristophane a ramené l'ἱρᾶς ἀλκτῆρα dont parlait Hésiode. Jusqu'à la fin de la scène, Hercule entortillé par les finesses de Pisthétéros, n'est qu'un sot mêlé de glouton. Quand Pisthétéros argumente et ergote de façon drolatique sur la bâtardise

[1] V. 1574.

d'Hercule, on dirait un de ces personnages de Shakspeare prompts aux mots plaisants qui se joue d'un balourd en l'enlaçant dans les réseaux d'une subtilité burlesque. Tel Antolycus en face du Clown, Lafeu vis-à-vis du capitaine Paroles, et Puck aux dépens du malheureux Bottom [1].

Cependant Aristophane était trop attaché à la religion de la vieille Athènes pour ne pas en sentir les véritables grandeurs. De plus l'ironie était chez lui relevée par une telle aptitude lyrique que le précurseur de Rabelais et de Molière [2] devait avoir ses accès d'enthousiasme, au moins d'admiration. A ces moments meilleurs Aristophane pouvait comprendre et juger le fils d'Alcmène. Il le prouve quand dans la discussion du Juste et de l'Injuste, il lui rend cet éclatant hommage par la bouche des deux lutteurs [3].

L'INJUSTE.

« Des fils de Zeus qui eut l'âme la plus fortement trempée ? qui
« accomplit le plus de travaux ?

LE JUSTE.

« Nul à mon avis n'a surpassé Hercule. »

Il le prouve encore quand par l'intermédiaire du chœur dans la *Parabase* des Guêpes [4] il dit de lui-même :

« Avec un courage digne d'Hercule [5] il attaqua les plus redou-

---

[1] *Conte d'hiver. — Tout est bien qui finit bien. · Songe d'une nuit d'été.*

[2] Voir un brillant parallèle entre Aristophane et Rabelais dans le *Ménandre* de M. Guillaume Guizot, ouvrage unique de cet auteur, nous le regrettons ; car il promettait un critique original de l'antiquité.

[3] *Nuées*, v. 1050.

[4] V. 1030.

[5] ..... Ἡρακλέους ὀργήν.

« tables monstres et d'abord il marcha droit à cette bête aux dents
« aiguës » (*Cléon*).

Il ne trouve pas de plus beau témoignage à donner de son intrépidité que d'invoquer le nom d'Hercule, et c'est aux exploits du
héros qu'il assimile ses propres faits d'armes. Il tient tant à ce
rapprochement; il y met tant de prix et d'honneur que dans la
Paix il reproduit la même expression : « Intrépide comme Hercule
c'est aux plus grands qu'il s'attaqua. »

Non! le poète qui, pour ennoblir son inspiration, avait trouvé ce
mot: Ἡρακλέους ὀργήν, qui n'imaginait rien de plus haut que d'être un
justicier de la satire politique, un Hercule de la comédie, ne pouvait railler et amoindrir que par méprise et par insouciance le
héros auquel il se fût enorgueilli de ressembler. N'importe. Sou-
haitons à Hercule plutôt encore des Euripide que des Aristophane.

Les autres comiques furent moins mesurés et moins retenus
qu'Aristophane. Les fragments qui nous restent de leur œuvre
éparse attestent l'intempérance d'une verve souvent furibonde.
C'est avant tout la voracité d'Hercule, sa faim exigeante qui
devaient défrayer, comme une matière toujours prête, la belle
humeur de ces maîtres en bouffonnerie.

L'Ancienne Comédie nous offre tout d'abord un *Callippide* de
Strattis [1], dont Athénée nous a conservé ce fragment, relatif à
Hercule :

« Aussitôt il se jeta sur les tranches de poisson salé, sur les
« morceaux brûlants du sanglier et en même temps dévora tout. »

Alexis, poète de la Moyenne Comédie, nous fournira des détails
plus curieux extraits de son *Linos* [2] :

---

[1] Cette pièce avait pris son nom du fameux acteur tragique Callippide
qui accompagna Alcibiade à son retour d'Asie.

[2] Fragment cité par Athénée (IV). Presque tous les fragments que
nous avons recueillis et traduits ont été conservés par Athénée.

LINOS.

« Viens et prends le livre que tu veux, puis lis, distinguant les
« livres par leur titre. Voici Orphée, Hésiode, des tragédies,
« Chœrile, Homère, toutes sortes d'écrits pleins d'attraits : tu verras
« ainsi quelle est la pente de ta nature.

HERCULE.

« Je prends ce livre-là.

LINOS.

« Montre-le moi.

HERCULE.

« L'art du cuisinier.

LINOS.

« Tu es un véritable philosophe, toi qui laisses tant d'ouvrage,
« pour prendre l'art de Simos [1].

HERCULE.

« Quel est cet homme ?

LINOS.

« Un homme très-habile. Il s'est donné aujourd'hui à la tragédie
« et il est de beaucoup le meilleur cuisinier parmi les acteurs et

[1] Tout ce passage prépare une allusion littéraire à un certain Simos,
acteur tragique et écrivain à la fois.

« de même parmi les cuisiniers il peut passer pour un excellent
« acteur. »

Elle revient toujours cette éternelle allusion à une immortelle
gourmandise. On dirait que les exploits d'Hercule ne sont que des
exploits bachiques. Pas un des fragments que nous aurons à citer
ne fait exception. Il est regrettable que nous ne trouvions pas de
morceaux plus caractéristiques. Ainsi de même que Philyllios dans
l'Ancienne Comédie, Eubulos dans la Moyenne Comédie, avait traité
le sujet si intéressant d'*Augé*. Que ne reste-t-il des détails plaisants sur les colères d'Alès, sur la naïveté surprise d'Augé. Non !
c'est toujours l'éternelle gourmandise qui reparait [1]. Le même
Eubulos avait fait une *Amalthée*. Un seul fragment nous est conservé. C'est encore d'un Hercule affamé qu'on nous parle. Le héros
demande à manger :

« Un aliment onctueux ou sec ou entre les deux est en tout cas
« préférable à la prise de Troie. Pour moi je ne suis pas venu me
« nourrir de tiges de plantes ni de silphium, ni de mets volés dans
« les temples et d'un goût amer, ni d'oignons, mais j'ai coutume
« de me repaître de tout ce qui est mangeable, de tout ce qui active
« la force et la santé, de chair de bœuf cuite, non gâtée, copieuse,
« de beaux abattis, de cochons de lait et de salaisons. »

Au moins un passage de l'Ἡρακλῆς de Philyllios fait-il connaitre
un détail instructif :

« Voulez-vous me faire dire qui je suis : je suis celle qu'on
« nomme la *dorpia* des dégustateurs. » Δορπία vient de δόρπον, sou-

---

[1] « Quoi, malheureux ? tu restes à la porte et tu ne t'en vas pas.
« Mais depuis longtemps les hommes bien nés ont déchiré les mem-
« bres des oies, ont fendu les chairs vénérables des cochons, les
« ont broyées par le milieu du ventre et ont en même temps vidé les
« abattis. C'est pourquoi, si tu veux te repaître des restes, hâte-toi.
« hâte-toi, de peur que, comme un loup affamé, même frustré de ces
« restes, tu ne coures après pendant longtemps. »

per, repas du soir (δόρπη, soir) : la δορπία (s. e. ἡμέρα) était le soir qui précédait la fête des Apaturies. Les gourmands n'attendaient pas les Apaturies, mais dans un jour non férié, ils festoyaient pour leur compte, prévenant la fête de la veille et la dégustant pour ainsi dire.

Souvent, dans la Moyenne Comédie, qui ne vivait que d'allusions et n'était la plupart du temps qu'un pamphlet dialogué, les aventures d'Hercule servent à atteindre des contemporains ridicules. Ainsi dans l'Ἡρακλῆς d'Anaxandride, nous trouvons :

« Cet homme [1] me semble d'un heureux caractère : comme il a « pris avec adresse cet instrument, et comme il a vivement impro- « visé. Ma foi, quand je serai rassasié, je te mettrai aux prises « avec Argos : je veux que tu triomphes des habiles eux-mêmes, « mon cher. »

De même dans l'Ἡρακλῆς de Dorphile : « Ne vois-tu pas que je « suis à moitié ivre et tout allègre, et que j'ai dîné avec ce gâteau « plus grand qu'Astion. »

Allusion évidente à un personnage très-grand du nom d'Astion.

Les onze travaux, les πάρεργα, tout avait servi aux comiques. Il n'en était aucun du reste dont on ne pût extraire la gaité et le rire. Rien de plus légitime, si le rire et la gaité n'avaient pas été trop souvent provoqués par l'abaissement du dieu : il est malheureux que les fragments qui subsistent soient d'une monotonie fatigante : car l'imagination se représente tout ce qu'Antiphane (M. C.) avait pu tirer d'un *Antée* [2] et d'une *Alceste*. La lâcheté de Phérès [3], la

---

[1] Linos sans doute…

[2] A l'aventure d'Antée se rattache l'incident de la lutte dérisoire entre Hercule et ces Pygmées, impuissants vengeurs d'Antée (v. PHILOSTRATE, *Images*, II, XIII), sujet souvent traité par les artistes anciens. — Ot. MÜLLER, *l. cit.*, p. 395; — Emile GEBHART, dans son remarquable *essai sur la peinture de genre*, p. 45.

[3] Père d'Admète.

présomption d'Antée fournissaient les scènes les plus divertissantes. Si l'aventure des Centaures ramenait à l'ivrognerie, elle présentait également quelques côtés vraiment comiques. La fureur des Centaures joués par Hercule ne pouvait qu'être fort plaisante. Ce sujet des *Centaures* avait été traité par Apollophane, Nicocharès, Ophellion, les deux premiers appartenant à l'Ancienne Comédie, le dernier à la Nouvelle.

Quoi de plus risible que la légende des Cercopes? Des fourbes de bas étage, espèce de gnomes, osant s'attaquer à Hercule, enfermés par lui dans un tonneau, voilà certes un bon texte de plaisanteries. Les données de toute sorte se croisent sur ces bizarres Cercopes. Il est probable que sous ce nom l'on avait désigné tous les imposteurs [1]. Suidas au mot Κέρκωπες (κέρκος, queue) appelle les adversaires d'Hercule des imposteurs qui à la façon du renard trompaient les simples, κέρκῳ τῶν λόγων. D'après lui leur mère un jour leur avait conseillé de prendre garde au Mélampyge, μελαμπύγος, surnom d'Hercule [2]. Elle disait juste : ce fut même ce nom de *mélampyge* plaisamment rappelé qui désarma Hercule et le décida à leur rendre la liberté. Xénagoros, Harpocration en avaient fait des enfants de Théia, fille de l'Océan, lesquels ayant essayé de tromper Zeus furent changés en singes et donnèrent leur nom aux iles qu'ils habitaient (iles Pithécuses). Eustathe [3] fournit deux versions sur cette métamorphose, admettant que les Cercopes furent changés en singes ou en pierres [4]. Il les appelle en même temps

---

[1] Κερκωπίζειν était passé en proverbe.

[2] Suidas, μελαμπύγου τύχοις.

[3] *Ad. Odyss.* XIV.

[4] Ovide les avait considérés comme singes. (*Métam.* XIV, 69) :

> Quippe deum genitor, fraudem et perjuria quondam
> Cercopum exosus gentisque admissa dolosæ,
> In deforme viros animal mutavit, ut idem
> Dissimiles homini possent similesque videri.

ἄθρωποι κλέπται καὶ πανοῦργοι. Selon M. Creuzer [1] les Cercopes corres-
pondraient aux périodes de l'hiver qui entravent l'Hercule solaire,
ou bien encore, si on les envisage comme habitants d'îles volcani-
ques, ce sont des jets de cendres qui obscurcissent la lumière du
soleil.

On a donné les noms des Cercopes. Suidas (*l. cit.*) les appelle
Passalos et Acmon. Aischrion de Sardes cité par Harpocration
(Κέρκωπες) parle de deux Cercopes, Candolos et Atlas [2]. Étaient-ils
plus nombreux? Diodore [3] l'affirme en prétendant que les Cercopes
asservis par Hercule l'avaient accompagné dans l'île du Soleil. En
effet on voyait sur beaucoup de bas-reliefs les Cercopes sous la
forme de satyres et à la suite du fils d'Alcmène. C'est ainsi qu'ils
pouvaient figurer dans un drame satyrique de la façon la plus
divertissante.

Cette aventure fut souvent traitée [4]. Platon et Hermippos ont
donné l'exemple. Mais il ne nous reste rien de leur œuvre. Nous
trouvons au moins quelques vers d'Eubulos mais qui ne nous
apprennent rien sur l'ingénieuse légende, rien sur ses péripéties
drolatiques. Après un passage intraduisible sur les banquets des
Thébains viennent ces trois vers où Hercule commence ou bien
continue un récit bouffon de ses voyages :

« Je suis venu à Corinthe; là, à mon grand détriment j'ai mangé
« du basilic et j'ai perdu ma tunique (Ἐξωμίς [5]).

---

[1] Iere part., 2e vol., 4e l., p. 179.

[2] CLAVIER (*ad Apollod.* livre II, note 8.)

[3] IV, 31.

[4] L'art avait jugé cette légende de bonne prise. Entre autres traductions de ce genre une métope du temple de Sélinonte représentait
Hercule portant les Cercopes la tête en bas. — Ot. MÜLLER, *Archéol.*,
pl. 120, fig. 111.

[5] L'ἐξωμίς était une tunique à une manche, faite pour l'usage du bas-
peuple.

Le sujet de Busiris avait fréquemment sollicité les railleurs émérites. Busiris était encore un de ces tyrans à grosse voix aussi ridicules qu'odieux et qu'Hercule tuait de son mépris avant de les achever de sa massue. Ce spectacle des tyrans grotesques n'était pas sans utilité dans une démocratie. Déplacé contre les dieux le ridicule était politique à l'égard des rois ou des usurpateurs populaires. Pour ceux mêmes qui réfléchissaient dans ces libres cités antiques, rien ne devait être plus pitoyable et par suite plus risible que l'être doué de toutes les puissances pour le mal. Effort insensé, peine stérile et vraiment dérisoire. Contre un Denys et ses émules le rire était une des revanches de la justice et de la liberté.

Ainsi l'avaient dû comprendre à la suite d'Euripide ceux qui mettaient en scène Lityerse, Sylée, Busiris, tels Antiphane, Ephippos (M. C.), Mnésimaque (M. C.), qui tous trois ont pris Busiris à partie. Il ne nous reste rien de l'œuvre d'Antiphane. Mnésimaque fait naturellement allusion à l'inévitable gourmandise :

« C'est que je suis un Béotien apte à très-peu de chose, mais « très-apte à manger. »

Dans ces deux vers nous rencontrons l'allusion satyrique à un peuple rival que nous retrouvons dans l'unique fragment du *Busiris* d'Ephippos :

« Ignores-tu que je suis un de ces Tirynthiens fils de l'Argolide « qui combattent dans tous les combats toujours ivres. — C'est « donc pour cela qu'ils fuient toujours! »

Voilà le peu qui nous reste des comédies sur Busiris : des vers insignifiants. Nous ne sommes guère plus heureux avec les pièces inspirées par la captivité d'Hercule chez Omphale.

Omphale! Quel sujet pour les poètes comiques? En était-il un plus copieux? A la gourmandise de leur Hercule venait s'adjoindre la volupté avec son cortége asiatique. Cette légende qui sent cette fois son origine orientale [1] a scandalisé plus d'un parmi ceux qui voulurent dans la suite épurer le type d'Hercule. Mais, en ce qui concerne la comédie, elle offre une antithèse des plus réjouissantes entre la force du héros et son abaissement devant une femme, et sous des habits de femme [2]. Le vainqueur de Némée, quenouille en main, quel spectacle à faire éclater de rire les plus moroses! quelle fête du fou rire pour la malignité d'un public athénien. Aussi comme les comiques se sont donné à cœur joie de traiter ce sujet opulent! L'Ἡρακλῆς γαμῶν d'Archippos (A. C.) et la pièce de Nicocharès (A. C.) sous le même titre, l'Ἡρακλῆς χορηγός de Nicocharès se rapportaient à cette aventure [3], aussi bien que l'*Omphale* d'Antiphane (M. C.) et l'Omphale de Cratinos.

De l'Ἡρακλῆς γαμῶν d'Archippos (ce titre indique des réjouissances nuptiales) nous avons conservé cinq fragments exigus, sans intérêt. Nous préférons citer ces vers de l'*Omphale* de Cratinòs qui empruntent quelque chose de plaisant à leur allure sentencieuse :

« Le meilleur c'est de boire en parfaite quiétude : à d'autres les « batailles et les travaux. »

---

[1] V. Creuzer, t. II, 1re partie; livre quatrième, ch. V, p 179, sqq.

[2] Le héros est représenté filant, enveloppé dans un vêtement de femme, d'une couleur rougeâtre et transparente; la nymphe dans toute la fraîcheur de la jeunesse sous le costume du héros, avec la peau de lion, la massue à la main. Au mythe se lient les jeux folàtres des amours. (Ot. Muller, *Archéol.* 387.) Sur des monnaies de Sardes Omphale apparaît avec les insignes d'Hercule (ib. *id.*, 391.)

Ces représentations furent fréquentes dans l'antiquité. On vit plus d'une fois Hercule désarmé et enchaîné par Eros. — Emile Gebhart, *de la peinture de genre dans l'antiquité*, p. 31.

Voir la description d'un vase en terre cuite où figurent Héraklès, Omphale et Hermès. — Winckelmann, *l. cit.*, liv. IV, ch. IV.

Emblème curieux de servitude ! Caylus nous relate (*Antiquités*. t. VI, Pl. xliv) l'existence d'une tête d'Hercule en marbre ceinte d'une corde.

[3] L'Ἡρακλῆς χορηγός de Nichocharès n'offre qu'un fragment plus qu'insignifiant.

De même les fragments plus nombreux d'Antiphane se reconnai-
tront par une certaine verve qui relève la monotonie de ces pro-
fessions de voracité :

« Quel homme de bonne famille pourrait jamais sortir de cette
« maison en voyant ces pains blancs faits pour remplir toute l'éten-
« due du four, de formes si variées, imitation de l'art attique, tels
« que Théarion en montre à ses concitoyens [1]. »

Hercule se résigne ainsi à la captivité dans l'espoir d'une bonne
table. Il songe à compenser les travaux qui manquent à son bras
par des exercices où se déploie une semblable vigueur. Les pains
de la reine Omphale lui font prévoir le reste du repas et lui pro-
mettent merveille. « Il se forge une félicité.... qui le fait pleurer
de tendresse. »

« Que je ne voie personne me faire bouillir de l'eau dans une
« marmite ; car je n'éprouve aucune incommodité et je ne veux pas
« en éprouver ; mais si je sens des secousses au ventre ou au nom-
« bril, j'ai un anneau acheté à Phertalos au prix d'une drachme [2]. »

Son ventre est chargé de nourriture. Il refuse pourtant l'eau qui
lui servirait de vomitif. Comme plus tard un digne émule de Tri-
malcion il préfère le précieux embarras d'une digestion pénible.
Enfin Hercule atteste ses prédilections pour la viande cuite et déclare, sans doute à une esclave, qu'il n'est pas mangeur de salaisons.

Tout ce qui nous reste des comiques au sujet d'Hercule n'est
presque que détails culinaires. Insistance fatigante pour nous,
dissolvante pour le public. C'est une mauvaise habitude que de
voir trop souvent de grandes choses par les petits côtés. Après les

[1] Théarion était un célèbre boulanger d'Athènes.
[2] Falstaff a plus d'une ressemblance avec l'Hercule de la comédie
grecque. Nous renvoyons surtout à la scène IV du quatrième acte
d'*Henri IV*, à ce fameux monologue où l'éloge du vin d'Espagne se
déroule au gré d'une verve intarissable et qui semble découler de l'antique Aristophane.

dieux et les héros ce furent les plus illustres mémoires d'Athènes
que les comiques prirent à partie et traitèrent avec mépris : « Que
« te restera-t-il? ce que tu auras bu et mangé, et rien de plus. Le
« reste est poussière, poussière de Périclès, de Cadmos, de
« Cimon[1]. »

De tels enseignements portent leur fruit, la décadence. Qui s'est
habitué à rire des travaux d'Hercule ne saura plus prendre au sérieux les efforts des derniers citoyens. On croyait blesser innocemment les Olympiens : on tua la tradition nationale de l'héroïsme,
la vraie religion de la cité[2]!

---

[1] Vers d'Alexis. Tout ce morceau animé par un sensualisme fanfaron
a été cité par M. V. Duruy, dans une des pages les plus éloquentes de
son *Histoire grecque*.

[2] La caricature mythologique n'avait pas épargné Hercule. M. Émile
Gebhart, dans son *Essai sur la peinture de genre* (p. 27), cite un vase
peint où se révèle une pensée bouffonne. « Voici par exemple Neptune,
« Hercule et Hermès qui pêchent à la ligne, sans doute pour fournir
« aux bombances de l'Olympe. Tous les trois sont assis sur des rochers
« au bord de la mer. Neptune en tunique talaire, le trident dans une
« main, tient de l'autre le poisson qu'il vient de tirer de l'eau. Hercule
« est revêtu d'une peau de lion et porte son carquois sur l'épaule.
« Hermès est reconnaissable au pétase et au caducée. Les vignes qui se
« déploient au fond de ce petit tableau indiquent encore davantage l'in-
« tention satirique de l'auteur. »

CHAPITRE IX.

HISTORIENS ET PHILOSOPHES.

Hérodote, ce Nestor de l'histoire, qui se plaisait à voir, à entendre et à raconter, n'a eu garde d'oublier ce que chemin faisant il a pu recueillir sur Hercule. Seulement il a fait tort à la gloire du héros en réduisant l'origine de son culte à un larcin consommé sur l'Egypte. Au moins nous a-t-il gratifiés de curieux détails sur ce prétendu Hercule égyptien qui ne nous parait qu'un dieu solaire d'espèce inférieure.

Il nous apprend [1] qu'en Egypte, à Thèbes, on immole des chèvres à Hercule ainsi qu'à Zeus, confondant pour sa part l'Ammoun égyptien avec ce Zeus grec qui suggérera à Phidias le type idéal de la Pensée. Or, voici la raison spéciale de cette préférence assignée aux chèvres :

« Les Thébains et ceux qui suivent les mêmes rites s'abstiennent
« d'immoler des brebis. Voici l'origine qu'ils attribuent à cet usage.
« Hercule aurait désiré voir Zeus; celui-ci s'y refusait : enfin à
« bout de sollicitations Zeus imagina d'écorcher un bélier et, arra-
« chant la tête à l'animal, de s'en couvrir et de s'envelopper dans
« la toison pour se montrer en cet appareil. De là les Egyptiens
« donnent à l'image de Zeus une face de taureau. Cet usage a passé
« aux Ammoniens qui sont des colons d'Egypte et d'Ethiopie et
« mêlent la langue des deux peuples. Il me semble y reconnaître

[1] L. II, ch. 42.

« l'étymologie du nom d'Ammonien. Les Egyptiens en effet appel-
« lent Zeus Ammoun. Ainsi les Thébains ne sacrifient pas de
« béliers et en vertu de cette cause il tiennent ces animaux pour
« sacrés. Cependant, une fois par an, à la fête de Zeus, ils immo-
« lent un bélier, lui arrachent la peau pour en revêtir une statue de
« Zeus à laquelle ils amènent une autre statue d'Hercule. Cela fait,
« tous ceux qui sont autour de ce temple assomment un bouc et
« l'ensevelissent ensuite. »

C'est ainsi qu'il arrive à revendiquer Hercule pour l'Egypte [1].
Au chapitre XLV, persistant dans sa confiance à l'égard des Egyptiens, nous le voyons reprocher aux Grecs de répandre des fables
inconsidérées, par exemple de prétendre qu'Hercule serait venu en
Egypte, aurait été couronné par les Egyptiens comme une victime
et destiné à être pompeusement sacrifié à Zeus. Il eût d'abord
simulé la résignation, puis au moment où l'on disposait le sacrifice
à l'autel, déployé sa force et tué les assistants.

Nous croyons que l'on peut défendre contre Hérodote cette
légende. Elle est si conforme au caractère d'Hercule, héroïque et
railleur. Que de fois cette force se joue de ses adversaires avec des
gaités terribles. Ainsi de Lityerse, de Busiris. Nous trouvons au
contraire cette légende très bien venue et des mieux faites pour
caractériser ce que l'on pourrait appeler l'esprit dans la force.

Hérodote cependant ajoute que ce récit prouve l'ignorance des
Grecs, les Egyptiens ne tuant aucun animal. Nous ne disons pas
que le fait soit vrai quant aux Egyptiens : il est conforme au caractère d'Hercule. Changez le lieu de la scène, et la légende sera
excellente. Pour l'argument final d'Hérodote : « S'il n'y a eu qu'un
Hercule, comment a-t-il tué des milliers d'hommes ? » on n'a qu'à lui
répondre que la Grèce avait bien pu développer le mythe d'Hercule
après l'avoir une première fois créé.

[1] L. II, ch. 43.

Au livre IV, d'après les témoignages des Scythes, il soutient qu'Hercule chassant les bœufs de Géryon est venu jusqu'en Scythie. Là, sous la rigueur des frimas, il s'endort, couvert de la peau de lion. A son réveil, il se met en course et rencontre dans un antre une certaine Echidna, moitié jeune fille, moitié serpent. A ce moment il cherchait les bêtes égarées pendant son sommeil. Echidna offre de les lui rendre à la condition de mêler leurs embrassements. Hercule à ce prix accepte les caresses d'Echidna. Celle-ci diffère la remise des bêtes fugitives pour prolonger ses relations avec Hercule. Enfin le héros, maître de son bien, veut partir. Echidna lui dit alors : « Tu as payé le prix du dépôt fidèle-« ment gardé; car j'ai conçu trois fils avec toi : quand ils seront « grands, enseigne-moi ce que j'en devrai faire; faudra-t-il les éta-« blir sur cette terre dont je suis la seule maîtresse ou te les « envoyer? Alors Hercule répond : Celui d'entre eux que tu verras « tendre de cette façon cet arc et se revêtir ainsi de ce baudrier, « donne-lui cette terre à habiter; celui que tu verras incapable de « ces travaux, renvoie-le. Hercule avait alors deux arcs; il en « donna un à Echidna ainsi que le baudrier et il lui apprit la façon « de les manier. »

Echidna plus tard accomplit la recommandation d'Hercule. Deux de ses fils, Agathon et Giton, inférieurs à leur tâche, sont chassés. Le plus jeune, Scythes, accomplit l'épreuve et demeure sur la terre natale pour y devenir maître et chef des hommes. Cette aventure a pour nous un assez grand intérêt si, comme tout donne à le croire, Hérodote a voulu désigner l'Echidna dont parle Hésiode. Ce serait une des rares occasions où Hercule se trouve mis en présence des êtres monstrueux.

Sans qu'Hérodote ait servi la gloire d'Hercule, puisqu'au contraire il aurait tendu à la déprimer, la controverse qu'il a suscitée est utile en soi, féconde pour la science toujours avide d'investigations. Son hypothèse d'un Hercule originaire d'Egypte a provoqué les discussions et multiplié les enquêtes : c'est un service qu'elle a rendu aux esprits désireux de s'éclairer. Remarquons, avant de quitter cet historien, avec quel soin il appelle toujours Hercule fils d'Amphitryon, écartant ainsi l'intervention de Zeus.

D'Hérodote nous passerons aux mythographes, systématiques ordonnateurs des belles conceptions poétiques et populaires.

Acusilaüs d'Argos, d'après saint Clément d'Alexandrie [1], avait traduit en prose les poèmes d'Hésiode et par conséquent aidé selon sa mesure à propager la gloire d'Hercule. Hécatée de Milet avait publié la généalogie des familles héroïques. Les *fragmenta historicorum græcorum* de lui comme de ses émules nous conservent quelques lambeaux [2].

Il nous apprend d'abord que les Epéens servirent d'auxiliaires à Hercule contre Augeias [3]. Plus loin quelques mots d'Arrien (Expéd. Alex.) nous indiquent qu'il avait raconté la lutte d'Hercule et de Géryon [4].

Hellanicos de Mitylène avait composé sous le titre de *Phoronis* un ouvrage dont Athénée surtout a sauvé quelques restes. Il nous rapporte le meurtre de l'enfant Licymnios, tué dans un accès de démence du héros, lorsqu'il lui répandait sur les mains de l'eau avec une aiguière [5] ; il nous montre le cancre envoyé par Héra pour servir d'auxiliaire à l'Hydre de Lerne : il prétend que les Argonautes accompagnèrent Hercule contre les Amazones. Enfin chez lui se trouve un fait assez souvent reproduit du reste : « Lors-

---

[1] Schoell (*Hist. de la litt. grecque*, II, 11, p. 155).

[2] Fr. 50, collect. Didot.

[3] Fr. 91.

[4] Fr. 347.

[5] A Phlionte (Pausan. II, 14), on conservait un souvenir analogue. On avait consacré la mémoire de l'enfant Cyathos, fils d'Œneus, qui dans un banquet avait été tué fortuitement par le héros. Les Phliontiens avaient dressé un groupe où l'on voyait un Cyathos tendant la coupe à Hercule. — Réparation toute artistique.

qu'Hercule chassait devant lui les bœufs de Géryon un veau se
sauva et parcourut la côte. Hercule demanda aux riverains s'ils
avaient aperçu le veau. Les habitants médiocrement hellénistes
appelaient l'animal *vitulus* « *quod Græci vocant δάμαλιν* ». D'où le
nom de *vitalia* momentanément appliqué à la contrée[1].

Phérécyde de Léros, nous dit le premier que Zeus voulut laisser
en cadeau à la Midéenne la plus ancienne forme de coupe qui ait
existé[2]. Il nous raconte[3] le stratagème employé par Hercule pour
restituer à Atlas la charge du ciel dont celui-ci l'avait frauduleuse-
ment accablé. Phérécyde reste encore dans l'esprit de la vie héroïque lorsqu'il nous montre Hercule, récent meurtrier d'Antée,
épousant sa femme Iphinoé. Seulement Phérécyde annonce déjà
des tendances fâcheuses; ce logographe aime à ramener la légende à
l'histoire. Hercule, selon lui, en traversant la Macédoine tua un
géant nommé Emathion, et pour cette raison donna à la contrée
le nom d'Emathie. C'est Phérécyde aussi qui le premier nous fait
connaitre la belle fiction d'Hercule provoquant de ses flèches l'hostilité du soleil. Plus loin[4] il indique brièvement la prise d'Œchalie,
la vente d'Hercule par Hermès. Il rappelle encore le combat contre
les Molionides[5].

Hérodore, auteur d'une *Héracléide*, dans les fragments mutilés
de son œuvre confirme des faits connus de nous, le don de la coupe
fait par Zeus à Alcmène, l'envoi du cancre par Héra au moment du
combat contre l'Hydre, la captivité chez Omphale, le meurtre de

---

[1] Fr. *historic. Græcor.* livre I, fr. 27.

[2] Athén. XI.

[3] Fr. *historic. Græcor.*, L. III, fr. 33.

[4] Ibid. ibid., fr. 34.

[5] Au temps de Pausanias (V, 2) les Eléens s'inquiétaient encore de la
mémoire des Molionides. En souvenir des fils de Cléone ils s'abste-
naient rigoureusement de paraître aux jeux Isthmiques, gardant ran-
cune aux Corinthiens de n'avoir pas exclu de ces jeux les Argiens parmi lesquels habitait alors Hercule.

l'enfant échanson, et enfin le refus de la main d'Iole par Eurytos. Il émet l'idée contraire à la tradition qu'Hercule ne navigua pas avec les Argonautes et que dès le début de l'entreprise il servait chez Omphale. Notre curiosité est plus justement éveillée lorsqu'il nous montre Hercule à Olympie érigeant six autels aux dieux et qu'il fait l'énumération de ces autels avec les dieux auxquels ils étaient dédiés. Nous lui devons encore un détail vraiment mythologique : Cerbère en sortant de l'Hadès aurait vomi une bile d'où naquit l'aconit, fleur des poisons qu'Ovide dénonce aux mains des marâtres.

> Lurida terribiles miscent aconita novercæ.

Était-ce l'effet de la sophistique ou de la comédie également dissolvantes? Les mythographes et les historiens, à partir d'Hérodore lui-même, vont admettre des données qui altèrent la grande légende d'Hercule en la surchargeant sans profit. Données parfois puériles, parfois ridicules, presque toujours opposées à l'esprit du type héracléen. Ainsi Ephore de Cumes, disciple d'Isocrate [1], ose soutenir qu'Hercule alla volontairement chez Omphale.

Cependant on trouve chez tous ces historiens *minores* des détails nouveaux et intéressants. Ister de Cyrène ne fait pas que mentionner le don d'Hésione à Télamon. Il nous apprend que les étrangers ne pouvaient pas être admis aux mystères et qu'alors en faveur d'Hercule les Eleusiniens instituèrent les petits mystères pour éluder la loi sans y contrevenir. Ceux qui assistaient à ces cérémonies étaient couronnés de myrte.

Auparavant Timée de Tauroménium a mentionné l'établissement des jeux Olympiques [2] avec une réflexion digne de louanges. « Hercule, dit-il, voulait ainsi montrer qu'il n'aurait livré des luttes sanglantes que sous les ordres d'autrui. »

[1] L. I, ch. 9.
[2] Fr. *histor. Græc.* t. I, fr. 97.

De ces historiens à moitié logographes nous remontons au maître du genre, à Thucydide. Thucydide médite et travaille en face des hommes, et il ne porte sur les dieux que des regards assurés. La légende est à peu près absente de son œuvre où pour cette raison nous ne rencontrons qu'une fois le nom d'Hercule à propos d'un temple érigé au héros à Mantinée[1]. Dans les scolies de son sixième livre nous retrouvons l'anecdote étymologique sur le taureau fugitif. Mais ici le barbare interrogé par Hercule ne comprend pas le mot ταῦρον, et répond dans son idiome par le mot ἰταλόν. De là le nom de la contrée.

Négligeons les historiens intermédiaires, auxquels nous allons revenir, pour nous arrêter devant Xénophon. Ce disciple de Socrate, plus fidèle que Platon à l'esprit du maître, mêlait à ses spéculations philosophiques un respect sincère pour les vieilles traditions. Il a donc recueilli volontiers les souvenirs d'Hercule; il s'est même plu à relever sa mémoire de louanges pieuses, là où il en a trouvé l'occasion. Il a prononcé de belles paroles sur la vocation d'Hercule[2] : « Nonseulement les hommes mais encore les dieux et les « héros estiment plus l'amour de l'âme que la jouissance du corps. « En effet Zeus laissa dans leur condition mortelle les femmes « dont il s'éprit pour leur beauté, mais ceux dont il admirait les « âmes, il les faisait immortels, ainsi Hercule, Castor, Pollux. » Voyez comme avec des interprétations semblables l'anthropomorphisme se spiritualise aisément et comme des formes et des apparences se dégage le Νοῦς qui fait le fond des croyances de la Grèce aussi bien que de toute autre religion. « *Spiritus intus alit.* »

L'*Anabase* en plus d'un endroit montre chez les soldats, en partie Lacédémoniens, et chez leur chef une piété fervente pour le héros dorien. Ainsi[3] à leur arrivée à Trapézonte les restes des Dix

[1] V, ch. 64.
[2] *Banquet,* ch. VIII, par. 27.
[3] IX, 8.

Mille sacrifient des bœufs à Zeus sauveur et à Hercule en guise d'hommage, comme ayant été leurs guides. Remarquez cette préférence qui fait d'Hercule le dieu des armées presque à l'exclusion d'Arès qui ne représente que la guerre destructive, l'horreur, l'insatiable carnage. Mais voici un passage plus saillant [1]. Xénophon, dans un moment de danger où l'on craint une attaque imminente exhorte ses compagnons à prendre Hercule pour chef. Le nom d'Hercule devient avec celui de Zeus le mot d'ordre, le signe préservateur. Ce passage nous montre combien le culte d'Hercule était fortement établi en Grèce. Un philosophe commandait une armée héroïque : pour rendre la confiance à des soldats qui avaient fait trembler l'Orient, pour leur remettre au cœur la patience des longues marches, du froid, de la faim, du péril, de la mort, il n'a qu'un nom à prononcer, un nom magique, consolateur, tout-puissant : Hercule ! Ce nom circule parmi les rangs décimés et les restes de la défaite triomphante reprennent leur course à travers le danger et l'inconnu, comme réconfortés par un breuvage excitant. Tel est l'empire de la gloire ! L'être qui peut opérer de tels prodiges a été dieu, jouissant d'une réalité bien supérieure aux réalités qui nous enveloppent : car il a vécu d'une vie sublime dans la conscience de l'humanité. Il a encouragé, il a consolé, il a agrandi des âmes. Quels miracles comparez-vous à ceux-là ?

Dans ses pieuses intentions le disciple de Socrate n'oublie aucun détail. Il nous dit [2] qu'arrivé sur le territoire des Maryandines il s'est arrêté avec ses hommes à l'endroit où Hercule est descendu dans l'Hadès pour ramener Cerbère. Les habitants montrent eux-mêmes un gouffre profond de plus de deux stades. Il n'oubliera pas non plus dans son περὶ ἱππικῆς de rappeler que le héros donna Hésione à Télamon. C'est par lui [3] que nous savons

[1] VI, 5.
[2] *Anabase,* I, ii.
[3] *Mémor.* I, 21.

l'existence à cette époque d'un livre de Prodicos sur Hercule. Certes pour nous il eût été curieux de voir aux prises ce sophiste, ce dialecticien, avec un dieu parfois rustique d'apparence mais qui ne manque ni d'ironie, ni de finesse, ni d'ἀστειότης dans le sens le plus grec de ce mot.

Les *Helléniques* [1] nous présentent encore deux passages très-significatifs : « Avant la bataille de Leuctres, on annonça aux Thé- « bains que les temples s'étaient ouverts d'eux-mêmes, présage « assuré de victoire. Les armes aussi avaient, dit-on, disparu du « temple d'Hercule, comme si le héros avait voulu prendre part au « combat. » De telles illusions créaient des victoires? quoi de plus poétique et de plus patriotique en même temps! Béotien ou Dorien, Hercule était toujours l'inspirateur des grandes choses: à Thèbes il soutenait Epaminondas libérateur; à Sparte il avait suscité Léonidas!

C'est dans cette patrie des cœurs mâles, des cœurs de lion [2] que nous le retrouvons un peu plus haut [3]. Les Athéniens en parlant aux Lacédémoniens leur disent respectueusement : « Votre Hercule! » Ils l'appellent ἀρχηγέτης [4]. Oui! Hercule appartient à Sparte, quoique Athènes lui ayant la première rendu les honneurs divins puisse aussi le revendiquer. Les vertus athéniennes ne lui sont pas étrangères à ce dieu que l'on associait aux Muses,

---

[1] V, 4.

[2] Tyrtée, l'Athénien qui devina Sparte, exprime ainsi le courage du guerrier :

> « C'est le cœur d'un lion qui bat dans sa poitrine. »
>
> Αἴθωνος δὲ λέοντος ἔχων ἐν στήθεσι θυμόν.

[3] *Ibid*, 3.

[4] L'orateur athénien avance en même temps que Triptolème a jadis initié aux mystères de Déméter et de Cora l'invincible Hercule en même temps que les deux Dioscures.

mais les vertus spartiates lui sont tellement familières qu'on peut en quelque sorte lui en attribuer l'origine. Artémis ou la pudeur farouche, Apollon ou la poésie sévère, Hercule ou le courage résigné, voilà bien les dieux de Sparte, de cette ville qui, elle aussi, a été l'une des écoles du monde. Comme les rois de Sparte, ses fils, Hercule a donné l'exemple de la soumission à la Loi, de l'activité pour la Loi, du sacrifice à la Loi ! Hercule a été le premier citoyen de Sparte en même temps que son héros immémorial, et il a tout autant de droits que Lycurgue à l'enfantement de cette âme collective, de cette grande âme qui fait une cité.

Enfin Xénophon [1] nous a conservé le mythe célèbre de Prodicos. Nous ne reproduirons pas dans ces détails ce mythe si connu dans lequel Hercule fait le plus sage des choix entre la Vertu et la Volupté.

Ce mythe nous semble révéler une intelligence approfondie du type héracléen. En affirmant la défaite de la Volupté, Prodicos rejette dans l'ombre les côtés sensuels de la nature d'Hercule pour ne mettre au premier plan que ses penchants vertueux et héroïques. Les sens se feront leur part, mais la part la meilleure reviendra à la Vertu. Car Hercule a fait un choix solennel et libre. Sa force ainsi comprise est plus que jamais intelligente, dévouée au bien, agissant pour le salut de l'humanité.

Quand la philosophie novatrice éclata avec Platon, l'on ne pouvait espérer, malgré certaines habitudes de respect enseignées par Socrate, qu'elle consentît à servir la gloire de la mythologie. Les dieux grecs étaient trop gênants pour elle qui travaillait sourdement à les éliminer : elle s'abstenait donc de louanges qui n'eussent pas été sincères. Platon, comme les Evhéméristes et les Pères de l'Eglise, semble n'avoir vu que les périls de l'anthropomorphisme. Au reste il s'était porté dans son essor plus haut que les concep-

---

[1] *Mém.* II, 1.

tions mythologiques; il avait contemplé en face les Formes éternelles et ne croyait pas nécessaire d'incarner l'idéal. Ses successeurs furent moins dédaigneux quand les besoins de la lutte contre le christianisme adolescent les forcèrent à opposer symbole contre symbole, un anthropomorphisme épuré à la notion sympathique d'un homme-dieu.

Le passage le plus long où Platon fasse mention d'Hercule n'est pas de nature à honorer le héros. Car le philosophe autorise de l'exemple d'Hercule le raisonnement vicieux qu'il prête à Calliclès dans le *Gorgias*. Calliclès, après avoir exposé la théorie de la force, appelle à son aide cet exemple d'Hercule :

« Qu'il paraisse un homme d'une nature puissante qui secoue
« et brise toutes les entraves, foule aux pieds nos écritures, nos
« prestiges, nos enchantements et nos lois contraires à la nature et
« s'élève au-dessus de tous, comme un maître, lui dont nous avions
« fait un esclave, c'est alors qu'on verra briller la justice, telle
« qu'elle est selon l'institution de la nature. Pindare me paraît
« appuyer ce sentiment dans l'ode où il dit que la loi est la reine
« des mortels et des immortels. Elle traîne après elle la violence
« d'une main puissante et la légitime. J'en juge par les actions
« d'Hercule qui sans les avoir achetés... Ce sont à peu près les
« paroles de Pindare, car je ne sais point cette ode par cœur. Mais
« le sens est qu'Hercule emmena avec lui les bœufs de Géryon,
« sans qu'il les eût achetés ou qu'on les lui eût donnés, laissant
« entendre que cette action était juste, à consulter la nature, et
« que les bœufs et tous les autres biens des faibles et des petits
« appartenaient de droit au plus fort et au meilleur. »

Géryon était-il faible? ou n'était-ce pas plutôt les abus de la force qu'Hercule punissait en lui? là réside vraiment le sens de la légende profondément morale et que Calliclès dénature à plaisir.

Platon a parlé d'Hercule trois ou quatre fois tout au plus. Dans le *Phédon*, il rappelle indirectement le combat d'Hercule contre l'Hydre et l'assistance que le héros reçut d'Iolas en exprimant ce fait légendaire sous cette forme proverbiale : « On dit qu'Hercule même ne peut suffire contre deux. »

Cependant deux passages nous apprennent au moins combien la filiation d'Hercule était recherchée. Dans le *Théétète* nous trouvons cette phrase : « Quant à ceux qui se glorifient d'une liste de vingt-« cinq ancêtres et qui remontent jusqu'à Hercule, fils d'Amphitryon, « cela lui (le philosophe) parait d'une petitesse d'esprit incompa-« rable. »

Dans le *Lysis*, un certain Hippothalès aime Lysis. Il chante en prose et en vers la famille de Lysis :

« L'autre jour, c'était la visite d'Hercule qu'il nous racontait dans « je ne sais quelle tirade poétique, c'est-à-dire comment un de « leurs ancêtres eut l'honneur de recevoir Hercule en qualité de « leur parent, étant né lui-même de Zeus et de la fille du premier « fondateur de son dème d'Axonée. »

Aristote dans son œuvre immense devait plus souvent parler d'Hercule, mais nous n'en pouvons guère juger par le peu qui nous reste relativement à notre sujet.

Dans sa *Poétique*[1], il se montre contraire aux *Héracléides*, *Thé-séides*, et à tous les poètes qui dans des ouvrages de ce genre ont entrepris de réduire à l'unité les actions nombreuses d'un même homme. Il dit : « Ces poètes ont cru mal à propos, parce que « Thésée est un et qu'Hercule est un, que tout leur vie ne devait « faire qu'un seul sujet, une seule fable, et que l'unité du héros « constituait l'unité d'action. » C'est un point de vue tout spécial à la poétique assez étranger à notre sujet.

Dans sa *Politique*[2], il donne assez ingénieusement comme exemple de l'ostracisme la conduite des Argonautes qui « dans la

[1] Ch. 8.
[2] III, 8.

« mythologie n'ont pas eu d'autres motifs pour abandonner Hercule.
« Argo déclare qu'elle ne le peut porter parce qu'il est beaucoup
« plus pesant que le reste de ses compagnons. » Cette interprétation subtile repose sur une fiction grossière maladroitement
inventée par Phérécyde.

Ce même Aristote a rendu un bel hommage à Hercule, en inscrivant
son nom et son souvenir dans l'hymne qu'il a dédié à la vertu :
« Vertu, proie de la vie,... c'est pour toi, pour ta beauté... que le
« fils de Zeus, Hercule et les fils de Léda ont subi tant d'épreuves,
« proclamant par leurs travaux ta divine puissance. »

On s'attendrait à trouver plus souvent Hercule dans l'œuvre du
rhéteur Isocrate. Ce maître du bien dire a fait seulement deux
allusions au héros. La seconde est assez éloquente. C'est dans son
éloge d'Hélène que nous rencontrons ces allusions. La première
fois il produit une idée ingénieuse [1] :

« Zeus donna naissance à plusieurs demi-dieux ; il ne voulut
« engendrer qu'une femme et ce fut elle ; malgré son estime pour
« les fils d'Alcmène et de Léda, il a accordé beaucoup plus d'hon-
« neur à Hélène : car, s'il a donné à Hercule la force qui peut vain-
« cre, il a attribué à Hélène la beauté qui a coutume de commander
« à la force elle-même [2]. »

Mais plus loin il nous fait entendre des paroles d'un accent plus
juste et plus relevé [3] :

« Ce que je puis dire de plus beau de Thésée, c'est que né à l'é-
« poque d'Hercule, il se conduisit de façon à obtenir une gloire
« égale. Non-seulement ils adoptèrent les mêmes armes, mais ils
« pratiquèrent les mêmes goûts comme leur parenté les y conviait.

---

[1] Ch. 16.

[2] Ainsi dans la deuxième des odes anacréontiques : « Rien ne restait
« aux femmes. Que leur a-t-elle donné (la nature) ? La beauté pour lance
« et pour bouclier. Le fer et le feu cèdent à la femme, si elle est belle. »

[3] Ch. 23.

« En effet, nés de deux frères, Zeus et Poseidon, ils eurent des cou-
« rages fraternels. Les premiers comme des athlètes ils se dressèrent
« pour défendre la vie humaine. L'un accomplit des travaux plus
« fameux et plus importants; l'autre des travaux plus utiles et plus
« spéciaux à la Grèce. En effet Eurysthée commandait à l'un d'a-
« mener les bœufs d'Erythie, d'apporter les fruits des Hespérides,
« de conduire vers lui Cerbère et de tenter mille autres entreprises
« dangereuses pour lui mais stériles pour les autres. Thésée au
« contraire qui était son propre maître choisit des travaux qui
« devaient le rendre le bienfaiteur ou de la Grèce ou de sa patrie. »

Cette page est belle en soi, sauf les dernières lignes où nous nous
inscrivons en faux contre Isocrate. Légende pour légende, la vie
d'Hercule nous paraît attester plus de grandeur et de force d'âme
que l'existence de Thésée. Thésée travaille pour la Grèce, Hercule
pour le genre humain. Au reste ce même Isocrate n'avait-il pas eu
la singulière idée de composer un éloge de *Busiris*?

L'auteur du meilleur recueil mythographique qui nous ait été laissé
par l'antiquité fut Apollodore d'Athènes. Sa *bibliothèque* résumait
tous les travaux antérieurs : elle est encore de la plus grande
utilité. A part quelques passages, l'esprit en est bon et généralement pur d'evhémérisme. Apollodore a pour le sujet qui nous occupe
coordonné les œuvres d'Hercule dans un ordre systématique et
clair. Sans doute le cycle héracléen existait avant lui [1]. Mais il lui
a imprimé la forme définitive, canonique pour ainsi dire sous
laquelle il est arrivé aux auteurs grecs de l'empire. Quant aux

---

[1] M. Maury dans le 3e volume de son *Histoire des religions de la
Grèce antique* nous dit à ce propos (*additions et corrections*, p. 489) : Ce
« sujet (*les oiseaux du lac Stymphale*) était traité sur l'un des bas-reliefs
« du temple de Zeus Olympien dont le musée du Louvre possède des
« fragments. Il en faut dire autant des cavales de Diomède, que les
« artistes grecs avaient sculptées au même temple à une époque qui ne
« peut être beaucoup plus moderne que celle d'Alcamène, 450 ans envi-

travaux d'Hercule, il n'en est guère que nous n'ayons retrouvé dans le nombre considérable d'écrivains qui viennent de passer sous les yeux du lecteur. Cependant il reste dans le récit d'Apollodore quelques détails sur lesquels nous insisterons, ne serait-ce que pour faire apprécier l'intelligence de ce mythographe.

Le premier mérite d'Apollodore, c'est de donner une impression fidèle des mœurs héroïques, surtout au début de son ouvrage. Nous vivons avec lui dans le monde de l'Iliade, dans ce monde où dominent la violence et l'injure que la force seule pourra maîtriser. L'Amphitryon d'Apollodore n'a garde de ressembler à l'Amphitryon d'Euripide. Il est énergique et naïf. Son serment de respecter la virginité d'Alcmène tant qu'Electryon sera retenu par la guerre contre les Téléboens, sa docilité pour expier le meurtre d'Electryon, sa constance à venger les frères d'Alcmène, tout cela porte le caractère de l'antiquité la plus pure. Les circonstances de la naissance d'Hercule sont aussi très-bien présentées. La première entreprise du héros, l'expédition contre les Minyens d'Orchomène, après qu'il eut renvoyé au roi Erginos ses députés mutilés avec les oreilles et les narines coupées, trahit avec justesse le premier essai de la force encore brutale et ignorante de ses destinées. Apollodore fait très-bien sentir, à l'occasion du meurtre des fils de Mégare, l'éveil de la conscience chez Hercule et le besoin des expiations. De cette seule idée pouvait découler la moralité la plus haute.

« ron avant notre ère. De ces faits et des précédents il résulte que les « travaux d'Hercule devaient déjà constituer un cycle à l'époque de « Phidias.... »

Sur les plus anciens vases (GERHARD, *auserlesen griechisch vassenbilder* t. II), se trouvaient représentés avant tous les combats d'Hercule contre le Lion de Némée et l'hydre de Lerne, le mythe du sanglier d'Erymanthe, l'aventure de la biche du Cérynite, les combats contre Antée, Cycnos, les centaures, Achéloüs. On voit aussi figurées des luttes d'Hercule contre Nérée et Triton dont aucun poète, aucun mythographe n'ont fait mention.

Au sujet du premier travail d'Hercule (*Lion de Némée*) nous trouvons chez Apollodore un personnage intéressant que nous n'avons pas rencontré chez les poètes, le bon Molorchos de Cléones. C'était un pauvre journalier qui offrit l'hospitalité à Hercule en quête du lion. Comme il parlait d'un sacrifice, Hercule le pria de réserver ce sacrifice pour le troisième jour s'il ne reparaissait plus. Comme cet accueil du pauvre Molorchos est touchant et sincère.

Apollodore nous donne plus loin à propos du sanglier d'Erymanthe des détails plus abondants que chez les poètes sur la rencontre d'Hercule avec les centaures et sur ses relations avec Pholos et Chiron. Hercule à la recherche du monstre reçut l'hospitalité du centaure Pholos, fils de Silène et de la nymphe Mélie. Comme la soif du héros réclamait du vin, Pholos s'excusa. Il fallait ouvrir le tonneau commun à tous les centaures. Néanmoins, rassuré par Hercule, Pholos s'enhardit à le faire. L'odeur du vin avertit les centaures. Ils arrivent, ils accourent armés de quartiers de roche et de massues de sapin. L'antre de Pholos était envahi si le héros s'armant de tisons n'eût repoussé les assaillants que la fuite porta jusqu'à Malée. Ils se réfugièrent auprès du fameux Chiron. Hercule les poursuivait toujours. Une flèche qu'il lança de son bras puissant s'égare sur Chiron. Affligé de ce hasard, Hercule accourut, et chercha, après avoir retiré le trait enfoncé dans le genou du Centaure, à guérir le vieillard tourmenté de souffrances incurables : celui-ci se retira dans une caverne ; puis, avide de mourir, il obtint de Zeus le droit d'échanger son immortalité avec Prométhée, et ce fut ainsi que, Chiron expiré, les centaures s'enfuirent de part et d'autre. Remarquons Nessos dans cette troupe fugitive. Hercule revint vers Pholos pour trouver Pholos mourant. Celui-ci avait retiré d'un cadavre une des flèches héracléennes, la flèche en tombant sur son pied l'avait blessé mortellement. Ce fut seulement alors qu'après les obsèques de son hôte il put entreprendre la chasse du sanglier qu'il épuisa par une longue poursuite.

Le mythographe indique très-nettement que Phyleus, l'un des
fils d'Augeias, se prononça pour Hercule et fut expulsé avec son
nouvel ami. C'est après ce travail des *étables d'Augeias* qu'Apollodore place la victoire d'Hercule sur le centaure Eurytion. Hercule
était logé chez Dexamène dont le centaure exigeait violemment la
fille. Eurytion vint pour ravir Mnésimaque : il trouva Hercule et la
mort.

Voici quelques détails que nous ne rencontrons pas ailleurs. Dans
l'expédition à la conquête du baudrier d'Hippolyte, Hercule aborde
à Paros, l'île des marbres, qu'habitaient les fils de Minos. Ceux-ci
tuent deux des compagnons du héros. Les assassins bientôt sont
punis. Puis Hercule assiége Paros : les habitants obtiennent leur
délivrance au prix de deux autres descendants de Minos que du
reste le héros épargne et auxquels il donnera plus tard la ville de
Thasos. Au port de Thémiscyre, Héra intervient elle-même. Déguisée en Amazone, elle provoque une prise d'armes chez les
guerrières et par suite la mort d'Hippolyte. Pour tous ces πάρεργα
Apollodore est précieux. Aucune omission n'est à craindre avec lui.
Les expéditions multiples d'Hercule qu'il relate successivement
avant la scène de l'Œta conservent bien à Hercule cet aspect d'archagète dorien qui est un de ses plus anciens et principaux caractères. Le tueur de bêtes fauves et le travailleur résigné sont compris
à merveille. Peut-être Apollodore manque-t-il de portée pour
l'interprétation morale du mythe, mais n'oublions pas que c'était
avant tout un narrateur.

Revenons aux historiens. Le suspect Mégasthène imagine un
Hercule conquérant de l'Inde qui aurait divisé le pays entre ses
fils, établi reine sa fille unique Pandée, puis fondé des villes nombreuses dont la plus grande se serait appelée Palibothra. Ce sont
là des confusions d'Hercule avec Dionysos. Ces tendances fâcheuses
à faire un conquérant de celui qui fut un chasseur de tyrans et de
monstres appartiennent à l'influence d'Alexandre, à l'inspiration

macédonienne [1]. Mégasthène prétend même qu'Hercule aurait déshonoré sa fille. De telles inventions marquent la décadence d'une littérature et d'une race. Elles sont dignes du flatteur d'Alexandre.

Plus tard, dans un autre esprit d'adulation, on multiplia les détails sur la présence d'Hercule en Italie. C'est ainsi qu'on substitua Hercule au dieu Sancus. C'est ainsi que Dercyle d'Argos dans ses Ἰταλικά donne pour hôte à Hercule un jeune fils d'Hermès qui avait l'habitude de tuer les voyageurs, « *hostis pro hospite.* » Hercule attaqué par le faune paya de la mort cette hospitalité anormale. Mais qui ne voit que c'est la légende de Busiris, de Lityerse, de Syléc, impudemment affublée d'un costume latin ?

Stésimbrote de Thasos rentra dans l'idée homérique d'un Hercule barbare en attribuant le meurtre des fils de Borée par Hercule à l'envie de leur disputer les présents donnés par Jason. Dans cette revue rapide, on est exposé à trouver plus d'une donnée absurde. Ainsi Socrate d'Argos dans le sixième livre du πρὸς εἰδόθεον prétend que ce fut Augeias qui par ruse tua les enfants d'Hercule et de Mégare. Ce même Socrate d'Argos fait d'Hylas le fils d'Hercule. Idée pour le moins bizarre qui se retrouve chez plusieurs de ces historiens [3]. Mais cette idée est admissible et même légitime en

---

[1] Sénèque en comparant ces droits d'Hercule aux prétentions d'Alexandre a vivement relevé la sottise adulatrice de Mégasthène : « Hercules nihil sibi vicit; orbem terrarum transivit non concupiscendo sed vindicando. Quid vinceret malorum hostis, bonorum vindex, terrarum marisque pacator ? » (*De beneficiis*, lib. I, XIII.)

[2] BRÉAL, — *Hercule et Cacus*, p. 54.

[3] La disparition d'Hylas est encore mentionnée par un historien du premier siècle après J.-C., MEMNON, dans le premier livre de son *histoire d'Héraclée*. Au temps de Strabon (XII, 4), les Prusiens conservaient une fête avec des chœurs sur les montagnes. Ils persistaient à appeler Hylas.

comparaison de la prétention d'Alexandre Polyhistor qui associe à Hercule, contre Antée, le fils du patriarche Abraham. Hercule aurait épousé une petite-fille de ce même patriarche!

Nicolas Damascène rentre dans la tradition en attestant l'amour permanent de Mégare pour Hercule, malgré le meurtre commis dans une heure d'égarement [1]. Asclépiade attribuait au héros la réduction de la Paphlagonie en faveur de Lycos, roi des Maryandines. Le désir de l'exactitude minutieuse, de la variété à tout prix multiplie les πάρεργα dans l'histoire héracléenne. Nous avions le combat d'Hippolyte et d'Hercule. Arrien de Nicomédie imaginera une certaine Théba, simple amazone, tuée par Hercule. C'est de la fausse imagination. Une légende naïve ou un mythe moral tel que celui de Prodicos, voilà ce qui enrichit la vie du héros, ce qui compose la belle anthologie de ses exploits. Le reste n'est que plantes stériles, herbes folles et parasites,

> Infelix lolium et steriles dominantur avenæ.

Juba incline vers cet excès de précision lorsqu'en certifiant la femme d'Antée possédée par Hercule il attribue un fils à cette union et affirme qu'il devait s'appeler Sophatès. Cléarque de Soles tombe dans un autre excès en assimilant Hercule à Briarée. Sans doute Charax de Pergame qui vivait au temps d'Adrien prétend que les colonnes d'Hercule étaient appelées auparavant colonnes de Briarée et même en remontant le cours des âges colonnes de Chronos. Mais, le fait fût-il exact, que prouverait-il sinon les inévitables évolutions des croyances qui chassent un dieu par un dieu?

Dans tout cela où est la poésie? Elle se réfugie dans quelques inventions heureuses.

---

[1] Voir au chapitre suivant le poème de Moschos sur Mégare, femme d'Hercule.

D'abord Dionysios de Rhodes ajoute un monstre de plus aux victimes du justicier, c'est Scylla, terreur des ondes. Elle succombe sous la massue vengeresse; mais Poseidon qui s'enorgueillit des périls de la mer, se plait à faire revivre Scylla, à ranimer celle que les vaisseaux redoutent et dont l'alcyon ne s'approche pas.

Ensuite Andron d'Halicarnasse nous confie une légende qui n'a pas moins de charme. Voulez-vous savoir l'origine des bûchers funèbres? Licymnios hésitait à laisser partir son fils Argios avec Hercule qui se dirigeait alors contre Troie. Il impose au héros la condition de ramener l'adolescent. Mais celui-ci meurt en route. Fidèle au serment, le bon Hercule brûle le corps du jeune homme et dans une urne rapporte le précieux dépôt.

$$\sigma\mu\iota\varkappa\rho\grave{o}\varsigma\ldots\ \overset{\text{'}}{o}\gamma\varkappa o\varsigma\ \acute{\epsilon}\nu\ \sigma\mu\iota\varkappa\rho\tilde{\omega}\ \chi\acute{u}\tau\alpha^{1}.$$

Nous arrivons avec plaisir à de plus aimables légendes. L'historien Alcimos de Sicile nous dit :

« Hercule était de passage sur le territoire des Crotoniates; il
« arrive à une maison, altéré, demande à boire. La maîtresse de la
« maison avait en secret ouvert un tonneau. Elle dit à son mari que
« ce n'est point la peine d'ouvrir ce tonneau pour un étranger et
« elle offre de l'eau à Hercule. Hercule loue son économie, mais il
« exhorte le mari à entrer lui-même et à voir le tonneau. Celui-ci
« entre et trouve le tonneau changé en pierre. De là en Italie
« l'opprobre qui s'attache aux femmes buveuses et le préjugé qui
« interdit à ce sexe l'usage du vin. »

Voici un conte de fées. Iolaüs, dans son histoire de Phénicie, nous raconte qu'Hercule, blessé par le venin des morsures de l'Hydre de Lerne, interrogea l'oracle de Delphes. Celui-ci répondit qu'il fallait aller vers l'Orient jusqu'au moment où il trouverait un

<hr>

¹Soph. *Electre*, v. 1139.

fleuve. Près de ce fleuve il verrait une herbe semblable par la forme à l'Hydre. Il devait l'employer en guise d'emplâtre. Hercule se mit en route, découvrit successivement le fleuve, l'herbe dont la tige simulait les têtes de l'Hydre. Ce n'était pas une autre plante que la colocasie. Hercule guéri fonda à cette place une ville du nom d'Acé (ἀκέομαι).

L'histoire de Cragalée n'est pas moins curieuse. Elle est digne des fabliaux de nos pères. Athanadas, dans ses ἀμβρακικά, nous raconte ce qui suit. Cragalée, fils de Dryope, habitait dans le pays des Dryopes, près de bains qu'Hercule avait créés en ouvrant de sa massue le flanc d'un mont. Ce Cragalée était déjà vieux et regardé comme un juste et comme un sage. Un jour qu'il paissait ses bœufs, viennent à lui Apollon, Artémis et Hercule. Tous trois se disputaient le patronage d'Ambracie en Épire. Apollon dit qu'il est le père du premier roi des Dryopes dont l'un des enfants a donné son nom à Ambracie. Dans les fêtes et les banquets de cette ville on chantait le chant pythique. Artémis prétendait qu'elle avait délivré Ambracie du tyran Phalécos en le faisant dévorer par une louve. De là un temple élevé par les Ambraciotes à Artémis chasseresse. Hercule enfin prétendait qu'Ambracie lui appartenait comme occupée par des colons corinthiens qui tous sont descendants d'Hercule. Cragalée adjugea la ville au fils d'Alcmène; d'où Apollon irrité le métamorphosa en pierre, façon commode d'avoir raison. Aussi les Ambraciotes, tout en sacrifiant à Apollon sauveur, ont-ils déclaré que la ville relevait d'Hercule. Après la fête du héros ils avaient accoutumé d'offrir au pauvre Cragalée les entrailles des victimes.

À la suite de tous ces polygraphes modestes, nous avons cru devoir mettre à part deux historiens dont le nom a plus de retentissement par l'étendue de leurs ouvrages qui sont entièrement venus jusqu'à nous. C'est de Diodore et d'Arrien que nous voulons parler. Ce sont deux écrivains que nous retrouverons encore sur

notre chemin, Diodore surtout qui se fit remarquer dans l'école
d'Evhémère. Nous ne reproduirons pas dans son ordre sa narration des travaux d'Hercule; car à peu de chose près il suit la même
marche qu'Apollodore d'après lequel nous avons tracé notre tableau.
Voyons ce qui lui est particulier.

Nous signalerons deux caractères spéciaux. En premier lieu
Diodore appartient à ce que l'on pourrait appeler l'école orientale.
Il ne veut pas d'un Hercule grec, né selon lui à une époque où la
terre était purgée de monstres. Le véritable Hercule, à son avis, ne
peut être qu'Egyptien. C'est un ministre qu'Osiris a laissé à sa
femme avant de commencer son expédition, ministre et gardien à
la fois. A l'appui de cette donnée aucune raison valable; il prétend
que les Grecs se sont attribué les dieux égyptiens. Telle est son
erreur. De là, comme Mégasthène, il croit aisément à un Hercule
conquérant de l'Inde [1], et père assez imbu des idées orientales pour
laisser à sa fille, comme à une Nitocris, l'empire souverain de toute
cette région divisée du reste entre ses fils.

Enfin il revient à l'Hercule grec et, malgré des hésitations, il lui
rend en grande partie ses ἄθλοι et ses πάρεργα. Au début de son
récit nous remarquons l'hommage habituel à la chasteté d'Alcmène
que Zeus n'eût pas espéré vaincre par la persuasion.

Chez lui à propos d'Alcmène se présente une légende curieuse.
Alcmène avait exposé l'Ἡρακλίσκο; dans un champ. Héra et Athéné
viennent à s'y promener. Toutes deux admirent le beau petit garçon,
le caréssent. Héra même offre sa blanche mamelle que l'enfant mord
avec force. Athéné reporte alors le nourrisson au palais. Diodore
cherche à cette occasion à établir un contraste subtil entre la
sollicitude involontaire de la marâtre et la négligence de la mère. Il
est en désaccord avec la tradition qui représente Alcmène toujours
tendre et dévouée telle que Théocrite nous la dépeindra. Le défaut

[1] IV, 39.

de semblables contes est facile à saisir. Puérils plutôt que naïfs, romanesques plutôt que poétiques, ils surchargent l'histoire mythologique d'Hercule; par eux-mêmes ils prêtent au rire moqueur, à la parodie. Pour notre compte nous n'aimons guère les évangiles apocryphes.

Pour le nom d'Hercule Diodore adopte l'étymologie « gloire d'Héra » : dans ce sens « gloire due à Héra. » Héra en le persécutant ne fut-elle pas l'ouvrière de sa gloire ? Cette explication est ingénieuse, mais difficile à accorder avec la construction grammaticale.

Plus loin il fait ressortir avec justesse que la plus grande épreuve pour Hercule était d'obéir à un inférieur, au méprisable Eurysthée. Cette idée est digne d'écrivains plus dévoués à la gloire d'Hercule! car elle relève singulièrement les souffrances, les actes du héros en augmentant la portée du sacrifice qui les suscite. Ce n'est pas du reste une idée propre à Diodore : nous l'avons plus d'une fois rencontrée. Voici encore une phrase qui n'exprime pas une pensée nouvelle mais qui rend avec précision la mission du fils de Zeus : « En Lybie il laissa les villes heureuses et florissantes en détruisant « partout les tyrans. »

Comme tous les écrivains postérieurs à la conquête romaine, Diodore insiste sur le séjour d'Hercule en Italie. Au reste ces prises de possession des pays étrangers par des dieux grecs flattaient alors et les vainqueurs et les vaincus. C'est ainsi que Diodore promène longuement Hercule en Italie et même en Gaule où il lui fait fonder la mémorable Alésia.

Il relate l'expédition pour rétablir Tyndare à Sparte, la campagne contre les Lapithes de concert avec le roi OEgimios. Il nous rappelle enfin l'apothéose décernée au héros après sa mort par l'initiative d'Athènes [1].

Diodore n'a pas toujours compris le mythe d'Hercule ; il était

[1] L. IV, 39.

trop imbu de cet esprit prosaïque qui a ravili et dégradé l'hellénisme et a plus contribué à sa chute que la polémique et la propa-
gande chrétiennes. Cependant on ne saurait méconnaitre l'importance des détails que nous lui devons [1]. Même à la fin de son récit
se trouve une idée que nous n'hésitons pas à qualifier de sublime.
Après la grande réconciliation et l'accès dans l'Olympe, Héra, dit-
il, adopta Hercule [2]. Quoi de plus beau que ce retour de la grande
déesse égarée, ce renversement de son cœur? ce n'est pas assez
d'abjurer l'acharnement de la marâtre, Héra sera pour Hercule une
mère et cette réparation par l'amour durera toute une éternité.

Arrien mérite une place spéciale, à cause de la notoriété de son
histoire d'Alexandre. Mais les documents qu'il nous apporte ne sont
pas de nature à éclaircir aucun point. Ils montrent, comme le fragment de Mégasthène, l'intention de rattacher la conquête d'Alexandre à une prétendue tradition héracléenne. Il ajoute aux inventions
de Diodore et de Mégasthène la rencontre d'une peuplade qui
croyait descendre de cet Hercule conquérant? Ne portaient-ils pas
la massue? leurs bœufs n'étaient-ils pas marqués de ce signe?

En parlant de la visite d'Alexandre à Zeus Ammoun, Arrien
affirme chez le jeune homme de Pella une émulation ambitieuse de
tous les actes plus ou moins authentiques dont Hercule avait pris
l'initiative [3].

En résumé quelles que soient l'importance et la valeur inégale de
tous ces documents, nous croyons pouvoir constater dans l'ensemble

[1] C'est ainsi qu'il nous dit encore (l. III) : Les Éthiopiens adorent
Hercule avec Zeus et Pan comme les plus grands bienfaiteurs de l'humanité.

[2] Diodore, IV, 39. Le rite d'adoption est singulier. Héra monta sur
un lit, rapprocha Hercule de son corps pour simuler l'enfantement,
puis le laissa retomber à terre.

[3] Strabon dans son excellent ouvrage (liv. XV, 1) montre une fois
pour toutes que le prétendu voyage aux Indes est une invention des
flatteurs d'Alexandre.

de ces extraits qui comprennent plusieurs siècles la continuité des honneurs rendus à Hercule. Nous voyons dans tous ces exemples la tradition perpétuée des héroïques bienfaits dus à Hercule; nous y voyons aussi la conception morale du rôle d'Hercule s'épurant. De plus en plus la force aveugle disparait pour faire place à la force intelligente. Obscurs, presque anonymes, ces historiens n'en ont pas moins porté bien loin la gloire du héros, comme ces vigies dont parle Eschyle [1] et qui de distance en distance transmettaient les signaux de flamme érigés sur les hauteurs.

[1] Esch. *Agamemnon*, v. 8.

CHAPITRE X.

THÉOCRITE. - MOSCHOS. - ODES ANACRÉONTIQUES.

Nous allons assister aux dernières fêtes que la Poésie célébrera en l'honneur d'Hercule. Successivement Théocrite, Moschos, Callimaque, Apollonius de Rhodes nous donneront ces *novissima verba* de la Muse qui bientôt va céder le monde de la mythologie à la prose des rhéteurs, des historiens et des philosophes.

Malgré les atteintes que lui portaient les Comiques, le culte d'Hercule s'était maintenu dans un remarquable état de splendeur et de dignité. L'architecture multipliait les temples du dieu [1] ; la sculpture faisait jaillir les statues [2]. Alexandre avait pris ce culte sous son patronage, envisageant Hercule surtout comme voyageur

[1] Voir pour ces statues et ces temples XÉNOPHON, *Hellén.*, I, 3, 7 ; *ibid.* V, 1, 10 ; STRABON, l. III, 3, III, 5, V, 3, XII, 1 ; PAUSANIAS, III, 18, VIII, 31, X, 27, etc. etc.

[2] Ces statues sont diverses comme les autres effigies picturales ou sculpturales. Hercule jeune est représenté souvent avec des traits gracieux (STOSCH. *livre cité*, planche XXIII), même féminins (WINCKELMANN, *livre cité*, l. IV. ch. II). Plus tard la force domine, force presque toujours sereine ; Clarac (*descript. du Musée Royal*, p. 432) nous montre un Hercule *au repos* couronné d'olivier. La peau du lion de Némée est surmontée de la tête du taureau de Crète. L'expression du calme n'était pas rare sur la tête d'Hercule. (V. Ot. MULLER, *archéol.* 395). Winckelmann (*ibid. ibid.*) nous dit : « Pour indiquer dans Hercule une vigueur et une « puissance supérieures aux forces humaines, on lui a donné la tête et « le cou d'un taureau. » Il ajoute plus loin que « l'existence et la sup- « pression des muscles et des nerfs distinguent Hercule obligé de dé-

et presque comme conquérant, et à ce double titre provoquant des analogies. Le zèle imitateur des successeurs d'Alexandre ne fut pas moins complaisant pour la gloire du héros. A la cour des héritiers du Pelléen, il devint de mode et de bon goût de comparer le maître à Hercule [1]. Cette affectation adulatrice concorda avec la sympathie naturelle des poètes pour ce type poétique entre tous. Ceux des nouveaux rhapsodes que l'on désigne sous le nom d'Alexandrins furent très-attachés à la mémoire du fils d'Alcmène. Rhianos, poète contemporain de Ptolémée Évergète, avait composé une *Héracléide* dont nous avons été privés par la disparition de cet ouvrage. Mais Hercule fut avant tout honoré et servi par Théocrite. Ce grand artiste qui sut exprimer si fidèlement l'âme rustique, ce peintre savant d'une rude simplicité recherchait trop l'énergie dans ses mâles églogues pour négliger le divin lutteur. En même temps, par ferveur d'archaïsme, par besoin de retremper la poésie à ses origines, Théocrite poursuivait les sujets héroïques et cherchait à sortir de la vie pastorale pour s'engager dans une suite de petits *chants épiques.* Trois de ces *chants* ont été par lui consacrés au héros. Avant de les consulter, demandons-nous d'abord ce qui dans le reste de l'œuvre du Syracusain doit se rapporter au sujet qui nous occupe.

Nous ne trouvons rien avant l'églogue septième. C'est au milieu de ces fraiches Thalysies, près d'une chaude description des richesses de l'été, que paraît pour la première fois un des incidents

« ployer la force de son bras contre des monstres et des brigands et
« éloigné encore du terme de ses travaux, d'Hercule purifié par le feu
« des parties grossières du corps et parvenu à la jouissance de la féli-
« cité des immortels : l'homme est imprimé sur l'Hercule Farnèse et le
« dieu sur l'Hercule du Belvédère. »

[1] *Anthol. gr. epigr. Planud.*, 100, anonyme, *Sur un buste du roi Lysimaque :*

« Tu vois dans ce portrait une chevelure épaisse, un air d'audace, des
« sourcils effrayants, cherche aussi la peau de lion. Si tu la trouves,
« c'est Hercule; sinon c'est le portrait de Lysimaque. »

de la légende héracléenne. Un seul mot évoque une des scènes de cette légende [1] : « Dans l'antre creux de Pholos Chiron a-t-il offert une coupe pareille à Hercule? » Nous remarquons qu'ici Théocrite s'écarte de la tradition selon laquelle Chiron n'avait rencontré Hercule qu'après la dispersion des Centaures et lui apparaissait alors sous les traits d'un adversaire. Sans doute Chiron meurt réconcilié avec Hercule : mais auparavant il lui a fait la guerre. Peut-être au temps de Théocrite n'était-on pas éloigné de modifier sur ce point comme sur tant d'autres la lettre de la légende par l'interprétation philosophique? C'était ici rapprocher l'héroïsme de la sagesse vaillante si longtemps représentée par Chiron. Chiron devenait de la sorte un ami de plus pour Hercule, reléguant dans l'ombre Pholos au profit de la philosophie qui de son côté se mariait avec la poésie. Œuvre de synchrétisme qui commençait à peine et qui allait s'étendre et devenir universelle.

La 17e Idylle (v. 20 à 33) renferme un passage beaucoup plus important. Cette idylle chante les louanges de Ptolémée qualifié d'Héraclide. Hercule l'ancêtre de Ptolémée est rappelé en quelques vers d'une grande richesse descriptive. Par une fiction hardie, le poète installe Ptolémée dans une chambre d'or olympienne, auprès de son ami, nous dirions de son maître, Alexandre. Devant les deux compagnons de guerre « est le siége d'adamas solide où « se tient Hercule, le vainqueur du taureau. Là, avec les autres « Ouranides il mène des festins, joyeux de ce que les fils de ses fils « par Zeus aient été affranchis de la vieillesse et que ses descen- « dants soient au rang des Immortels. En effet tous deux ont pour « auteur de leur race le courageux Hercule et tous deux tirent « d'Hercule leur origine la plus reculée. C'est pourquoi, lorsque « quittant le festin, Hercule, déjà rassasié de nectar odorant, se « dirige vers la demeure de son épouse, il donne à l'un de ses fils

---

[1] *Id.* VII, v. 150.

« son arc et son carquois, à l'autre sa noueuse massue d'airain; mais
« ceux-ci vers la chambre douce comme l'ambroisie (ἀμβρόσιον)
« d'Hébé aux blancs talons conduisent en portant des armes leur
« père issu de Zeus. »

Ne trouvez-vous pas ce tableau d'une belle couleur mythologique? Nous appellerions volontiers le pinceau de Rubens à rendre
cette scène de famille héroïque. Le peintre qui a su mélanger l'héroïsme et la bonhomie dans le personnage de Henri IV eût rendu
l'intention de Théocrite. Une chambre éclatante d'or, Hercule
majestueux et simple, les deux guerriers égaux en force et en beauté,
puis sur le seuil nuptial une Hébé resplendissante de blancheur, le
tableau est fait par le poète et n'attend plus que le peintre pour le
transporter sur la toile [1].

Cependant Théocrite ne trahit-il pas trop sensiblement l'intention de plaire à Ptolémée. Et n'est-ce pas là l'infériorité de son art,
en tant que poésie mythologique, sur l'art de Pindare et des Lyriques? Pindare, même quand il parlait à Hiéron, à Théron, à Arcé-
silas, subordonnait l'homme aux dieux : Théocrite semble n'amener
Hercule en pleine lumière que pour faire mieux ressortir la gloire
de Ptolémée.

Terminons avec ces fragments en citant une des *Epigrammes*
qui viennent clore le recueil de Théocrite :

SUR UNE STATUE DE PISANDROS, AUTEUR DE L'HÉRACLÉIDE.

« Cet homme, Pisandros de Camire, fut le premier des anciens
« poètes qui chanta Hercule, fils de Zeus, héroïque vainqueur du
« lion, et qui passa en revue tous ses travaux. C'est ce poète,

---

[1] Voir Catulle, *Noces de Thétis et de Pélée*. Il y a des analogies d'é-
clat et de couleur entre ces deux poèmes.

Voir Caylus (Antiquités, pl. XXXVII), une apothéose d'Hercule sur un
patère en bronze.

« sache-le bien, que le peuple a placé ici, fait de bronze, bien des
« années et des mois après sa mort. »

Dans ces lignes respire une admiration sincère pour le génie et
la foi de Pisandros. Le Syracusain paie ici dignement au vieux
poète cette dette de reconnaissance que nous contractons envers
tous ceux qui nous ont frayé le chemin. Les derniers mots de l'é-
pigramme énoncent avec une instructive simplicité la perpétuelle
durée d'une vraie gloire.

Les idylles spécialement vouées à Hercule sont l'*Hercule enfant*
(XXIVe), l'*Hercule chez Augeias* (XXIIe) et l'*Hylas* (VIIIe).

Le premier de ces poèmes contient une scène de l'enfance héracléenne, une scène à laquelle d'autres poètes ont déjà fait allusion
sous nos yeux, mais que nulle part avant Théocrite nous ne retrouvons dans son étendue chez aucun poète de l'antiquité. Scène touchante et grandiose à la fois qui nous intéresse aux dangers de
l'enfant en même temps que l'on admire la précocité du héros.
Traitée dans le goût large des anciens maîtres, cette scène était
belle. Témoin Pindare. Chez Théocrite elle est surtout agréable et
intéressante. Théocrite, plein de sève et de vigueur quand il traite
la réalité, sent à son insu ses forces défaillir, lorsqu'il entreprend
de mettre en scène ces grands acteurs des époques fabuleuses et
idéales. Peintre excellent des choses visibles et quotidiennes, il n'a
jamais été le puissant évocateur d'un passé trop éloigné, trop haut
pour lui. Le ton des personnages d'Homère et d'Hésiode s'accommo-
derait mal de cette élégance continue. Cette réflexion peut s'appliquer aux deux autres poèmes héracléens de Théocrite. Ce ne sont
pas moins des morceaux remarquables où quelquefois le sentiment
du mythe reparaît avec un commencement de grandeur.

Le début de l'Ἡρακλίσκος [1] est plein de grâce. On voit Alcmène,

---

[1] V. Philostrate jun. Ἡρακλῆς ἐν σπαργάνοις.

comme toute jeune mère, soigner, allaiter, coucher ses deux enfan—
telets et les bercer d'une chanson naïve :

« Dormez, ô mes petits, un sommeil doux et léger; dormez, mes,
« âmes, tous deux frères, tous deux enfants prospères, reposez heu-
« reux et arrivez heureux jusqu'à l'aurore. »

Les enfants seuls, au milieu de la nuit apparaissent deux serpents
émissaires d'Héra, monstrueux visiteurs, avides d'une proie innocente. Zeus « auquel rien n'échappe » dénonce par une illumination
soudaine la présence de ces reptiles. Le réveil suivi par la vue du
danger consterne Iphiclos, mais au contraire excite Hercule qui
soutient l'approche des serpents, les saisit et les étouffe malgré leur
convulsive résistance. Ces cris ont réveillé Alcmène. Elle aiguil-
lonne Amphitryon par ces paroles d'une inquiétude toute familière:
« Lève-toi, Amphitryon; car une crainte terrible me tient au cœur,
« lève-toi; ne mets pas tes sandales à tes pieds, n'entends-tu pas
« notre plus jeune fils, comme il crie? Ne vois-tu pas qu'à une
« heure inaccoutumée dans la nuit les murs brillent d'une lumière
« qui n'est pas celle de l'aurore; il y a quelque chose de nouveau
« dans la maison, oui, quelque chose, cher homme. » Amphitryon
s'élance : mais la lueur miraculeuse cesse. Nous trouvons ici un peu
de fantasmagorie. Cette addition à la légende ne sert qu'à provoquer l'effet de cette réunion de serviteurs la torche en main autour
du maître, un effet de nuit aux flambeaux. Cependant que de détails
heureusement saisis, l'applaudissement des esclaves spectateurs, la
joie du petit Hercule montrant les serpents à son père et sautant et
riant, et ne cessant pas d'être enfant, même après avoir accompli le
premier de ses travaux. D'autre part Théocrite a ingénieusement
observé la nature humaine, quand il nous fait voir Alcmène moins
sensible au danger couru par Hercule et dont Hercule a triomphé
qu'à la peur d'Iphiclos encore tout en cris et qu'elle réchauffe contre
son sein. Ce sont là des traits de naturel qui compensent la perte de
beautés plus mâles. Il semble que le poème devait s'arrêter au

triomphe de l'Ἡρακλίσκος [1]. Mais Théocrite a jugé à propos de le prolonger en y rattachant deux autres parties, le récit d'une consulta-
tion d'Alcmène auprès du vieux Tirésias et le tableau de l'éducation
d'Hercule, tel à peu près que nous le trouvons dans les mythologues.

Le premier de ces deux morceaux ne manque pas d'intérêt pourtant. Il nous montre qu'à défaut des qualités de Pindare Théocrite
a entretenu un sentiment aussi vif de la grandeur du héros, surtout
de sa grandeur en tant qu'homme et que mortel [2] :

« Aie bon courage, ô femme, mère aux nobles rejetons, sang de
« Persée. Par la douce lumière qui depuis longtemps s'est éloignée
« de mes yeux, beaucoup d'Achéennes étirant dans leurs mains le
« fil souple contre leurs genoux chanteront Alcmène vers le soir.
« Tu seras vénérée des Argiennes. Il doit monter dans le ciel qui
« soutient les astres, ton fils, héros large de poitrine, plus fort que
« toutes les bêtes fauves et que tous les hommes. Les destins lui
« réservent, après douze travaux accomplis, d'habiter la maison de
« Zeus : tout ce qui est mortel en lui appartiendra au bûcher de
« Trachine. Et il sera appelé le gendre de ces mêmes Immortels qui
« de leurs retraits ont fait sortir ces monstres pour dévorer un
« enfant. Ce jour viendra quand le loup aux dents aiguës verra dans
« sa tanière le faon sans vouloir lui faire aucun mal. »

Cette apostrophe de Tirésias à Alcmène est d'un sentiment très-
digne et très-touchant. Les vers sur la mission d'Hercule ont de la
noblesse et de la largeur ; le mouvement « Et il sera appelé le

---

[1] Nous mettons en regard une des épigrammes de l'Anthologie de
Planude (90) :

« Écrase, vigoureux Hercule, les longs corps des serpents, leurs gorges
« monstrueuses ; qu'ils périssent étouffés dans tes étreintes. Dès le ber-
« ceau, apaise la colère de la jalouse Héra : même enfant, sache lutter
« et souffrir ; car pour toi il ne s'agit pas d'obtenir à ce prix une coupe
« ou un trépied d'airain, mais de te frayer une voie à la cour de Zeus. »
[2] V. 72.

gendre de Zeus » nous parait surtout éloquent. Les derniers vers
ont un tour sentencieux et orphique qui sied à un vieillard arbitre
des choses futures. C'est bien le Tirésias de Sophocle, secourable
et bienveillant pour ceux qui se confient à son art, sévère au besoin
et terrible pour ceux dont l'impuissant orgueil le défie.

La dernière partie du poème est la moins intéressante. Elle nous
enseigne les maitres d'Hercule adolescent, élevé « comme une jeune
plante » [1]. C'était Linos, Eurytos, Eumolpos, fils de Philammon,
Harpalycos au sourcil terrible, Amphitryon lui-même pour la direc-
tion du char et enfin le dompteur Castor. Quelques vers complètent
assez heureusement cette nomenclature :

« Ainsi Hercule fut élevé par une mère chérie. Près du lit de son
« père se trouvait sa couche favorite, la peau d'un lion. Son repas
« se composait de viandes rôties et d'un grand pain dans une cor-
« beille, capable de rassasier un manœuvre. Chaque jour il mangeait
« aussi des aliments sans cuisson ; il portait presque à mi–jambe
« des vêtements faits sans art. Ce fut ainsi qu'en apprenant tout, il
« devenait vertueux et vaillant; cependant, lorsque Jason l'Esonide
« navigua vers la toison d'or, et que des héros le suivaient, le fils
« de la Midéenne y vint aussi.

Ces trois derniers vers soulèvent une contestation. Théocrite
semble placer l'expédition des Argonautes au sortir de l'adoles-
cence d'Hercule. Il nous parait logique de la rejeter plus loin, comme
l'ont fait d'autres mythographes. Ce n'est pas à Hercule novice, mais
à Hercule dans toute sa gloire que l'on peut songer à offrir le commandement d'une telle expédition.

En résumé, ce morceau intéressant et curieux est plutôt dans
son ensemble un tableau de genre, une scène de famille présentée
avec art qu'une narration épique. Théocrite ne tombe pas aussi bas

[1] Ainsi dans l'*Iliade* (A. 18, v. 58) Thétis dit en parlant d'Achille :
« Je l'avais nourri comme une plante. »

que le prétend La Harpe, mais il ne peut pas s'élever d'un vol très-fier.

Hylas est un poème de même nature. Il y règne un goût de simplicité savante, de vérité ingénieuse qui correspondait aux transformations du type héracléen. Ce petit poème, à partir des premiers vers, s'adresse aux passions humaines, sous une réserve que nous nous garderions bien d'omettre. Car l'amour de l'Amphitryonide pour Hylas aurait de quoi surprendre si nous ne songions pas à la multiplicité de pareils exemples dans les poètes antiques. Il faut tenir compte de cette aberration et rapporter les paroles belles et passionnées à qui de droit, au véritable Eros. Comme les phrases analogues du *Phèdre* ou du *Lysis*, elles n'ont que la circonstance atténuante du temps. Les voilà, ces paroles de début, charmantes si l'on peut laisser de côté leur objet :

« Non, ce n'est pas pour nous seuls, ô Nicias, que l'amour naquit
« comme nous le croyons : cet enfant est né jadis pour chacun des
« dieux ; ce n'est pas à nous les premiers que la beauté peut paraître
« belle ; ne sommes-nous pas éphémères, destinés à ne pas voir le
« lendemain ? Ce fils d'Amphitryon au cœur de fer, celui qui résista
« au lion sauvage, aima un bel enfant du nom d'Hylas, à la longue
« chevelure, et comme un père à son fils, il lui enseignait ce qu'il
« savait. »

Substituez un nom de femme à celui d'Hylas, et vous aimerez ce langage. C'est bien, à part l'odieuse confusion des sexes, le plus noble des systèmes que cette théorie de l'amour initiateur et éducateur, se faisant un devoir d'élever jusqu'à lui l'être aimé par un enseignement de chaque jour, par une excitation continuelle à l'amour de l'art, au zèle pour la patrie, au culte de la vertu. C'est à la même conception de l'amour, cette fois sans alliage, que Georges Sand, de nos jours, a dû ses plus purs romans, ses types incomparables de Célie Merquem et d'Edmée de Mauprat. Théorie sublime qui, mise en pratique, spiritualise et fortifie l'union de l'homme et

de la femme, qui armerait les deux époux en même temps pour
l'Idéal et la Réalité, les associant aux mêmes études relevées comme
aux mêmes devoirs quotidiens. Théocrite nous dit encore : Il
voulait en faire un homme véritable, ἐς ἀληθινὸν ἄνδρ' ἀποβαίη. *Faire
une femme véritable*, c'est l'œuvre la plus haute que puisse entreprendre l'amour.

Notons au passage quelques détails curieux. D'abord le poète
désigne encore Hercule par sa victoire sur les lions. Ensuite il
appelle Alcmène « l'héroïne, » fidèle en cela à une antique tradition.
Le milieu du poème n'a rien qui nous concerne en ce moment :
nous y lisons d'agréables vers sur l'aventure d'Hylas attiré par les
nymphes « redoutables aux habitants de la contrée. » Ces vers ne
valent pas la description analogue de Properce et de Chénier ; le
latin et le français ont imaginé une scène de séduction molle et
caressante qui trouble et qui charme. L'auteur grec semble pressé
de ramener l'attention sur Hercule. L'inquiétude du héros quand il
sent Hylas disparu, son élan sauvage, sa douleur vagabonde, tout
cela est peint à merveille. Les nuances de l'affliction et de l'anxiété
se succèdent avec art, jusqu'au moment où la pitié du poète pour
Hercule éclate dans un cri : « Malheureux ceux qui aiment, Σχέτλιοι
οἱ φιλέοντες. »

La vingt-cinquième Idylle que l'on désigne assez habituellement
sous la dénomination d'*Hercule chez Augeias*, et qui est intitulée dans
le texte grec : « Ἡρακλῆς λεοντοφόνος ἢ Αὐγείου κλῆρος; » a plus d'importance par son étendue, par les documents qu'elle contient. Le combat
avec le lion de Némée y est traité tout au long. Or ce n'est pas un
des moindres travaux du héros dorien. Quant au sujet que le titre
semble indiquer, aux étables d'Augeias purifiées, il est seulement
énoncé par une longue et riche description de ces étables. Ce poème
offre évidemment des lacunes que nous regrettons, malgré l'intérêt
de ce qui nous reste [1]. Le début ne manque pas de simplicité. Quel-

[1] Ces lacunes sont très-regrettables, car Théocrite le premier dans

ques vers qui servaient d'introduction font défaut : car voici les
premiers mots de l'Idylle! « Le vieillard, gardien des plants, répon-
« dit, interrompant le travail qu'il avait en main : De grand cœur,
« étranger, je vais t'apprendre ce que tu me demandes. »

On voit d'ici Hercule cherchant sa route, interrogeant un vieux
laboureur qui lui répond avec franchise et naturel, lui vantant
naïvement les troupeaux de son maître et lui prodiguant tous ces
petits détails où se plaît la prolixité des campagnards. Tout en
renseignant Hercule, il semble deviner le dieu : au moins est-il
frappé par l'aspect du voyageur inconnu [1] : « Je te dirai tout
« absolument; car je ne te crois pas né des méchants ni méchant
« toi-même : telle est la splendeur de ton visage. Certes les enfants
« des dieux ne sont pas autrement parmi les mortels. »

Le vieillard sert de guide à Hercule, tout en poursuivant sa conversation naïve qui aboutit à l'éloge chaleureux des chiens de garde :
néanmoins il dissimule la curiosité qu'excite en lui l'attirail du
voyageur [2].

« Il roulait beaucoup d'idées dans son esprit, en voyant cette
« peau de bête, cette massue qui emplissait sa main. D'où pouvait
« venir cet étranger? Il songeait à le questionner, mais sur ses lèvres
« la peur retenait l'essor de ses paroles, crainte qu'il ne lui dit
« quelque chose d'intempestif. Or il est difficile de connaître la
« pensée d'un autre homme. »

Voilà donc Hercule en présence d'Augeias. C'est alors que se
déroule la riche description dont nous avons parlé; il y règne un

---

la littérature grecque a signalé ce travail d'Hercule. Cependant, malgré
le silence des poètes, l'opinion des Grecs avait devancé Théocrite. « La
présence de ce sujet au temple de Zeus Olympien (PAUSAN. V, 10) nous
est une preuve que la légende des étables d'Augeias remonte au cinquième siècle avant notre ère. • (Note de M. MAURY, *Histoire des religions de la Grèce antique*, t. III, p. 490.)

[1] V. 38.

[2] V. 63.

sentiment d'exubérance et de joie champêtre qui mérite d'être fixé
au passage [1].

« Le soleil vers l'occident tourna ses chevaux, amenant
« l'heure du soir; alors arrivèrent les gras troupeaux revenant du
« pâturage aux bergeries et aux étables. Puis apparurent à la suite
« les unes des autres des vaches innombrables, telles que les nuées
« pluvieuses qui dans le ciel sont chassées en avant par la force du
« Notos ou du Borée de Thrace; elles vont dans l'air en nombre
« infini, démesuré; tout après les premières, l'impétuosité du vent
« vient en rouler d'autres, puis d'autres qui succèdent à celles-là.
« Ainsi survenaient toujours de nouveaux troupeaux de vaches. La
« plaine était remplie, et toutes les routes aussi de cette abondance
« en marche; de leurs mugissements retentissaient les fertiles
« campagnes. Les étables se remplirent aisément de vaches aux
« jambes torses, tandis que dans les bergeries les brebis étaient par-
« quées. Là personne n'était oisif malgré le nombre des serviteurs :
« devant les vaches aucun ne manquait d'ouvrage : l'un à l'aide de
« morceaux de cuir adaptait à leurs pieds des entraves de bois, se
« tenant auprès d'elles pour les traire; un autre plaçait sous les
« mères aux mamelles gonflées leur chère progéniture avide de
« lait; un autre tenait le vase à traire, épaississait le fromage;
« celui-là faisait rentrer des taureaux, séparés des vaches. »

Augeias assista à ce spectacle avec son hôte Hercule et l'un de
ses fils, celui qui devait décider en faveur du héros, Phyleus. Hercule « bien qu'il eût dans sa poitrine un cœur affermi et inébranlable » admira ces richesses vivantes. Ce n'est pas tout, Hercule
voit se dérouler une nouvelle pompe pastorale, une nouvelle armée
d'animaux [2].

« Ensuite s'avançaient trois cents taureaux aux cuisses blanches,
« aux cornes recourbées, puis deux cents autres au poil rouge. Tous

[1] V. 85.
[2] V. 120.

« étaient déjà pubères, ἐπιδίφρους. Après ceux-ci venaient douze tau-
« reaux consacrés au soleil, aussi blancs que les cygnes, éclatants
« dans tout le troupeau : ceux-ci mis à part paissaient l'herbe la
« plus verte dans le pâturage : là ils s'enorgueillissaient de leur
« beauté. Et si de leur forêt touffue les fauves agiles se jetaient
« dans la plaine à l'attaque des vaches agrestes, ceux-ci les premiers
« se ruaient au combat de tout l'élan de leur corps, mugissaient
« horiblement et dans leurs regards lançaient la mort. Entre eux le
« plus fort, le plus vigoureux, le plus fier était le grand Phaéton
« que les pasteurs comparaient tous à une étoile, parce qu'il allait
« resplendissant parmi les autres bœufs. »

Ce Phaéton, à la vue de la peau de lion, attaque Hercule. Impassible, le divin athlète saisit le taureau, ploie la corne gauche, l'attire
vers le sol et le renvoie loin de lui d'un coup d'épaule. Tous d'admirer.

On ne saurait nier l'éclatant mérite de ce morceau, le sens de la
force et de la beauté animale, le goût des scènes rustiques qu'il
révèle. Heureuse fortune, rare génie des Grecs! Aussi bien que ses
prédécesseurs, Théocrite, dans son domaine pastoral, n'a trouvé ni
supérieurs ni égaux [1].

[1] Nous croirions manquer à la justice si nous omettions de citer à
cette occasion un poème récemment publié sous ce titre, *les Étables
d'Augeias*, œuvre remarquable d'un jeune poète, M. Sully Prud'homme,
dont le talent a été spécialement désigné au public par le suffrage
de Sainte-Beuve. Ce jeune poète a plutôt traité des données empruntées
au sentiment et à la vie moderne que des sujets antiques. Cependant,
par ce seul poème sur Augeias, d'une couleur juste et d'une exécution
sobre et ferme, il s'est placé à un certain intervalle à la suite de ces
cinq ou six poètes contemporains qui ont cherché à se rapprocher des
formes grecques avec un zèle si désintéressé, et qui ont fait ainsi œuvre
de classiques en pleine révolution romantique. Ce ne sera pas un médiocre honneur pour notre siècle si méconnu, si calomnié souvent,
d'avoir vengé, par la ferveur de ses érudits et de ses poètes, les mépris
ignorants du XVIIIe siècle à l'adresse de l'antiquité.

Le troisième fragment nous offre un grand intérêt mythologique. Nous n'avons aucune autre œuvre de cette importance sur le premier travail d'Hercule et de plus ce fragment est remarquable[1].

Nous assistons à une conversation parmi les loisirs d'une promenade entre Phyleus et Hercule. Phyleus interroge son nouvel ami sur la mort de la bête de Némée. Hercule se dispose à tout lui raconter; il n'ignore qu'une chose, c'est l'origine du fléau[1]. D'où le monstre est-il venu?

« Ce fut le premier travail que m'imposa Eurysthée, m'ordonnant
« de tuer la bête cruelle. Prenant donc l'arc flexible et le carquois
« creux rempli de flèches, je partis; dans mon autre main je tenais
« la massue noueuse, taillée en pleine écorce, faite d'olivier ombreux
« d'une bonne dimension; je l'avais trouvée au pied du divin
« Hélicon et arrachée avec ses profondes racines. Je me dirigeai
« donc vers le lieu où se trouvait le lion; alors saisissant mon arc,
« j'appliquai la corde à l'extrémité flexible et j'y plaçai aussitôt
« la flèche douloureuse. De toute part tournant les yeux, je
« cherchai le monstre funeste, tâchant de le découvrir avant qu'il
« ne me vît. C'était sur le milieu du jour. Je ne pouvais ni discerner
« aucune trace, ni entendre aucun rugissement. Aucun homme ne
« paraissait près de ses bœufs à l'ouvrage, occupé aux semences
« dans le sillon, et que je pusse interroger. La pâle crainte retenait
« chacun dans l'étable. Cependant je ne voulus point revenir sur
« mes pas, scrutant la montagne aux épais feuillages, sans avoir
« vu le monstre et pu mettre ses forces à l'épreuve. Vers le soir, il
« revenait dans son repaire, gorgé de chair et de sang. Sa crinière
« dégouttante, sa face hideuse, sa poitrine ruisselaient de sanie,

[1] Dans le Pseudo-Plutarque (éd. Didot, fr. 18, 4), nous trouvons d'après Démodocos de Corcyre, dans le premier livre de son *Héracléide*, qu'Héra aurait invoqué Séléné contre Hercule. Celle-ci eût fait naître, après des conjurations magiques, le lion qui le premier devait éprouver la constance du héros.

« tandis que de sa langue il léchait son menton. Je me cachai sous
« des arbustes touffus, sur la montagne couronnée de bois, atten-
« dant sa venue : le lion approcha : dans son flanc gauche je jetai
« une flèche ; le trait aigu ne pénétrait pas la chair, mais renvoyé,
« tombait sur l'herbe verte. Le monstre releva sa tête sanglante,
« tout étonné, et promena ses yeux pour chercher, en montrant les
« dents de sa gueule béante. Je décochai un autre trait, irrité de
« ce que la première flèche eût vainement échappé à ma main, je le
« lui lançai au milieu de la poitrine, à la place du poumon : mais
« la douloureuse flèche, loin de percer même le cuir, impuissante,
« tomba au pied du lion. Une troisième fois, en moi-même indigné,
« je me préparai à tendre l'arc : ce fut alors que l'énorme bête me
« vit, à force de promener ses regards ; et, roulant sa longue queue
« vers les jarrets, elle médita soudain le combat. Son cou se gonfla
« de courroux, et sa fauve crinière se hérissa ; son épine dorsale se
« courba comme l'arc ; ses flancs, ses reins se ramassèrent. De
« même, quand le faiseur de chars, savant dans beaucoup d'ou-
« vrages, infléchit les branches d'un figuier facile à fendre, après
« les avoir présentées au feu pour en faire les roues du char qui
« tourne sur l'essieu, le figuier à la longue écorce, s'il échappe aux
« mains au moment où on le courbe, s'élance au loin d'un seul
« bond : de même contre moi le lion cruel se lança de loin aussi
« avec toute son impétuosité, désirant atteindre ma chair : mais
« moi, d'une main je tenais mes flèches reployant deux fois mon
« vêtement sur mes épaules et de l'autre main soulevant contre
« son front ma noueuse massue, j'en frappai sa tête ; l'âpre massue
« d'olivier sauvage se brisa en deux parties sur la tête de l'animal
« indomptable. Celui-ci, avant mon arrivée, tomba de haut sur la
« terre et s'arrêta sur ses pieds vacillants, la tête branlante ; car
« l'ombre envahissait ses deux yeux, et parmi les os sa cervelle
« était ébranlée par la force du coup. Le voyant tout troublé par
« ses horribles douleurs, avant qu'il ne pût revenir à lui-même et

« respirer, après avoir jeté mon arc et mon carquois cousu, je le
« prévins en frappant la nuque du col invincible; et je la serrai
« violemment, appliquant par derrière mes mains robustes, de peur
« qu'il ne déchirât mes chairs avec ses ongles; mes talons compri-
« maient fortement ses pieds contre le sol : affermi sur sa queue, je
« protégeais mes cuisses en les adaptant à ses flancs; ainsi je pus
« allonger les bras du lion, le soulever inanimé tant qu'enfin sa
« vie monstrueuse échut en partage à l'Hadès. Alors je songeai à
« détacher de ses membres la peau hérissée de la bête expirée,
« travail pénible; car, malgré mes efforts, cette peau ne se laissait
« entamer ni par le fer, ni par la pierre, ni par le bois. A ce
« moment un dieu sans doute me mit dans l'esprit d'arracher la
« peau du lion, à l'aide des propres ongles. C'est ainsi que je pus
« l'écorcher promptement; je me revêtis alors de ses membres,
« comme du rempart d'Enyalos [1] qui déchire les corps dans le com-
« bat. Ami, c'est ainsi qu'arriva la mort du lion de Némée qui
« auparavant faisait beaucoup de mal aux troupeaux et aux
« hommes [2]. »

Ce morceau abonde en détails vraiment expressifs, d'une singulière puissance. Comme le lion est dépeint, avec quelles touches
fermes et vives! Comme le combat est savamment gradué et que ses
alternatives sont ingénieusement émouvantes. La comparaison avec
la branche du figuier est merveilleuse de justesse et de précision
pittoresque. L'agonie du fauve, les précautions du héros, ses agiles
manœuvres, tout cela est décrit avec un art remarquable. A défaut
des grands traits du génie, on peut dire que le talent multiplie des
ressources inconnues au génie et par lesquelles il peut lui suppléer
jusqu'à faire illusion. C'est ainsi que dans ce même Théocrite [3] nous

[1] Surnom d'Arès.
[2] V. 204, sqq.
[3] *Id*. X, *les Dioscures*.

rencontrons une lutte de Pollux et de Castor contre un adversaire
tel que le gigantesque Amycos, une lutte qui peut se rapprocher
du combat d'Hercule et de Cycnos. Cette scène est pleine de vivacité et d'énergie; c'est de l'épopée bien réduite, mais qu'anime et
rehausse une puissance de peintre digne de notre admiration.

Pour conclure, Théocrite a bien mérité de la gloire d'Hercule.
Trois poèmes consacrés au héros attestent son goût et son zèle
pour l'un des mythes les plus féconds. Il s'est gardé dans l'exposi-
tion des œuvres d'Hercule de tout ce qui aurait pu offusquer le
type adoré. S'il n'a pas retrouvé la fervente inspiration des anciens
poètes, il a su garder pour sa part un sentiment juste de ce qui
faisait la grandeur du type d'Hercule et la popularité de ce type
parmi les Grecs.

Moschos a consacré tout un poème à la pensée d'Hercule. Il nous
plait, à la suite de Théocrite, de trouver le souci d'Hercule chez
celui qui, bien qu'au second rang parmi les poètes, a trouvé des
détails si gracieux dans l'*Enlèvement d'Europe* et l'*Epitaphe de
Bion*. C'est encore à Moschos qu'il faut attribuer l'idylle brève et
parfaite sur le repos loin de la mer et le petit poème de l'*Amour
fugitif*, plein de force et d'éclat dans la concision.

La donnée du poème dont nous allons nous occuper est à la fois
attendrissante et noble. Comme toujours, Hercule erre à travers le
monde au gré des travaux qui lui sont imposés par Eurysthée.
Dispensées par leur faiblesse d'accompagner le héros, mais non
exemptes de ces inquiétudes qui suivent les absents, Alcmène et Mégare, la mère et l'épouse, échangent leurs souvenirs pénibles, leurs
mutuelles anxiétés dans un dialogue qui porte avec lui un caractère
de grandeur mélancolique. Notons que Mégare, atteinte dans ses
enfants massacrés, est la victime des involontaires fureurs d'Hercule et que la conscience de ce malheur n'enlève rien à son affection conjugale. Au début elle s'autorise des gémissements d'Alcmène

pour épancher ses douleurs dans ce cœur de mère et d'amie. Ecoutons la jeune femme :

« Ma mère, pourquoi blesses-tu ainsi ton cher cœur par une
« douleur immodérée? la rougeur de jadis ne s'est pas conservée
« sur tes joues. Pourquoi t'affliges-tu de la sorte? est-ce parce
« qu'il souffre des maux infinis ton fils illustre de la part d'un
« homme de rien, comme un lion soumis à un faon? »

Aussitôt elle reprend avec l'accent d'une plainte personnelle :

« Malheur de moi; pourquoi les dieux immortels m'ont-ils
« tant déprisée; pourquoi mes parents m'ont-ils engendrée pour
« une destinée mauvaise? Infortunée! moi qui, après être entrée
« dans le lit d'un homme irréprochable que je chérissais à l'égal de
« mes yeux et que je vénère encore dans le fond de mon cœur, ai
« vu cet homme, lamentable entre tous les mortels, plus qu'eux tous
« épuiser l'amertume des douleurs. Malheureux qui, avec l'arc que
« lui remit Apollon, mais avec les flèches sinistres des Parques ou de
« l'Erynnie, tua ses enfants et leur arracha la douce vie, en délire
« dans sa demeure et plein de carnage. Et moi misérable, voyant
« de mes propres yeux mes enfants frappés par leur père, ce que
« l'on n'imaginerait pas en rêve, je ne pouvais leur porter secours
« quant à cris redoublés ils invoquaient leur mère : c'est qu'un mal
« invincible pesait sur eux. Ainsi l'oiselle se lamente, à la vue de
« ses petits que le cruel serpent dévore tout jeunes dans les buis-
« sons épais, elle-même, mère vénérable, voltige tout autour en
« criant d'une voix aiguë. Mais elle ne peut assister ses enfants;
« car elle a grand peur d'aller auprès du serpent inexorable. Ainsi,
« mère infortunée (αἰνοτόκεια)[1], déplorant ma chère progéniture, je
« courais d'un pied furieux à travers la maison. Que n'ai-je pu en
« même temps tomber et mourir avec mes fils, recevant dans le

---

[1] De même au chant XVIII de l'Iliade, Thétis s'écrie : « Ὤ μοι δυσα-
ριστοτόκεια! »

« cœur une flèche empoisonnée, ô Artémis, puissante reine des
« faibles femmes? Après nous avoir pleurés, mes parents de leurs
« mains chéries sur un bûcher commun nous eussent placés avec
« de nombreux dons funéraires et ayant rassemblé dans une urne
« d'or les os de tous, ils nous auraient ensevelis là où nous avons
« pris naissance. Maintenant ceux-ci habitent Thèbes, nourrice
« des chevaux, cultivant le sol opulent des champs aoniens, cepen-
« dant que moi dans Tirynthe, âpre ville d'Héra, je sens mon cœur
« percé de douleurs acharnées, les larmes ne me laissant aucune
« trêve. C'est à peine s'il m'est donné de voir pendant quelque
« temps mon mari dans notre demeure, car des travaux nombreux
« lui sont toujours préparés pour lesquels il doit peiner, errant sur
« terre et sur mer et sans cesse, ayant certainement dans sa poi-
« trine un cœur de pierre ou d'airain, tandis que toi, pleurant et
« toutes les nuits et toutes les grandes journées de Zeus, tu es
« noyée dans l'eau. Et il n'y a personne de mes parents pour me
« réjouir par sa présence; car l'enceinte de la maison ne les con-
« tient pas : ils habitent tous au delà de l'isthme abondant en pins :
« il n'y a donc aucun être vers lequel, femme affligée, je puisse me
« tourner pour lui ouvrir mon cœur, excepté ma sœur Pyrrha.
« Mais celle-ci est elle-même en proie à une grande douleur, à
« cause de son époux Iphiclos, ton fils aussi. Car je crois qu'avec
« un dieu et un mortel tu as fait naître les enfants les plus chargés
« de malheurs. »

Comme dans la fin de ce discours se montre la femme telle
qu'elle peut être quand une grande âme ne la relève pas, hasardant
sans scrupule une injustice dont elle est inconsciente, subordonnant
toute considération sérieuse à une pensée qui la saisit, telle que ce
désir du divertissement qui trahit, sans doute, la jeune femme et
sied à l'âge de Mégare, mais qui ne convient pas à la mère si dure-
ment frappée par la fatalité. Cependant elle fond en larmes, et ce
mouvement naturel lui vient de manière à nous toucher au sou-

venir de ses enfants et de ses parents. Alcmène mêle ses larmes aux larmes de Mégare; puis elle reprend aussi triste, mais plus sage, et partant résignée pour elle-même, indulgente pour autrui.

« O fille malheureuse dans ta postérité, comment est venue à
« ton esprit affligé cette idée de nous émouvoir par le souvenir des
« maux intolérables que nous ne pleurons pas pour la première
« fois. Ne suffisent-elles pas les peines qui nous accablent chaque
« jour ? Si bien que celui qui voudra les énumérer sera vraiment
« désireux de s'attrister. Aie bon courage : les dieux ne nous ont pas
« assigné un tel destin. Car je te vois, chère fille, toi aussi, victime
« de la douleur ; mais je te pardonne ta douleur, parce que tu as
« sans doute aussi le dégoût de la joie : je te plains et te déplore
« fortement ; car tu reçois ta part de la triste fortune qui pèse
« lourdement sur nos têtes. »

Voyez avec quelle délicatesse Alcmène sait admettre la tristesse de la jeune femme, avec quelle tendresse elle reçoit ses plaintes et la confidence de ses angoisses, ainsi qu'elle va le dire, d'un cœur maternel :

« Cora en soit témoin comme Déméter au beau voile (déesses que
« je souhaite à mes ennemis de parjurer pour leur plus grand mal)[1],
« je ne te chéris pas moins que si tu m'étais sortie du ventre et si
« tu vivais dans ma maison comme une fille unique, et je ne crois
« pas que cette affection te soit inconnue. Aussi ne va pas dire, ma
« jeune branche[2], que je ne prends pas souci de toi, parce que je
« pleure plus souvent que Niobé à la belle chevelure, car elle n'est
« pas à reprendre la mère qui se désole sur les malheurs de son
« fils : j'ai bien toléré une fatigue de dix mois avant de voir celui
« que je portais dans mes flancs. Il m'a conduit presque au seuil

―――――――

[1] A ce souhait on reconnaît une âme indomptable et véhémente, l'âme de celle qui plus tard se réjouira de la mort d'Eurysthée et insultera l'ennemi vaincu.

[2] Ἐμὸν θάλος.

« d'Aïdoneus aux portes solides : c'est ainsi qu'accouchant avec
« peine j'ai supporté de pénibles souffrances. Mais maintenant il
« est loin, seul au dehors, achevant une lutte nouvelle et malheu-
« reuse, je ne sais si je dois le recevoir à son retour ou ne le plus
« revoir jamais. »

A ces paroles, pleines d'une tristesse grave et fructueuse pour
celle qui écoute, succède le récit d'un songe où le bûcher de l'Œta
semble prédit :

« D'ailleurs, un triste songe est venu m'effrayer dans la douceur
« du sommeil : c'est pourquoi, après avoir eu sous les yeux cette
« vision menaçante, je crains fortement que quelque chose de dé-
« solant n'arrive à mes fils. Je vis en rêve, tenant entre ses mains
« un hoyau bien travaillé, mon enfant, la force d'Hercule, qui,
« comme pour un salaire, creusait une grande fosse, à l'extrémité
« d'un champ florissant. Il était nu, sans manteau et sans tunique
« à la belle ceinture. Quand il fut arrivé au terme de son entre-
« prise, enfonçant le hoyau dans le sillon, il alla reprendre ses an-
« ciens vêtements : tout à coup au-dessus de la fosse profonde
« brilla un feu terrible ; tout autour s'enroulait la flamme démesu-
« rée. Cependant de ses pieds agiles le héros revenait en arrière,
« désireux de fuir la violence formidable d'Héphaïstos. Toujours
« devant son corps, comme un bouclier, il agitait la massue, et re-
« gardait de tout côté, de peur que la flamme ennemie ne le dévo-
« rât. Voulant lui porter secours, à ce qu'il me semblait, le ma-
« gnanime Iphiclos tomba à terre avant d'arriver jusqu'à lui, et fut
« impuissant à se relever : il gisait immobile comme un faible vieil-
« lard que la déplaisante caducité force à s'affaisser ; sur le sol il
« est cloué jusqu'à ce qu'un passant le relève, touché de l'aspect de
« ce vieillard à barbe blanche. Ainsi avait coulé sur le sol le belli-
« queux Iphiclos. Je pleurai en voyant mes fils destitués de se-
« cours ; enfin, mes yeux secouèrent le doux sommeil, et l'éclatante
« aurore apparut. Tels sont, ô mon enfant, les songes qui m'ont

» troublé l'âme pendant la nuit : que tous ces présages se retour-
« nent des nôtres contre Eurysthée ! puisse mon esprit avoir été
« devin pour le compte de cet homme et le destin ne rien préparer
« de plus contre nous. »

Ce poème, où circule une émotion familière digne d'Euripide en
ses meilleurs moments et encore soutenue par quelques notes énergiques, est une des œuvres les plus remarquables qu'ait su inspirer
le type d'Hercule. Ces œuvres se comptent, et dans leur nombre
restreint un rang fort honorable doit être assigné, selon nous, à la
Mégare du poète Moschos.

Auprès de ces deux maîtres de l'Idylle qui ont tant de fois
chanté l'amour avec une grâce caressante ou avec une rudesse
attendrie, nous avons voulu placer le recueil érotique des odes
attribuées à Anacréon. Dans cette œuvre de diverses époques et
de divers styles, où se déroule avec une monotonie charmante le
double thème du printemps et de l'amour, le nom d'Hercule ne
revient que deux fois parmi ces odes pleines de raisins et de roses.
Dans la première ode, le poète s'écrie : « Récemment, je chantais
« les travaux d'Hercule, mais ma lyre ne sonna qu'Eros. » Puis, dans
l'ode vingt-unième : « Je veux devenir furieux en buvant. Jadis
« Hercule entra en fureur et fit trembler toutes choses avec l'arc et
« le carquois belliqueux d'Iphitos. »

Hercule est moins bien partagé par les anacréontiques que la
cigale leur héroïne : le double et bref témoignage de ces deux
poètes sert cependant à nous prouver que le fils d'Alcmène n'était
jamais oublié chez les Grecs. Mais l'exemple de Théocrite et de
Moschos prouve bien davantage, c'est qu'en dépit des efforts contraires, l'intelligence du type d'Hercule à Syracuse aussi bien qu'à
Athènes ne cessait pas de se développer. La poésie qui se déplaçait
en quelque sorte ajoute de nouveaux traits à ce type d'un héros
voyageur :

> Mobilitate viget viresque acquirit eundo.

CHAPITRE XI.

CALLIMAQUE. — LYCOPHRON. — APOLLONIUS DE RHODES.

Nous avons dû mettre à part dans le groupe des Alexandrins deux poètes avant tout bucoliques et qui par là autant que par leur valeur méritaient une étude spéciale. Nous allons poursuivre dans cette riche école les traces évidentes d'un redoublement de zèle pour le personnage d'Hercule, principalement chez Apollonius de Rhodes. Callimaque qui s'offre à nous le premier a peu fait pour le fils d'Alcmène; il est vrai que l'œuvre de Callimaque nous est arrivée comme presque toutes les reliques de l'antiquité, si incomplète, si mutilée que l'on n'a pas le droit d'accuser des lacunes peut-être mensongères. N'oublions point qu'outre ses élégies il y a sans aucun doute des hymnes perdus, que les iambes et les choriambes du même poète ont disparu à l'exception de quelques fragments, que l'on a également à désirer son poème des αἴτια (*les causes*), poème à coup sûr utile pour l'exégèse des mythes et que l'on a laissé disparaître comme son *Hécalé*, poème dont Thésée était le héros et où Hercule ami de Thésée pouvait avoir sa part. Dans ses hymnes à peine saisissons-nous quelques allusions à Hercule.

Dans l'hymne III à Artémis[1], un des ἆθλοι d'Hercule est rappelé. Il s'agit de la biche du Cérynite.

[1] V. 498.

L'hymne εἰς λούτρα τῆς Παλλάδος, *sur les bains de Pallas*, au troisième vers, indique cet olivier dont l'huile sert de parfum à Castor ainsi qu'à Hercule. Vous ne trouverez plus ailleurs le nom du héros.

Au début de son poème étrange [1] et ténébreux [2], Lycophron de Chalcis, favori de Ptolémée Philadelphe, nous montre Hercule dans le ventre de la Céto et nous raconte cette aventure avec un grand luxe de détails mythologiques :

« Lion des trois nuits [3] qui disparut dans la large gueule du
« chien de Neptune! Là, vivant, tandis qu'il hachait les entrailles du
« monstre, brûlé dans le ventre de cette marmite, sur ce fourneau
« sans feu, il vit tomber la chevelure de sa tête, lui, le meurtrier
« de ses enfants, le fléau de ma famille. C'est lui qui frappa à la
« poitrine, d'une flèche acérée, sa belle-mère [4], invulnérable déesse,
« et qui, au milieu du stade, porta dans ses bras le corps de son
« père le Lutteur [5], près de la haute colonne de Kronos, où se trouve
« la tombe du géant Ischène qui effarouche les chevaux; c'est lui
« qui tua sur sa grotte la chienne sauvage [6], nageant comme un
« poisson autour des baies et des détroits de la mer d'Ausonie,
« lionne qui lui mangeait ses taureaux, et que de nouveau son père
« (Phorcys), en brûlant ses chairs avec des torches, rendit à la vie,
« ne craignant plus Perséphoné la déesse des enfers. Enfin, sans
« épée et par ruse, un mort l'a tué, lui qui avait étreint jadis Hadès
« lui-même en ses bras. »

[1] L'*Alexandra*. V. la traduction de M. Dehèque-Durand, 1853, — l'article de M. Boissonade sur Lycophron (*Bibl. universelle.*)

[2]
σκοτεινὸν ποίημα.....
SUIDAS.
Latebrasque Lycophronis artis.....
STACE, *Silv.* VII, 156.

[3] Τριεσπέρου. Zeus n'avait-il point passé trois nuits auprès d'Alcmène.
[4] Héra.
[5] Zeus-Palæste.
[6] Scylla, fille de Phorcys.

Parmi les fragments relatifs au fils d'Alcmène que renferme le poème d'Apollonius, il en est d'une étendue notable, d'un véritable intérêt. Hercule, quoiqu'il disparaisse à mi-chemin dans l'expédition des Argonautes, joue un grand rôle dans ce poème. Même absent, il emplit Argo de son invisible présence.

C'est au vers 121 qu'Hercule nous apparait. Il avait appris l'expédition au moment où sur ses larges épaules il supportait le sanglier d'Erymanthe. Ce fut alors qu'à l'insu d'Eurysthée il résolut de se joindre aux Argonautes. « Avec lui [1] alla son bon compagnon, Hylas, « tout adolescent, porteur du carquois et gardien de l'arc d'Hercule. « Le fils d'Alcmène était le chef désigné d'une telle expédition [2]. Les « jeunes gens de leurs regards indiquèrent l'audacieux Hercule « assis au milieu d'eux, et, d'une clameur unanime, ils l'invitèrent à « prendre le commandement. Mais celui-ci de sa place tendant la « main leur parla ainsi : Que personne ne m'offre cet honneur; « car je ne consentirais pas à l'accepter, mais je compte bien y « forcer un autre. Que celui qui a rassemblé les guerriers les com- « mande. Ainsi parla cette grande âme. » Le poète comprend bien le désintéressement héroïque d'Hercule, son indifférence aux honneurs, son amour exclusif des travaux féconds et de la vraie gloire. S'il ne veut pas servir de chef aux Argonautes, il sera du moins pour eux un bon conseiller. Les compagnons avaient abordé dans l'île de Lemnos que gouvernait la reine Hypsipile; ces Lem- niennes, se plaignant d'être délaissées pour des captives, avaient par une résolution plus que féminine, « ὑπέρβιον, » massacré leurs in- fidèles époux. L'ennui, le désir leur faisaient souhaiter de retenir les Argonautes [3]. Cypris elle-même, de concert avec Héphaïstos, rêvant l'île peuplée, joignit à l'accueil engageant d'Hypsipyle ses plus douces invitations, γλυκὺν ἵμερον ὦρσεν. Déjà la ville était pleine de

[1] V. 30.
[2] V. 341.
[3] V. 850.

chœurs, de festins, d'encens. De jour en jour le départ retardé faisait craindre une résolution fléchissante. Hercule parvient à réunir ses compagnons et leur adresse ce langage digne d'un héros [1] :

« Amis, tenons-nous en mépris le sang de notre patrie? n'avons-
« nous négligé les femmes de Cos, nos concitoyennes, que pour
« venir ici chercher des épouses? nous plaît-il d'habiter à Lemnos
« et de labourer ses riches campagnes? la belle gloire de vivre avec
« des femmes étrangères! Un dieu n'accordera-t-il pas la toison à
« nos prières? Retournons dans nos foyers. Laissons celui-ci passer
« les jours dans le lit d'Hypsipyle, jusqu'à ce qu'il ait rempli Lemnos
« de mâles et qu'ainsi une grande renommée lui soit acquise. —
« Tels furent ses reproches. »

Ce discours d'Hercule entraîne les Argonautes et Jason lui-même qui se dérobe aux sollicitations plaintives de la royale délaissée. Avant de quitter cet épisode, remarquez combien Hypsipyle dans ses plaintes, dans ses paroles suprêmes à Jason qu'elle veut retenir, est inférieure à la Didon de Virgile dont elle semble le prototype évident. La situation est pareille, mais le génie du poète latin crée une situation pathétique, éternellement touchante, là où le talent du poète alexandrin n'a su nous donner qu'une scène vulgaire. Didon, c'est la passion déçue et trompée; Hypsipyle, ce n'est que l'instinct sensuel qui réclame. D'où vient cette différence? qu'y a-t-il de plus chez Virgile? Ce qui sépare à jamais un grand poète d'un versificateur même de premier ordre, l'*âme*.

Disons cependant qu'Apollonius s'est élevé plus haut dans l'interprétation des douleurs de Médée. Mais c'est encore la passion aveugle et non l'amour comme chez Didon, Didon qui aime assez Énée pour ne point lui accorder un lâche pardon dans les champs des pleurs, *lugentes campi*.

[1] V. 865.

Plus loin[1] les Argonautes rendent à ce bon conseiller l'assistance qu'il leur a prêtée. Ils l'aident à tuer des géants formidables, monstres qu'elle-même Héra avait nourris pour combattre Hercule.

Ainsi Apollonius nous apporte un témoignage de plus sur cette tradition de la haine persistante d'Héra, tradition établie par les poètes et sur laquelle repose toute la gloire d'Hercule persécuté. Cette scène se passe sur le territoire des Dolions, de ces mêmes Dolions que plus tard, trompés par les ténèbres, les Argonautes massacrent, carnage involontaire auquel Hercule se trouva mêlé pour sa part[2]. Le matin, l'erreur se reconnaît et la douleur des Argonautes est ressentie également par le héros.

C'est alors que se place l'incident qui vient ravir Hercule à ses compagnons[3].

« Il avait quitté le vaisseau pour remplacer une rame brisée « entre ses mains. Il s'engage dans une forêt et là arrache un sapin « aux profondes racines, pareil à la tempête qui à l'improviste en— « lève un navire. Cependant Hylas, muni d'une urne d'airain, « s'était lui aussi écarté du vaisseau, cherchant une source pour y « puiser de l'eau. » Apollonius en nous parlant d'Hylas nous dit qu'Hercule l'avait élevé, après l'avoir pris à son père Thiodamas qu'il avait tué à propos d'un bœuf qu'il lui refusait[4]. C'était un prétexte, ajoute Apollonius, pour déclarer « la guerre aux Dryopes « peuple qui vivait en dehors de la justice. » Cette mort infligée à

[1] V. 982.

[2] V. 1040.

[3] V. 1187.

[4] Apollodore (II) nous raconte une histoire analogue. A Thermydres, Hercule, dans un de ses accès faméliques, avait arraché d'un chariot l'un des deux bœufs qu'il se mit en devoir de manger à belles dents. Le bouvier, ne pouvant se défendre, du haut d'une montagne maudit l'affamé. Aussi dans cette ville les habitants mêlaient-ils des malédictions aux sacrifices en l'honneur d'Hercule. (V. STOSCH, *l. cit.* pl. IX.)

Thiodamas, ce soin d'élever l'enfant que l'on a fait orphelin, voilà les caractères quasi primitifs de la légende héracléenne. Cependant il y a une expression frappante qui atténue l'action d'Hercule; c'est à propos des Dryopes « qui vivaient en dehors de la justice. »

Alors, commence cette scène de fascination exercée sur l'enfant Hylas, scène rendue par Properce et Chénier avec plus de grâce insinuante, peut-être avec moins de simplicité passionnée [1]. Hylas est arrivé au bord d'une fontaine. « Par hasard, près de là des « nymphes tenaient leur chœur ; car c'était pour les nymphes qui « habitaient près du flot aimable un devoir de célébrer Artémis « par des chants nocturnes et continus. Des belles ondes venait de « sortir la nymphe Ephidalie. Elle vit cet enfant rougissant de « beauté et de grâces charmantes; du haut de l'éther la pleine lune « l'enveloppait de son rayonnement. Cypris occupa l'âme de la « nymphe qui put à peine, dans son saisissement, recueillir son « esprit. Mais aussitôt que l'enfant eut plongé l'urne dans les flots, « s'inclinant en sens oblique, quand l'eau s'engouffra avec bruit « dans l'airain sonore, la nymphe autour du cou d'Hylas jeta sa « main gauche, désirant embrasser la tendre bouche et de la main « droite l'attira vers elle et l'engloutit dans la fontaine. »

Un certain Polyphème, fils d'Elatée, Argonaute envoyé à la recherche d'Hercule, entend le cri d'Hylas [2].

« Il court en toute hâte à la fontaine, comme un fauve qui de « loin a saisi le bêlement des brebis ; le fauve accourt furieux de « faim et cependant il ne peut s'emparer du troupeau que déjà les « pasteurs ont chassé vers l'étable. Alors, haletant il mugit horri- « blement jusqu'à la lassitude. »

Voilà de beaux vers énergiques et de ceux qui ont, au moins parmi les lettrés, assuré la mémoire d'Apollonius.

[1] V. 1203.
[2] V. 1241.

A son retour Polyphème rencontre Hercule et lui apprend la disparition d'Hylas. « Pendant qu'Hercule écoutait, sur les tempes « du héros la sueur ruisselait, et dans ses entrailles bouillonnait le « sang noir. » Il jette à ses pieds le sapin et court « comme un « taureau aiguillonné par la piqûre du taon. »

Bientôt les Argonautes s'aperçoivent de cette absence du héros. Ils s'accusent de l'avoir abandonné, échangent des reproches. Jason reste silencieux et triste : Télamon s'emporte en récriminations. Ils sont prêts à retourner sur leurs pas; car la pensée de Télamon ne trouve pour contradicteurs que Zétés et Calaïs, les deux fils de Borée, « les malheureux, » car plus tard Hercule devait les punir par la mort de cet acte d'hostilité à son égard. Sur ces entrefaites apparaît aux Argonautes Glaucos, le dieu marin, le dieu prophétique. Il saisit le timon du navire, et harangue les héros [1] :

« Pourquoi, contre la volonté du grand Zeus, songez-vous à « conduire l'audacieux Hercule dans la ville d'Aétès? C'est à Argos, « sous les ordres du méchant Eurysthée, que la destinée lui réserve « d'accomplir les douze travaux pour habiter après leur achèvement « avec les dieux immortels. Donc n'ayez aucun souci de lui. » Il les rassure également sur Hylas devenu l'époux de la nymphe Ephidalie et se replonge dans les flots familiers.

A la fin de ce premier chant, Hercule abandonné déclare aux Mysiens, habitants de cette contrée, qu'il ravagera leur terre, s'ils ne découvrent pas Hylas vivant ou mort. Les Mysiens s'engagent par serment à ne jamais cesser ces recherches. « Et maintenant « encore, » dit le poète, « les Mysiens cherchent Hylas, fils de « Thiodamas. » Détail touchant, perpétuité poétique des usages et des traditions!

Dans le deuxième chant, Hercule a disparu, mais son souvenir subsiste toujours. Accueillis par le chef des Maryandines, Lycos,

[1] V. 1315.

les Argonautes entendent ce roi déplorer l'absence d'Hercule, « la
« perte d'un tel secours »[1]. Il avait vu dans sa jeunesse Hercule
chez son père. C'était au moment où le héros arrivait en Asie portant le baudrier de la belliqueuse Hippolyte. Il l'avait vu au pugilat
vaincre le vigoureux Titias. Il avait été témoin des conquêtes qu'Hercule avait faites par amitié pour son père. Ainsi chez Lycos le nom
d'Hercule couvre les Argonautes comme l'ombre d'un chêne révéré.

Plus loin ils arrivent au promontoire et au port des Amazones[2].
Là encore ils trouvent le souvenir du héros : car c'est là qu'Hercule
a pris la guerrière Ménalippe qu'il a rendue à sa sœur Hippolyte en
échange du célèbre baudrier. On voit combien sur la conquête de
ce baudrier la tradition varie en se déplaçant.

A propos d'oiseaux qui assaillent les Argonautes, Amphidamas,
l'un des héros, remémore l'aventure du lac Stymphale[3] et décrit le
mode dont Hercule s'est servi pour disperser ces oiseaux, en agitant des crotales d'airain. Ainsi, par son exemple dont l'application
délivre les Argonautes, Hercule absent se trouve encore les servir.

De même[4] au quatrième et dernier chant, les Argonautes arrivent
auprès des Hespérides au moment où Hercule vient de tuer le serpent qui gardait les pommes. Hercule n'a pas cessé d'être leur allié.
Il les a d'avance affranchis d'un monstre redoutable, et nous allons
voir comme il les préserve des tourments de la soif. Cet homme
que dépeignent les Hespérides encore en deuil de leur serpent, cet
homme « aux yeux éclatants et farouches, vêtu d'une peau de lion et
« portant à la main un rameau d'olivier a pour étancher sa soif fait
« sous son pied jaillir l'onde abondante des flancs d'un aride ro-
« cher. » Et un des Argonautes a bien raison de s'écrier[5] : « Her-

<hr>

[1] V. 772.
[2] V. 969.
[3] V. 1052.
[4] V. 1400.
[5] V. 1458.

« cule absent nous a sauvés de la soif! que serait-ce si nous le re-
« trouvions sur la terre ? » Mais la destinée, comme l'a dit Glaucos,
a ménagé au héros d'autres labeurs, d'autres souffrances, d'autres
triomphes.

Apollonius a généralement bien compris le type d'Hercule. Il a
donné à cette noble figure de l'importance et de l'éclat ; forcé par
les exigences de son sujet d'abandonner Hercule après l'aventure
d'Hylas, il ne l'a pas abandonné complétement et il l'a toujours
évoqué d'une manière digne de lui. Les paroles qu'il lui a prêtées
chez Hypsipyle, la description de sa fureur après le rapt d'Hylas
prouvent suffisamment qu'Apollonius, médiocrement enthousiaste et
plus ingénieux qu'éloquent, en présence de cette àme héroïque, a
senti passer sur sa lyre monocorde le frémissement de la grande
inspiration.

CHAPITRE XII

LES ÉVHÉMÉRISTES. – LUCIEN

Le ton de ce chapitre différera singulièrement de l'harmonieux
concert auquel nous avons assisté. Nous allons en effet tracer l'historique des attaques dirigées contre Hercule et son divin type!
A de telles attaques comment n'a-t-il pas plus tôt succombé? Voilà
ce que l'on se demanderait avec étonnement, si l'on ne connaissait
la vertu du mythe héracléen. Cette violente polémique qui du reste
confondait Hercule avec les autres dieux de l'Olympe s'appela
l'Evhémérisme.

Diodore nous a donné les origines de l'Evhémérisme dans son
sixième livre qui ne nous est arrivé que par fragments. Le fragment
que nous allons citer a été sauvé par Eusèbe[1].

« Diodore, en son livre VI, approuve la doctrine du Messénien
« Evhémère sur les dieux à peu près en ces termes : Les anciens
« nous ont laissé deux espèces de dieux, les uns qu'ils disent éter-
« nels et affranchis de la mort, tels que le soleil, la lune et les au-
« tres astres du ciel; ils y joignent les vents et tout ce qui est du
« même genre et de la même nature : car aucun de tous ces êtres
« n'avait eu de commencement et n'aurait de fin : ils énoncent en-
« suite des mortels, qui par leurs bienfaits, après s'être attaché le
« genre humain, ont obtenu le culte et les honneurs divins, tels

---

[1] *Præpar. Evangel.* II.

« qu'Hercule, Dionysos, Aristée et tous les autres de même ressem-
« blance. Sur ces divinités mortelles les historiens et les mytholo-
« gues ont multiplié les récits. Parmi ceux-ci Evhémère dans son
« histoire sacrée a suivi une donnée qui lui appartient, tandis que
« les poètes, Homère, Hésiode, Orphée et d'autres à leur suite
« ont inventé des fables prodigieuses sur le compte des dieux.....
« Evhémère donc, ami du roi Cassandre, chargé d'une lointaine
« mission, est emporté par les flots, très-loin de nos plages jusqu'à
« ce qu'il arrive à des iles très-florissantes où il s'établit, donnant à
« la plus grande de toutes le nom de Panchée. Il y vit les habitants
« de Panchée d'une remarquable piété et qui vénéraient les dieux
« avec un appareil de sacrifices et des offrandes en or ou en argent.
« Cette ile était consacrée aux dieux. Elle présentait beaucoup de
« spectacles; il y avait sur une colline très-élevée un temple de
« Zeus qui le créa et l'édifia quand il vivait parmi les hommes et
« gouvernait le monde. Dans ce temple on voit une colonne où
« dans la langue des Panchéens se trouvent décrits les exploits
« d'Ouranos, de Chronos et de Zeus. Il ajoute qu'Ouranos a régné
« le premier de tous, comme un homme d'une rare équité, d'une
« admirable bienveillance à l'endroit de tous; en même temps il
« connaissait à merveille les mouvements des astres; aussi le pre-
« mier offrit-il des victimes aux dieux et reçut-il pour cette cause
« le nom d'Ouranos. D'Hestia son épouse il eut deux fils, Titan et
« Chronos, et pour filles Rhéa et Déméter. Chronos lui succéda qui
« avec Rhéa mit au monde Zeus, Héra et Poseidon. Après Chronos
« régna Zeus, qui épousant tour à tour Héra, Déméter et Thémis,
« de la première eut les Curètes, de la deuxième Perséphoné, de la
« troisième Athéné. De plus il se mit en route et alla chercher à
« Babylone l'hospitalité de Bélus; puis il revint à Panchée, après
« avoir érigé un autel à son neveu : de là traversant la Syrie il fut
« reçu chez Casios, roi de cette contrée, d'où le mont Casios; en-
« suite il alla vaincre Cilix, roi de Cilicie : enfin par toutes les na-

« tions, qu'il visita pour la plupart, les honneurs et le titre de dieu
« lui furent décernés. »

Un peu plus loin, Diodore le dit formellement : « Les dieux ne
« sont que des hommes divinisés. » Voilà cette théorie pleine d'hypothèses et de complications et pour l'absurdité de laquelle nous n'é-
changerions pas l'aimable vanité des fictions anthropomorphiques.

Evhémère devait trouver des partisans parmi les Pères de l'E-
glise, chercheurs intéressés à décrier les divinités de l'Olympe et
sensibles à une polémique qui nous rappelle aujourd'hui celle de
Voltaire[1]. Seuls quelques confesseurs grecs, grâce à la délicatesse
de leur race, font exception à ce chorus en l'honneur de l'ico-
noclaste, Erostrate de la mythologie. Pour sa part Théophile d'An-
tioche appelait Evhémère $\dot{\alpha}\theta\epsilon\acute{\omega}\tau\alpha\tau\sigma\varsigma$. Si ce mot qui fut appliqué aux
plus vénérables des premiers chrétiens était véritablement un titre
de mépris, nous n'hésiterions pas à le reprendre contre ce vulgaire
contempteur de la religion hellénique. Au reste des Grecs eux-mêmes se sont chargés de cette exécution. Plutarque et Strabon ont
recueilli pour nous ces témoignages d'un bon sens accusateur : ils
ont fait justice d'Evhémère.

Ecoutons Plutarque[2]. Il vient de s'élever contre les Egyptiens
qui réduisent de plus en plus à des événements historiques les
aventures mythiques du couple vénérable : « Ce n'est pas faire
« autre chose que d'ouvrir les portes à ce ramas d'impies qui ra-
« baisse à l'humanité les choses divines ($\dot{\epsilon}\xi\alpha\nu\theta\rho\omega\pi\acute{\iota}\zeta\sigma\nu\tau\iota$ $\tau\grave{\alpha}$ $\theta\epsilon\tilde{\iota}\alpha$) et
« donner toute licence aux impostures d'Evhémère le Messénien.
« En effet celui-ci dans un recueil de fables invraisemblables et
« chimériques[3] a répandu dans le monde une vaste impiété, effa-
« çant d'un même trait tous les dieux reconnus et les ramenant à

---

[1] V. saint Augustin, Lactance, Arnobe, Minutius Félix.

[2] *De Iside et Osiride*, ch. XXIII.

[3] Pour le rationaliste, le système d'Evhémère n'est ni moins hypothétique, ni moins compliqué qu'une mythologie quelconque. Erreur

« la condition d'anciens généraux, monarques et souverains dont
« les noms seraient gravés en lettres d'or dans l'île de Panchée;
« lesquelles inscriptions n'ont été rencontrées ni par aucun Grec,
« ni par aucun Barbare, mais par le seul Evhémère ayant abordé
« chez des Panchéens et des Triphylles qui ne se trouvent nulle
« part, qui n'existent même pas. »

Callimaque, cité par Plutarque, affirmait aussi la fausseté d'Evhémère et traitait à ce propos les Crétois de menteurs. Il déclarait
ignorer l'existence de cette île de Panchée que jamais l'on n'a pu
retrouver. De même Eratosthène et Polybe, cités par Strabon,
mettent Evhémère au rang des imposteurs. Cependant Evhémère
avait été traduit par Ennius : il fit fortune à Rome parmi les disciples d'Epicure. Le poète Lucrèce prononce son nom avec éloge[1].
Nous avons dit son succès parmi les Pères de l'Eglise. Avant de
constater par les textes les progrès de l'Evhémérisme dans l'antiquité
grecque, nous voudrions le montrer à l'œuvre dans les temps modernes et pour ainsi dire à la veille de notre siècle. Dans l'ancienne
Académie des Inscriptions, l'Evhémérisme comptait des apologistes
déterminés. L'abbé Sévin[2] prend parti pour Evhémère avec une
telle chaleur que l'on dirait la religion chrétienne intéressée au
décri des dieux de l'Olympe. Faux calcul. Elle a plus d'intérêt
à proclamer la perpétuité de l'esprit religieux sous des formes
altérées jusqu'au triomphe de la révélation qu'elle croit définitive.
M. Fourmont[3] est encore plus évhémériste que l'abbé Sévin.
Dans ce mémoire il traite Callimaque de « poète dévot à de-

pour erreur, qui ne préférerait la plus brillante, la plus capable d'en-
chanter et d'ennoblir le genre humain?

[1] C'est par un mouvement d'esprit évhémériste que Lucrèce (l. V,
v. 21-50) déroule ironiquement les travaux d'Hercule pour les subor-
donner aux œuvres d'Epicure.

[2] T. VIII.

[3] T. XV.

« mi fanatique », Plutarque « de philosophe courtisan, dissi-
« mulé, ami des préjugés vulgaires. » Il va dans sa fougue
jusqu'à comparer Evhémère « aux plus grands hommes de l'anti-
« quité. » L'abbé Foucher[1] croit tenir un juste milieu. Il atténue un
peu l'Evhémérisme, mais il lui est encore très-indulgent. Son erreur
tout évhémériste consiste à admettre comme réelles les actions
que l'on prête aux dieux et à les juger au point de vue de la moralité et de la légalité du XVIIe siècle. C'est un mode de critique injuste et puéril. Quant à l'indication du tombeau de tel ou tel dieu
dans un endroit quelconque, il s'étaie à tort de ce fait qui prouve
tout simplement une légende acceptée par l'imagination et la vanité
populaire. Les croyances de ce genre ne démontrent pas qu'un
Hercule ou qu'un Apollon aient résidé dans l'endroit où l'on croit
posséder leur sépulture. Au reste l'abbé Foucher accepte bien à la
légère l'*Historica diligentia* de saint Augustin relativement à Evhémère. Il me semble se hâter beaucoup trop en traitant de « stupidité » la croyance aux visites divines reçues par Héra et Sémélé,
aux conceptions par le fait de l'œuf ou l'opération de la pluie d'or.
Si l'on soumettait sans exception les mythes de toutes les religions
au contrôle de cette raison exigeante, les mythes hellènes n'auraient
ni le privilége ni le monopole de la « stupidité. » C'est dans un
esprit tout contraire qu'il faut examiner les religions, dans un esprit d'intelligente curiosité, d'impartialité érudite. En un mot il
faut apporter dans un tel travail la large compréhension d'un
Guigniaut, d'un Maury et d'un Renan, et non la courte et prosaïque raison de ces abbés évhéméristes.

D'ailleurs l'Evhémérisme est de tous les temps. En reprenant les
plus vieux historiens d'Hercule nous trouvons déjà l'annonce de ce
système et comme qui dirait l'Evhémérisme avant Evhémère.

Phérécyde a laissé échapper une de ces données prosaïques qui

[1] T. XXIV et XXV.

ne sont que des fictions de bas étage substituées à des fictions de haute portée et de vaste envergure. C'est ainsi[1] qu'il écarte la poésie et le mystère du berceau d'Hercule en supposant qu'Amphitryon aurait mis lui-même les deux serpents dans le berceau pour discerner lequel des deux enfants était son fils. Épreuve bien inattendue de la part d'un père! C'est ainsi que par la recherche de la vérité plus d'une fois on arrive à l'invraisemblable.

Hécatée de Milet[2] réduit le mythe de Cerbère entraîné par Hercule à la capture d'un serpent souterrain que l'on appelait, à cause de son retrait habituel, le chien des enfers. Il est inutile de dire que nous n'admettons pas ces explications grossières; cependant, ce qui a pu les provoquer, c'est l'emploi fréquent du mot chien dans la poésie grecque appliqué à un monstre quelconque.

Hérodore s'est permis de porter une main barbare sur cette admirable légende de Prométhée. Le Titan, l'hôte captif du Caucase, n'aurait été qu'un roi scythe enchaîné par ses sujets. Hercule l'aurait délivré, et dans l'accomplissement de cette œuvre, aurait détourné le fleuve Aiétos. Plus loin, il ose transformer ce dépôt du monde qu'Hercule reçut d'Atlas en un dépôt de connaissances sur les choses célestes. Réduire à une leçon de cosmographie une si ingénieuse aventure, c'est perdre non pas seulement le sens pratique, mais toute la finesse grecque.

Beaucoup des historiens que nous avons passés en revue sont evhéméristes ouvertement ou d'une manière dissimulée. Dans cette voie, ils ne s'arrêtent qu'à l'absurde, témoin ce Céphalion qui fait succomber Hercule dans la lutte contre Achéloüs. L'invention malheureuse du roi Prométhée est reprise par Agrœlos dans ses Σκύθικα[3]. Auparavant[4], Mnaséas réduit les Stymphalides à être des

[1] Fr. 28 du l. II.
[2] Cité par Pausanias, l. III, 25.
[3] Fr. hist. græc., tome IV.
[4] *Ibid.*, t. III.

femmes nées du héros Stymphale et d'une certaine Ornis. Ainsi l'évhémériste ramenait tous les mythes à de ridicules jeux de mots. De son côté,[1] Lysimaque d'Alexandrie, supprimant tout le grandiose de la vie d'Hercule, l'horreur de son délire et la beauté de ses expiations, lui retranche par une sotte sensibilité le meurtre de ses fils pour l'attribuer à des voyageurs. C'est substituer l'absurde à l'étrange, au merveilleux la plate niaiserie.

Un des historiens d'Alexandre, Anticlide, se joint à ceux qui font d'Hylas un fils d'Hercule, croyant agrandir la douleur du héros et diminuant les proportions de l'aventure. Quelques répugnances que nos mœurs attachent justement à de tels faits, nous ne reconnaissons pas le droit de les éliminer. Lui-même, Apollodore, dans sa *Bibliothèque* dont l'esprit est excellent, côtoie l'évhémérisme lorsqu'il tombe dans l'abus des détails, lorsqu'il suppose, comme dans nos contes de fées, tous les dieux et déesses, ainsi qu'autant de parrains et de marraines, avantageant à leur tour le berceau d'Hercule enfant d'un cadeau de bienvenue. Cette invention est en flagrant désaccord avec l'hostilité générale des dieux qu'Hercule aura plus d'une fois à combattre. Qui ne sent combien cette donnée rabaisse Hercule, comme sa mission, ses luttes, ses souffrances perdent de leur grandeur, s'il n'a pas contre lui l'Olympe conjuré avec les obstacles de la terre, si au-dessus, comme autour de lui, portant des regards assurés, il ne trouve pas des adversaires à défier et à vaincre par sa patience héroïque ?

> Quem neque fama deum, nec fulmina, nec minitanti
> murmure compressit cœlum [2].

Le grammairien Conon, qui vivait au temps de César, dans ses διηγήσεις, avait voulu faire de la Céto un vaisseau sur lequel un cer-

[1] *Fr. hist. græcor.*, t. III.
[2] Lucrèce, l. I, v. 63.

tain Phœnix avait enlevé Andromède. De même pour la Cèto à laquelle était exposée Hésione. Voilà les belles inventions de l'Evhémérisme.

Diodore est vraiment le plus évhémériste des historiens. Chez lui [1] Prométhée, non-seulement dégradé de son martyre, mais exilé de son Caucase, est un gouverneur d'une province égyptienne, menacé par une inondation du Nil alors surnommé pour sa violence αἰετός. Au secours de ce gouverneur dans l'embarras, Hercule serait venu comme un ingénieur de l'antiquité. Non loin [2], Antée est rabaissé aux proportions d'un autre gouverneur rebelle châtié par le général Hercule. Au livre quatrième, Chrysaor devient un homme opulent, un richard d'Ibérie. Tous passent sous la même mesure de Procuste. Voici Atlas, encore un monarque selon Diodore, auquel le héros ramène ses filles enlevées par des pirates et qui, comme nous l'avons déjà vu, lui apprend en retour la cosmographie dans ses derniers détails.

Que de concessions faites à l'Evhémérisme par ceux qui en sont le moins entachés, et qui, même naturellement, ont des tendances contraires ! Ainsi Strabon, si curieux de la gloire d'Hercule, a pu nier un des ἄθλοι dans son livre dixième (Acarnanie et Etolie) et ramener à une question de canalisation la lutte d'Hercule et d'Achéloüs.

Elien aussi n'aura pas su rester étranger à cette contagion.

« Ils ne mouraient pas tous, mais tous étaient frappés. »

Car Elien ne craint pas de mettre de côté [3] la belle fiction d'une descente dans l'Hadès et de faire enlever Thésée tout simplement des cachots d'un Aïdoneus, roi des Molosses [4]. Il émet encore un doute qui contraste avec ses affirmations souvent excessives. Il semble

[1] L. I.
[2] Chap. XXI.
[3] L. IV.
[4] Plutarque lui-même admet cette explication dans la *Vie de Thésée.*

récuser l'Hydre de Lerne et la Chimère « que chantent les vieux
poètes. » Si chez les fidèles de l'Hellénisme nous trouvons de pa-
reilles méprises, que doit-on attendre de Lucien ?

Lucien est un des écrivains qui ont le plus souvent prononcé le
nom d'Hercule, mais toujours avec une pensée de dénigrement. On
dirait qu'empruntant un usage aux maîtres de sa patrie, il a voulu
jouer le rôle de l'insulteur et poursuivre de clameurs impuissantes
un triomphe mené de siècle en siècle par les plus beaux et les plus
nobles génies. Tout ce qu'il nous dit d'Hercule ne comporte pas du
reste cet esprit de dénigrement : il est des détails simplement curieux par lesquels nous commencerons pour arriver à la polémique
évhémériste déchaînée dans son extrême violence.

Nous signalerons d'abord dans l'opuscule intitulé προλαλία ὁ Ἡρακλῆς, quelques traits assez nouveaux sur Hercule tel que les Gaulois
le revendiquaient. Il nous dit que les Gaulois ont un Hercule qui
porte le nom d'Ogmios et qu'ils représentent monstrueux, vieux,
chauve, rugueux de peau, hâlé jusqu'à paraître noir. On croirait
plutôt voir un Charon qu'un Hercule. Il n'a du dieu grec que la
peau du lion, le carquois, l'arc et la massue. Lucien, crédule ici
pour un évhémériste, imagine que les Gaulois ont ainsi voulu se
venger des captures opérées par Hercule sur leur territoire et du
rapt des bœufs de Géryon. Il fait encore remarquer que cet Hercule
ainsi représenté entraîne des hommes en grand nombre attachés à
ses oreilles par de petites chaînes. Il prétend qu'à ce sujet un docte
Gaulois lui a dit : « Nous autres, nous attribuons l'éloquence non
pas à Hermès mais à Hercule. » Si Lucien a rendu fidèlement l'interprétation gauloise, cette donnée ne peut que faire honneur au
dieu dont on augmentait ainsi les priviléges[1].

[1] M. Egger a cité et apprécié ce mythe dans une de ses leçons
naguère recueillies sur le rôle de l'Hellénisme dans le développement
du génie français :

« Voilà une image étrange assurément et qui ne devait avoir pour

Dans l'opuscule LXIX *les Fugitifs*, s'égare une épithète homérique, glorieuse pour Hercule, ἀλεξίκακε, qui chasse les maux. Non loin, se trouve une plaisanterie dans le goût de Lucien, hostile à toute recherche du Divin, soit religieuse, soit philosophique. Le railleur prétend que Zeus a confié à Hercule, en guise de treizième travail, la mission de disperser les philosophes. Nous distinguons une remarque assez fine dans le morceau intitulé *Pérégrinus* [1]. A tout propos le sophiste de ce nom, déserteur des chrétiens et transfuge de tous les cultes, veut s'assimiler à Hercule. Mais Lucien fait observer avec justesse qu'Hercule sut mourir avec dignité et ne pas donner son bûcher en spectacle.

Quelquefois Lucien se contente d'une indication [2]. Ainsi, dans son *Charon* [3] il fait rappeler par Hermès le secours qu'Hercule a prêté à Atlas. Dans sa *Véritable histoire* [4], les voyageurs qu'il met en scène rencontrent une colonne avec les effigies d'Hercule et de Dionysos. Ce sont les fameuses colonnes d'Hercule. Il nous fait connaître dans son *Banquet* une des attitudes familières du héros, une de celles où les artistes le représentaient quand ils avaient à reproduire un fait tel que l'hospitalité reçue chez Pholos. Ce divin convive est dépeint couché à terre, à demi-nu et appuyé sur son coude, tandis que sa main droite tient une coupe.

Mais le plus souvent, c'est la satire qui domine dans ces appréciations de Lucien. Ainsi dans le petit chapitre ἔρωτες, on conseille à l'un des interlocuteurs d'offrir un sacrifice à Hercule, « car tu « n'ignores pas combien ce dieu fut ardent pour Aphrodite, » ὀξὺς

« les yeux aucun attrait ; mais du moins elle marque avec énergie « l'autorité de l'éloquence sur ces âmes sensibles et ardentes. »

[1] LXXVIII.

[2] Il nous apprend que sur la scène on montrait des Héraklès dansant et se récrie contre cet abus (*De la danse*) : « Personne de sensé à qui cela ne paraisse un solécisme dramatique. »

[3] XII.

[4] XXVI.

πρὸς Ἀφροδίτην. Cette citation nous fait comprendre ce qui, dans la
vie mythologique d'Hercule, devait prêter à la polémique déloyale de
l'évhémérisme. Le séjour du héros chez Omphale servait de principal prétexte à la malignité. Jamais rhéteur n'avait plus complai-
samment gourmandé le classique séjour d'Annibal à Capoue. Cette
aventure rabaissait Hercule si on ne l'interprétait pas dans un sens
religieux, ou au moins poétique, si l'on n'y voyait pas, comme les
mythologues l'indiquent, l'expiation d'une faute et comme une
leçon solennelle donnée à la force pour décourager ses égarements
et ses attentats. Dans l'insistance qu'apporte Lucien à appuyer sur
cette faiblesse involontaire du héros, il y a de l'ignorance et de la
mauvaise foi.

Dans le huitième dialogue des dieux, c'est Esculape qui, prête-nom
de l'auteur, est chargé d'intenter ce grief au fils d'Alcmène. Ce dernier à la table des immortels lui dispute une place supérieure à la
sienne, devant Zeus choisi comme arbitre. Il rappelle qu'il est venu
combattre les monstres et les méchants, « purifier la vie humaine[1] ».
Belle expression qu'un poète envierait à ce contempteur de profession ! Alors Esculape ne se met-il pas à lui reprocher la servitude
chez Omphale, expiation commandée par les destins, et de l'autre
le meurtre des enfants de Mégare, crime suggéré par Lyssa. Que
signifient des griefs sans portée contre celui qui peut se vanter
d'avoir « purifié le monde, ἐγκαθαίρων τὸν βίον » ?

Lucien reproduira encore ce souvenir pénible[2]. Il comparera
l'histoire trop parée à Hercule chez la veuve de Tmolos : « Tu as vu
« sans doute sur les tableaux Hercule asservi à Omphale, revêtu
« d'habits étrangers à sa nature ; on voit la reine enveloppée de la
« peau de lion, tenant la massue comme si elle était Hercule : celui-
« ci, au contraire, en tunique et en robe de pourpre, triant des
« laines et frappé par la sandale de la reine. »

[1] ἐγκαθαίρων τὸν βίον.
[2] XXV, comment il faut écrire l'histoire.

Le spectacle de cet abaissement était assez fait pour contrister les fervents d'Hercule, si la pensée morale que j'ai indiquée n'était venue les raffermir, mais pour Lucien rien de semblable. Il se complait dans l'avilissement du héros. Et pourtant encore, dans ces mots « étrangers à sa nature, » perce jusqu'à un certain point une estime qui ne peut se refuser au caractère du dieu méconnu.

Ailleurs, de deux ou trois faits mal compris il tire prétexte pour dénier sa gloire à Hercule, lui contester même sa place et son rang dans l'Olympe. Dans l'*Assemblée des dieux*[1], Momus, qui n'est aussi que le truchement de Lucien, affecte un évhémérisme scandaleux. Ce Momus ainsi mis en scène professe des doctrines grossières et barbares, osant dire : « Il ne nous suffit pas d'être passés du rang « de simples mortels au rang des dieux. » C'est à ce propos qu'il reproche à Dionysos d'avoir introduit des dieux ridicules, Silène[2], les Satyres. Zeus le prie dans cette nomenclature d'épargner Esculape et Hercule. Momus reprend de plus belle en attaquant les multiples mariages du père des dieux : « Tu as encombré le ciel de « demi-dieux. Je ne trouve pas d'autre mot. C'est par trop ridicule « qu'on ait fait un dieu d'Hercule, tandis qu'Eurysthée qui l'a tenu « sous son joug n'est qu'un simple défunt, et que le temple d'Her-« cule qui avait été esclave soit voisin du sépulcre d'Eurysthée, « son ancien maître. »

Cette réclamation en faveur d'Eurysthée est pour le moins singulière. La trouvez-vous même spirituelle ? Dans un opuscule antérieur, au moins par son rang (XLIV, Ζεὺς Τραγῳδός), Momus a déjà pris fait et cause pour Eurysthée. Il dit en effet : « Nous som-

---

[1] LXXIV.

[2] Lucien avait absolument perdu le sens des mythes et l'intelligence de leurs profonds contrastes. M. Guigniaut (CREUZER, t. III, page 140) établit la vérité sur ce point en disant à peu près en ces termes : « Silène était un être sage, prudent, dépositaire des traditions antiques, et en même temps dans sa personne comme dans ses actions il avait quelque chose de comique. »

« mes entre dieux et il n'y a ici aucun homme excepté Hercule,
« Dionysos, Ganymède et Esculape, ces nouveau-venus. » Momus
va même jusqu'à se moquer des travaux d'Hercule que Zeus n'eût
pas fait exécuter sans la complaisance et le bon vouloir d'Eurysthée. La scène continue. Maintenant ce n'est plus Momus qui se
chargera de dauber sur Hercule. Hercule lui-même va se rendre cet
étrange office en jouant un rôle grotesque. Voici à quel propos il
intervient. Les dieux écoutent non sans impatience la discussion
des philosophes sur la terre. Alors Hercule qui n'y comprend goutte
conseille un expédient brutal :

HERCULE, *à Zeus.*

« Pour moi, si tu le veux, je renverserai le portique sur la tête
« de Damis, pour que ce scélérat cesse de nous injurier.

ZEUS.

« Hercule, ah ! Hercule, voilà un propos rustique qui sent son
« Béotien ; encore, quand tu étais vivant, pouvais-tu faire de pa-
« reils exploits : mais, depuis que tu es devenu dieu, tu as appris,
« je le pense, que les Parques seules ont telle puissance.

HERCULE.

« Ainsi, quand je tuais le lion ou l'hydre, la Parque agissait par
« mon bras.

ZEUS.

« Certainement.

HERCULE.

« Donc, si quelqu'un m'avait outragé, soit en pillant mon temple,

« soit en détruisant ma statue, sinon par décret des dieux je ne
« pourrais le broyer.

ZEUS.

« Nullement.

HERCULE.

« Ecoute-moi donc, Zeus, dans toute ma franchise, car je suis,
« comme dit le comique, un rustre et j'appelle (τὴν σκάφην σκάφην)
« une auge une auge [1]. Si telle est ma condition, je dirai
« bonsoir à vos chétifs honneurs, à votre fumée et à votre sang de
« victimes pour descendre aux enfers où j'aurai un arc : au moins,
« les ombres des bêtes tuées par là me redouteront. »

Transformer Hercule en grossier paysan, tel était le dernier mot
de ces parodies si hostiles au mouvement sans cesse grandissant, à
la transformation séculaire et toujours plus épurée du type héracléen.

Tout à l'heure, l'Hercule travesti demandait à descendre dans
l'Hadès, Lucien l'y poursuivra de ses sarcasmes. Voyez le onzième
dialogue des morts, c'est toujours la même guerre. Seulement ici
Diogène remplace le moqueur de l'Olympe. Momus chthonien,
Diogène, comme son sectateur Ménippe, fait métier de raillerie et
tient boutique d'insolence aux pays infernaux. Il hèle et harcèle les
morts, de préférence ceux que la renommée lui désigne, et il ne
fait grâce à aucune des grandeurs humaines égalées par son impartialité sottisière :

« Est-ce bien Hercule, s'écrie-t-il, mais il me semble que je
« l'adorais sur la terre comme un dieu. — Oui, répond l'Hercule de
« rencontre, c'est le véritable Hercule qui est là ; je ne suis que son
« ombre. » Diogène se récrie sur ce dieu à moitié mort et à moitié

[1] J'appelle un chat un chat.

vivant : « Qui sait, dit-il, si ce n'est pas l'ombre qui a épousé
« Hébé ? » Hercule réplique à sa façon : « Ce qui est remonté au
« ciel, c'est ce qui tenait à Zeus ; tout ce qui tenait à Amphitryon
« est aux enfers. » Diogène n'en est ni plus éclairé ni plus convaincu.
Il ne peut admettre que deux personnes soient un même homme.
Il va même à grand renfort de casuistique et de subtilité plaisante
lui prouver qu'on peut distinguer trois Hercules, l'habitant du ciel,
l'ombre (εἴδωλον), et le corps réduit en cendres. « Mais alors, quel
« sera le troisième père ? » Hercule, impatienté, demande au goguenard : « Qui es-tu ? » — « L'ombre de Diogène de Sinope. Je n'ai
« pas mon logement chez les dieux, mais je séjourne au moins avec
« les plus illustres morts et je fais de bonnes gorges-chaudes sur
« Homère et ses contes à dormir debout. » Ainsi, de Momus
Hercule tombe à Diogène. La chute est rapide.

Cependant, la beauté du type héracléen méconnu subsiste, tellement évidente, tellement impérieuse même qu'une fois elle s'est
imposée à Lucien en lui arrachant comme un désaveu de toutes ses
irrévérencieuses sorties, comme une involontaire, mais éclatante
rétractation. C'est dans l'opuscule vingt-cinquième intitulé le
Cynique. Le philosophe qui donne son nom à cet opuscule, voulant
contre ses interlocuteurs défendre les pratiques de son école, justifie par l'exemple d'Hercule les privations et le genre d'ascétisme
de la secte et il le fait en termes assez chaleureux pour que la
gloire du héros en soit flattée :

« Crois-tu qu'Hercule, cet homme courageux entre tous, cet
« homme divin et justement regardé comme Dieu, ait uniquement
« par indigence erré nu, seulement vêtu d'une peau de lion, et se
« passant de tout ce qui est nécessaire ? Certes, il ne fut pas mal-
« heureux, celui qui défendait les autres contre les maux : il ne fut
« point pauvre celui qui était le maître de la terre et de la mer.
« Partout où l'entraînait son élan, il était victorieux, et jamais jus-
« qu'au moment où il quitta les hommes, il ne trouva un adversaire

« égal ou supérieur à lui. Crois-tu qu'il ait manqué de chaussures
« et qu'il ait erré de la sorte par pauvreté? Loin de là. Mais il était
« continent et patient, et il ne voulait que la victoire, et il ne voulait
« pas des jouissances. »

On a rarement écrit de plus beau morceau à la louange d'Hercule : on dirait une de ces pages que les mêmes idées ont inspirées
aux Stoïciens. Tel est l'ascendant de la véritable grandeur ! Elle
réduit les esprits les plus contumaces, elle courbe les fronts les plus
rebelles et arrache à l'ironie désarmée la confession de son impuis-
sance et de sa stérilité. Repentir tardif! Car les blessures faites par
les flèches d'un Lucien ne sont pas aisément guéries surtout par
la main qui les a portées. Malgré le courage et l'ardeur éloquente
de leurs défenseurs suprèmes, Hercule et les autres dieux ne
devaient guères se relever des coups assénés par les Evhéméristes
et surtout par celui qui résume l'école, Lucien. Mais depuis la Renaissance et depuis ce siècle surtout, à l'envi, les travaux des hu-
manistes, des mythologues, des poètes ont assuré une insigne
revanche aux Olympiens contre leurs détracteurs, et ce n'est plus
Hercule ou Apollon, Artémis ou Athéné que l'on serait tenté de
bafouer aujourd'hui (je parle du moins pour les lettrés); c'est
Lucien, moqueur à son tour moqué, qui devient risible et ridicule,
et dont un Guigniaut, un Girard, un Ménard pourraient railler d'importance les inintelligentes facéties et la calomnieuse ignorance.

CHAPITRE XIII

POLYGRAPHES ET RHÉTEURS

Dion Chrysostome. — Plutarque. — Elius Aristide

Détournons nos regards de Lucien. Nous pouvons les porter avec confiance sur quelques écrivains d'un génie fort inégal, mais que réunit dans une pensée commune le zèle de l'Hellénisme et l'intelligence spéciale du type héracléen. Ces écrivains, sans être exempts d'erreurs, ont au moins des intentions irréprochables et sont d'une incontestable bonne foi. Jamais au service d'une cause compromise, qualités plus dignes d'estime n'ont été déployées pour prolonger la résistance et honorer la défaite. Polygraphes ou rhéteurs, ces hommes qui appartiennent à la même époque ont ménagé à l'Hellénisme perdu d'avance une sorte de renouvellement qui s'est prolongé de plusieurs siècles et n'a pas cessé d'offrir, grâce à leur tradition continuée, les caractères de la décence et de la dignité. Si l'Hellénisme a pu dans sa dernière saison s'enorgueillir des Plotin, des Porphyre, des Libanius et se couronner en quelque sorte par la vie de Julien et la mort d'Hypatie, c'est à ce groupe de rénovateurs religieux, à Plutarque surtout, qu'il doit, à notre sens, d'avoir succombé glorieusement et d'être tombé comme la Polyxène des poètes avec l'honneur d'une grâce pudique et d'une fierté sacrée.

Dion Chrysostome n'a pas été négligent pour le culte et les

louanges du fils d'Alcmène. Dion est de ceux qui aiment le mythe d'Hercule plutôt peut-être qu'ils ne le comprennent; sans aboutir à l'Evhémérisme, il altère assez souvent l'esprit de la grande légende. Comme il parle fréquemment d'Hercule, choisissons d'abord les moindres détails. Rhéteur de profession, Dion ne fait pas mentir sa vocation ni son métier lorsque dans un éloge de la Fortune [1] il justifie cette déesse en constatant qu'elle a été l'auxiliaire d'Hercule. Hercule ne fut pas assez heureux pour qu'on puisse en faire un des amants de l'éternelle et banale Cléopâtre. Dion nous rappellera encore [2] le meurtre d'Eurytos d'après l'explication d'Homère; il indiquera chemin faisant l'expédition concertée avec Télamon [3]. Il nous montrera dans une fable lybienne [4] sans grande portée, Hercule délivrant un roi des bêtes féroces qui ravagent ses états. Quelques pensées fugitives sont plus dignes de mention : elles sentent le moraliste et le philosophe. L'homme, assez persuasif du reste pour convaincre une armée, vise à faire la leçon à son siècle et s'autorise assez heureusement de l'exemple divin.

Il opposera à ses contemporains [5], rapaces de leur nature, avides de statues, d'encens, les exploits désintéressés de ces grands bien-faiteurs, Hercule, Thésée et leurs pareils. Il dira avec justesse [6] que les hommes s'entendent mieux à honorer la vertu qu'à la pratiquer, puisqu'ils ont si bien divinisé Hercule, les Dioscures, Thésée; douce malice de sage! Même, s'il s'écarte de l'antique légende qui veut un Hercule imparfait, Dion émet une vérité applicable à tous les héros réels en disant [7] : « Hercule était haï; les uns l'appelaient voleur,

[1] *Or.* LXIII.
[2] *Ibid.* LXVIII.
[3] *Ibid.* XI.
[4] *Ibid.* V.
[5] *Ibid.* XXI.
[6] *Ibid.* LXVIII.
[7] *Ibid.* LVI.

« d'autres homme de violence, d'autres adultère ou parricide. Ce-
« pendant il n'avait point souci de toutes ces injures : il exhorte
« ainsi à mépriser les autres et à croire en soi-même, sinon l'on
« mène la vie d'un lièvre. » Energique protestation contre le respect humain ! Dion approche de l'idéal d'Hercule sans pouvoir y
atteindre quand il nous dit : « Les dieux envoyaient autrefois
« comme des harmostes des hommes chargés de prendre soin des
« hommes tels qu'Hercule, Dionysos et Persée. »

Voici deux morceaux plus importants, tout à fait caractéristiques
et dont l'analyse donne le dernier mot de Dion sur Hercule. D'a-
bord Dion cède à une tendance fâcheuse [1]. Il diminue les misères
d'Hercule pour rehausser sa gloire. C'est mutiler le héros. Selon
lui, le fils de Zeus et d'Alcmène était roi de l'univers. Il ne marchait
revêtu d'une peau de lion que pour témoigner son mépris des
richesses. Ici se place un récit curieux, mais qui n'aboutit qu'à
défigurer le rôle héracléen.

Hercule adolescent montrait déjà une répugnance marquée pour
le gain et les richesses. Zeus lui envoie Hermès pour l'éprouver,
Hermès, comme le tentateur de l'Evangile, emmène le jeune homme
sur une montagne dans un passage que Dion décrit de son mieux.
Là se découvre aux regards de l'adolescent une femme belle et
grande, en habits blancs, portant un sceptre d'un métal plus pur
que l'argent et l'or. Autour d'elle un riant séjour : des fruits,
des animaux joyeux, de l'or en abondance qui paraissait moins la
charmer que la vue des fruits et des animaux.

Hercule la voit, saisi de respect, avec une honnête rougeur.
« Quelle est-elle? — C'est la divine Basileia, fille de Zeus. —
« Et ces femmes qui l'entourent, décentes, nobles, aux traits
« mâles? — L'une, » répond Hermès, « est la Justice, l'autre
« l'Equité. Voici la Paix au doux sourire. Cet homme fort aux che-

[1] *Or.* I.

« veux blancs, magnanime, c'est la Loi. » Or, cette montagne avait deux versants. L'un était appelé ἄκρα βασίλεια et consacré à Zeus, l'autre voué à Typhon, ἄκρα τυραννική. Maintenant Hermès mène son compagnon sur l'autre versant. Tous les chemins sont pleins de morts, dégouttants de sang. La tyrannie au milieu se dresse plus magnifique d'apparence, mais sur un trône chancelant. Elle se reconnait à un sourire faux, à un air farouche et inquiet. Tantôt elle attire l'or à elle avec les gestes d'un avare, tantôt elle le rejette d'un air consterné. Autour d'elle la cruauté, le parjure, l'iniquité, la sédition. Ici l'adulation tient la place de l'amitié.

Hercule placé dans ce nouveau *bivium* n'hésite pas. Il préfère la première des deux femmes comme aimable et digne d'imitation. Quant à l'autre, il la précipiterait volontiers du rocher. Hermès l'approuve et va rapporter à Zeus le résultat de sa mission. Zeus content, investit Hercule de la royauté.

« Toutes les fois qu'il voyait la tyrannie ou le tyran, il les dé-
« truisait tant chez les Grecs que chez les barbares : partout où il
« voyait la royauté et le roi, il les honorait et il les protégeait.
« Voilà pourquoi on l'appelle sauveur du genre humain, bien plus
« que pour avoir détruit les monstres. » Cette idée d'un Hercule roi n'est pas admissible. Retranchez à Hercule sa faiblesse, son état de servitude, ses *épreuves* et vous lui retirez la moitié de son héroïsme. Ce n'est plus qu'un Sésostris agrandi. Dans cet éloge indirect de la royauté l'on retrouve la tradition des philosophes qui ont souffert de la démagogie et de la tyrannie et se réfugient dans une royauté idéale comme dans un port où l'on aborde avec la flûte et les chants des rameurs. C'est l'hypothèse que Platon a transmise à Cicéron et qui s'est réalisée une fois seulement dans l'histoire avec les Antonins. Nous concevons davantage Hercule destructeur de tyrans. Cette interprétation qui prévalait de plus en plus est justifiée par la mort de Diomède, de Sylée, de Busiris, de Lityerse, tous tyrans. Il ne déplaisait pas à ces victimes de

Domitien de ranger un dieu de leur côté et de mettre Hercule du parti de Thraséas, d'Helvidius et de la vertu.

Le second morceau est plus original. Un de ces cyniques qui s'étaient attribué le patronage d'Hercule va, devant nous, dérouler l'éloge du dieu en lui donnant son propre caractère [1]. Ce cynique est Diogène de Sinope. Il reproche aux hommes de ne pas admirer les combats vraiment laborieux contre la volupté et les souffrances pour se plaire à de vaines luttes d'athlètes.

« On ne regardait pas Hercule luttant et peinant. On admirait
« de préférence des athlètes robustes, comme Zétès et Calaïs; on
« plaignait Hercule; n'appelle-t-on pas ses exploits ἆθλα, c'est-à-
« dire πόνους, fatigues? Maintenant qu'il est mort, on l'honore, on le
« divinise, on en fait l'époux d'Hébé. Les mêmes gens croient qu'il
« a été l'esclave d'Eurysthée. »

Dion a peut-être mal interprété le mot ἆθλα dont il s'est servi, moins fréquemment employé que ἆθλοι, pour désigner les travaux d'Hercule et qui veut dire exercices. Ici, ἆθλα ni ἆθλοι ne sont pris dans un sens analogue à celui de πόνοι. De plus il fait tort à Hercule en rejetant la tradition de l'asservissement qui le rehausse et le glorifie. « Et pourtant, » dit-il, « il parcourait l'Europe et l'Asie sans res-
« sembler aux modernes athlètes. Aurait-il pu tant manger,
« tant dormir? » Nous passons condamnation pour le sommeil, mais un Hercule sobre nous semble une étrange innova-
tion. Dion énumère alors avec verve les travaux d'Hercule. « Il était
« insoumis, maigre comme les lions; il avait l'ouïe et la vue subtiles;
« il ne se souciait ni de l'hiver, ni de l'été; il n'avait nullement besoin
« de lits et de tapis, mais il allait revêtu d'une peau sordide, il
« respirait la faim; il secourait les bons et punissait les méchants.
« Et le Thrace Diomède qui avait des vêtements bizarres et qui
« assis sur un trône, passant des jours entiers à boire au milieu des

[1] *Or.* VIII.

« délices, violentait ses hôtes et les forçait à dompter ses cavales
« dont ils devenaient la pâture : Hercule frappa ce monstre de sa
« massue et le brisa comme un vieux tonneau. Et ce Géryon qui
« possédait un grand nombre de bœufs, le plus riche et le plus
« orgueilleux de tous les mortels de l'Occident, Hercule le tua avec
« ses frères et chassa devant lui les bœufs. Et ce Busiris qui man-
« geait tout le jour et se complaisait dans son talent de lutteur,
« Hercule le jeta à terre et l'y aplatit en le secouant, comme les
« sacs trop pleins. Et cette amazone qui l'avait déprisé en estimant
« le vaincre par sa beauté, Hercule lui enleva son baudrier, mon-
« trant par cette rencontre que jamais la beauté ne pourrait
« le vaincre. Il faisait tout cela sans vouloir complaire à Eurys-
« thée. »

Nous laissons la bizarre assimilation de Prométhée à un sophiste
dont l'orgueil enfle le foie et que le héros a délivré de sa vaine
sophistique : avec les écrivains de cette époque on est exposé parfois
à ces ingénieuses billevesées. Non moins bizarre est l'explication
du mythe des Hespérides. Hercule, selon Dion, veut leur apprendre à moins estimer des pommes d'or inutiles. Enfin Dion arrive à
la scène finale, au dénouement de l'Œta. Il imagine qu'Hercule s'est
livré aux flammes, de peur que l'âge ne l'empêchât de servir aussi
largement les hommes. C'est après cette étrange appréciation qu'il
nous parle du mythe d'Augeias, à son avis, immédiatement antérieur
à l'Œta. Il attribue ce travail à une héroïque humilité. Hercule
n'aurait-il pas voulu se vouer uniquement à d'illustres travaux
pour combattre sa propre gloire? Pensée toute chrétienne et qui
n'est pas à sa place dans le monde antique. La conclusion est singulière et comique :

« Pendant que Diogène parlait ainsi, beaucoup d'auditeurs l'en-
« touraient et l'écoutaient avec plaisir. Celui-ci se rappelant, je
« crois, une action d'Hercule, laissant son discours, était assis à
« terre, et ἐποίει τι τῶν ἀδόξων. On disait qu'il était fou et les

« sophistes faisaient tapage comme dans un marais bourbeux les
« grenouilles qui n'aperçoivent pas une hydre menaçante. »

En dépit de ces bizarreries et de ces erreurs d'appréciation,
Dion nous a prouvé qu'il était fervent ami d'Hercule. Plus fervent
encore s'est montré Plutarque de Chéronée.

Plutarque a souvent rappelé les faits que nous connaissons,
avec respect, avec goût, généralement dans un excellent esprit de
piété reconnaissante. Il a fait allusion à la délivrance d'Alceste [1],
à la mort de Busiris [2], immolé pour la même cause par le même
justicier, aux Molionides qui succombent sous les coups du héros [3],
à l'abandon d'Hercule par les Argonautes [4]. Il ne dédaigne pas
d'indiquer qu'Hercule se plaisait à jouer avec les Cercopes [5], donnant ainsi aux Cercopes le caractère anticipé des Lilliputiens de
Gulliver. C'est encore lui qui, pour mieux flétrir Antoine aux pieds
de Cléopâtre [6], le compare à Hercule aux pieds d'Omphale. Plutarque est, on le voit, sévère et exigeant pour son héros.

Remarquez qu'il ne veut oublier aucun détail d'érudition religieuse [7]. Il est un de ceux qui nous apprennent [8] que, parmi les

[1] Ἐρωτικός, XVII.

[2] *Parall.* XXXVIII.

[3] *Des oracles de la Pythie*, XIII.

[4] πολιτικά παραγγέλματα.

[5] *Du flatteur et de l'ami*, 18.

[6] *Parall. de Démétrius et d'Antoine.*

[7] Remarquons que Plutarque ne rejette pas le merveilleux ; car il a
consigné dans son opuscule *sur la fortune des Romains* (ch. 8) que
la nuit où naquit Hercule le soleil s'arrêta. De même, il affirme (*Parall.*
18) qu'au siége d'OEchalie Iole se précipita du mur sans se faire aucun
mal. Ce dernier ouvrage du reste est d'une authenticité douteuse.

[8] *Quest. gr.*, XIV. — Dans ces mêmes *Questions grecques* (LXVIII), il
nous apprend pourquoi à Cos le prêtre sacrifiait la tête ornée de ban-
delettes et en habits de femme. « Hercule », dit-il, « surpris par la
tempête au retour de Troie, fut jeté sur les plages de l'ile de Cos. Il
rencontra un troupeau et demanda un bélier au pasteur. Celui-ci, du

armes d'Hippolyte devenues son butin, Hercule prit la hache pour
l'offrir à Omphale. Ce n'est pas qu'il admette volontiers cette légende d'Omphale; nous l'avons vu plus haut. Contemporain de
ceux qui rêvent déjà un Hercule sans tache, il écarterait de bon cœur
tout ce qui peut donner prise à l'anthropomorphisme grossier, à
l'évhémérisme odieux. Ainsi dans son traité : *Un vieillard doit-il
gouverner la république,* il se récrie contre ceux qui, par manière
de jeu, peignent mal à propos Hercule aux pieds d'Omphale [1].
Cependant il ne recule pas devant certaines traditions qui respi-
rent toute l'énergie primitive et rendent au type d'Hercule ces
violences et ces barbaries dont on l'a patiemment et laborieusement
dégagé. Ainsi [2] il nous raconte qu'un certain Pyrœchme, roi d'Eubée, avait déclaré la guerre aux Béotiens. Le fils de Zeus encore
adolescent le vainquit et l'attacha à ses chevaux. Puis il jeta dans
le fleuve ces tronçons du tyran écartelé. C'est encore l'Hercule
d'Homère, et ce n'est pas l'Hercule que rêve et que représente Plutarque, un Hercule qui mène brillamment les aventures,
fait voyager avec lui la justice et, sans-arrière pensée cruelle
inflige la mort aux méchants comme un envoi des dieux. L'Hercule
cher à Plutarque est un chevalier errant, parfois un peu semblable
à l'Amadis, quand Plutarque le fait intervenir comme le bon génie
des amants persécutés [3].

Voici le conte : Cléomaque, fils d'Eléon, partit avec Hercule qu'il
accompagnait au siége de Troie; là il rencontre et énamoure
Glaucia, fille du fleuve Scamandre. Peu de temps après il suc-

nom d'Antagoras, refuse, fier de sa force. Une lutte s'engage. Les
Méropes viennent au secours d'Antagoras. Hercule accablé par le
nombre fuit et se réfugie chez une femme nommée Thratta. Là il se
cache sous un déguisement féminin. »

[1] *Ibid.* IV.

[2] *Parall.* VIII, même réserve.

[3] *Quest. gr.* XLI, *D'où est venu le nom du fleuve Scamandre,*
près d'Eléon en Béotie.

comba dans la guerre contre les Troyens. Mais Glaucia est mère,
Glaucia craintive se réfugie auprès d'Hercule et dolente lui raconte
son aventure. Hercule par pitié l'emmène avec lui en Béotie et la
conduit à Eléon qui reçoit avec bonté cette bru improvisée. Le
fils qui naquit de Glaucia reçut le nom de Scamandre, et, par affection pour sa mère, transmit ce nom à un fleuve auparavant appelé
Inachos.

Plutarque aime l'anecdote même un peu scabreuse. Il en est une
qui ne fait pas grand honneur au culte d'Hercule, mais qui montre
l'aimable crédulité du narrateur. En Phocide on avait élevé un temple à
Hercule *Misogyne*. Là le sacerdoce entraînait la virginité. Aussi le
prêtre était-il généralement un vieillard; mais un jeune homme fut
nommé à cette fonction, le voilà contraint de fuir son amante. Celle-ci
quelque temps après vient le trouver après une fête et le jeune
prêtre cède à cette douce violence. Mais bientôt les troubles naissent. L'oracle est consulté avec inquiétude : alors ce bon oracle
répond « que tout est permis à la nécessité. »

$$\text{ἅπαντα τἀναγκαῖα συγχωρεῖ ὁ θεός.}$$

On voit avec quel soin il recherche tout ce qui peut avoir trait à
son Hercule [1]. S'il ne néglige aucun détail qui puisse faire ressortir
les vertus du héros, s'il nous dit avec chaleur [2] qu'Hercule aima
Iolas fils de son frère autant que ses propres enfants et que, quand
Iphiclos fut tué dans la bataille devant Lacédémone, « sous le coup
de la douleur il quitta le Péloponnèse, » quelquefois aussi dans
son avidité de détails, Plutarque se laisse aller à des minuties.

---

[1] Dans ses *Propos de Table* (V, 8) il nous dit qu'aux jeux isthmiques en l'honneur d'Hercule on avait substitué l'ache au pin pour
tresser la couronne du vainqueur. Les Éléens ne se souciaient que du
peuplier pour les sacrifices olympiques, ne voulant point paraître ignorer que le héros avait de Thesprotide rapporté le peuplier blanc.

[2] *De l'amour fraternel*, XXI.

Dans l'Ἐρωτικός déjà cité il nous apprend que Iolas avait seize ans et Mégare trente-trois ans quand Hercule les maria l'un avec l'autre. Ne nous plaignons pas de cet excès. Mieux vaut cette extrême abondance qu'une fâcheuse aridité. C'est du reste l'excès d'une qualité très-estimable. Plutarque était particulièrement pieux envers Hercule, et cette piété redoublait en lui naturellement une curiosité profitable. Que de détails nous auraient échappé sans Plutarque. N'est-il pas intéressant de voir confirmer l'adoption d'Hercule par un Athénien [1] en vue d'être initié aux mystères d'Eleusis; d'apprendre qu'il était une ile dont les habitants se croyaient descendants des compagnons d'Hercule, et par suite adoraient Hercule avant les autres dieux [2]. Plutarque ne nomme pas cette ile qu'il place à sept jours de navigation de la Bretagne. Il en fait un lieu de prestiges, d'épouvantes, de visions et même d'enchantements. On dirait les Hébrides.

Nous devons à cette curiosité des renseignements précieux sur les légendes d'Hercule à Rome, renseignements auxquels nous bornerons nos excursions hors de la Grèce. Dans un certain nombre de ses *Questions romaines* il nous initie à des détails bien curieux.

« QUESTION XVIIIᵉ. — *Pourquoi beaucoup de riches Romains consacrent-ils à Hercule la dixième partie de leurs biens ?* » Plutarque rapproche sans se prononcer plusieurs explications :

1º Hercule aurait immolé à Rome la dixième partie des bœufs de Géryon.

2º Il avait délivré les Romains d'une dîme payée aux Etrusques.

3º On lui vouait un sacrifice abondant comme à un dieu grand mangeur, ἀδηφάγος [3].

QUESTION XXVIIIᵉ. — *Pourquoi les enfants s'engagent-ils par ser-*

---

[1] Cet Athénien se nommait Pylios.

[2] *Sur le visage de la lune*, XXVI.

[3] Crassus consacra à Hercule la dixième partie de ses biens (PLUTARQUE, *vie de Crassus*).

ment au nom d'Hercule, au grand jour, et jamais dans l'intérieur des maisons?

Plutarque offre deux explications :

1° Qu'Hercule se plaisait dans la vie active, au grand jour.

2° Parce qu'Hercule attachait tant de prix au serment qu'il ne jura qu'une fois, entre les mains de Phyleus, fils d'Augeias.

QUESTION XXVII°. — *Pourquoi appellent-ils Argiens ces statues d'hommes qu'au mois de mai, sous la pleine lune, ils jettent dans le fleuve du haut d'un pont de bois?*

Autrefois les barbares habitants de ce pays tuaient les étrangers : Hercule les fit renoncer à cette coutume et leur apprit à suppléer à ces rites sanglants en jetant dans l'eau des simulacres. On appelait ces simulacres *Argiens*, comme on dit dans Homère *Achéens* pour Grecs [1].

QUESTION XCV°. — *Pourquoi dans le sacrifice d'Hercule, ne voit-on aucun dieu présent et ne laisse-t-on aucun chien dans l'enceinte?*

1° Parce qu'Hercule n'est que demi-dieu.

2° Parce qu'Evandre lui a dédié un sacrifice quand il était encore en vie.

3° Parce qu'il n'est pas d'animal plus odieux que le chien.

4° A cause de la lutte avec Cerbère.

5° Les fils d'Hippocoon ayant, à cause d'un chien, tué le fils de Licymnios, Æon, Hercule fut contraint à engager un combat où périt son frère Iphiclos.

Nous pourrions encore citer la trente-cinquième de ces questions : *Pourquoi rend-on des honneurs à la courtisane Laurentia?* Ici Hercule joue un rôle assez singulier. Un prêtre de ce dieu, grand joueur, propose une partie au dieu, offrant en cas de perte un repas et une courtisane. Il s'exécute. La courtisane Laurentia enfermée

---

[1] A Athènes existait une cérémonie analogue intitulée le géphyrisme, de γέφυρα, pont. Voir Ernest RENAN, *Des Religions de l'antiquité*.

reçoit les conseils du dieu qui l'invite à s'attacher au premier passant venu. Laurentia au matin rencontre le vieillard Tertulius qui
la prend avec lui et lui lègue plus tard une immense fortune que
la protégée d'Hercule transmet au peuple romain. Ici, ce me semble, Plutarque n'est plus sur son terrain. Nous touchons à l'Ovide.

Heureusement avec Plutarque nous nous relevons assez vite.
Quand il s'agit d'Hercule, Plutarque n'est rien moins que porté à
rabaisser un dieu pour lequel il se plait à combattre. C'est avec une
conviction belliqueuse qu'il soutient l'origine grecque du mythe
d'Hercule, voulant que sa patrie si déchue puisse au moins s'enorgueillir de la naissance d'un tel héros :

« Læta dei partu. »

C'est ainsi qu'il conteste vaillamment aux Egyptiens leurs prétentions sur Hercule, ces prétentions qu'appuie Diodore. Il ne
veut pas de ces traditions apocryphes[1] qui donnent pour fille à
Hercule une certaine Charos; il n'admet pas[2] avec les Egyptiens
qu'Hercule suive le soleil dans sa révolution. Au reste, nous l'avons
déjà vu, il prend à partie l'ambition des Egyptiens dans la personne
de celui qui l'a le premier autorisée de son génie et du crédit de ses
longs voyages. Cet antagoniste qu'il va rechercher dans le passé
n'est autre qu'Hérodote auquel il impute contre la Grèce même une
malignité condamnable, une préférence traîtresse à l'endroit de
l'Orient[3]. Ajoutons toutefois que, malgré l'excès des emportements
où Plutarque a pu se laisser entraîner contre Hérodote, il était
beau de se faire le défenseur des dieux de la patrie et que nul ne
fut plus digne de cette mission que l'historien de Chéronée. S'il est
l'ami des dieux, il est spécialement l'ami d'Hercule. N'avait-il pas
consacré aux louanges du héros tout un livre, hélas! perdu, dont

---

[1] *De Iside et Osiride,* XXIX.

[2] *Ibid.*

[3] *De la malignité d'Hérodote.*

Aulu-Gelle et Arnobe ne nous ont conservé que deux fragments,
insignifiants, indignes d'être notés? Ne saisit-il pas toutes les occasions de payer, au moyen de sa vaste érudition, un large tribut à
Hercule? C'est lui qui nous apprend dans la *vie de Thésée* qu'Hercule le premier rendit aux ennemis les cadavres, prenant l'initiative
de la magnanimité et du respect pour la mort. N'a-t-il pas, dans
cette même vie de Thésée, représenté Hercule comme l'exemple du
jeune roi d'Athènes, le modèle divin de toutes les vertus vaillantes
et salutaires? « Car Thésée, » dit-il dans une pensée toute diffé-
rente de celle d'Isocrate, « agit à l'imitation de celui qui tua les
« agresseurs Busiris, Cycnos, Antée. » Enfin il s'élève jusqu'à l'inspiration dans cette page éloquente [1] : « Ce siècle produisit des hommes
« invincibles et extraordinaires par la force de leurs mains, l'agilité
« de leurs pieds et la vigueur de leur corps, mais qui ne tournaient
« jamais au bien et à l'utilité commune ces dons de la nature : au
« contraire ils se plaisaient dans une orgueilleuse insolence, et ils
« faisaient usage de leurs forces au profit de la cruauté, de la vio-
« lence, de l'injustice, soumettant par la crainte et anéantissant
« tout ce qui tombait sous leurs mains. Quant à la pudeur, à la
« justice, à l'équité, à l'humanité, comme si les hommes ne louaient
« ces vertus que par timidité et par peur, ils croyaient qu'elles
« n'étaient pas faites pour ceux qui avaient la puissance. Dans ses
« voyages Hercule retranchait la plupart de ces hommes : les au-
« tres tremblant se cachaient ou se montraient prosternés dans un
« profond abaissement. »

On ne peut mieux comprendre, plus largement exprimer l'œuvre
d'Hercule, providence armée et meurtrière. Toute l'âme de Plutarque a passé dans ce morceau. Ne devait-il pas du reste à un moment donné atteindre ainsi la plus haute intelligence du type héracléen? Il était inévitable que Plutarque comprit et rendit à

[1] *Vie de Thésée*, ch. VI.

merveille cet héroïsme actif et instructif d'Hercule, lui qui agit et instruisit par des exemples et qui, donnant son livre pour aliment aux hommes bien trempés de la Réforme et de la Révolution, fut chez nous encore le précepteur des héros et celui qui fit naître plus d'un successeur, plus d'un rival d'Hercule.

Élius Aristide était un digne émule de Plutarque, pieux, toujours préoccupé du divin. C'est lui qui a dit : « L'indifférence à « l'endroit des dieux n'est point permise, ἀργίαν οὐ θέμις ἐν τοῖς πρὸς « τοὺς θεοὺς ἔχειν. » Aristide ne pouvait négliger Hercule dans les nombreux discours où sur le ton de l'hymne il déroule le cortége des dieux[1]. Bien au contraire il a compté parmi ceux qui ont aimé sincèrement Hercule et qui ont cherché à pénétrer sa mission. C'est avec une respectueuse familiarité qu'il ouvre son discours sur le héros :

« Te louer, ô cher Hercule, est le plus délicieux des travaux; « car tu es tout à fait louable. Cependant il n'est pas étonnant que « tu aies tant excellé dans la condition humaine, toi qui as eu pour « père le souverain de l'univers, pour mère celle qu'il avait choi- « sie. » Voyez comme le type d'Alcmène se rehausse. C'est presque la mère d'un Messie. Ensuite il attribue les trois jours et les trois nuits qu'a coûtés l'enfantement d'Hercule à la volonté de Zeus qui consumait tous ses soins en ce parfait ouvrage. Peut-être cependant, comme Dion, fait-il Hercule trop glorieux au début : « Ainsi « fut engendré Hercule, auxiliaire de son père et investi du pou- « voir sur toutes les choses qui sont au-dessous de la lune. » Non! Hercule fut sans pouvoir, sans autre force que celle qu'il demanda à son corps et à son âme, et voilà sa meilleure gloire, son titre le plus sûr. Il est arrivé au triomphe par l'épreuve et la souffrance. Ne perdons pas de vue cette conception mythologique et morale à la fois.

[1] Zeus, Athéné, Poseidon, Dionysos, Hercule, Esculape, Sérapis.

Ensuite Élius rappelle l'étouffement des serpents, la délivrance des Thébains sujets au tribut envers Orchomène; puis il loue les travaux en insistant sur leur caractère spirituel. Peut-être aussi quelquefois n'évite-t-il l'évhémérisme que pour confiner à l'allégorie ?

« Il purgea la Grèce, puis tout le genre humain, parcourant tous
« les pays successivement, et n'omettant aucun genre de bienfait;
« car il domptait les monstres alors nombreux et terribles en anéan-
« tissant les tyrans, réformant les villes par les lois et par les ar-
« mes, détruisant les brigands, les pirates et tous ceux qui, par
« confiance dans leur force, faisaient violence aux plus faibles. Il
« regardait comme ennemi personnel tout ce qui était en hostilité
« avec la nature. » Belle parole, conforme à l'esprit stoïcien, à la grande formule : *Convenienter naturæ*. La nature a voulu l'ordre et la justice. Les hommes troublent cet ordre par leurs convoitises, leurs usurpations, leurs iniquités. Hercule passe, donne un coup de massue, lance une flèche et rétablit l'équilibre!

Élius Aristide subtilise trop en disant : « Il a prescrit des lois
« aux bêtes comme aux hommes, » et à propos des Stymphalides,
« il a délivré l'air comme la terre. » Sans doute c'est une subtilité qui fait comprendre la grandeur de ce tueur de monstres qui ne croit pas s'abaisser en desséchant des marais. Mais Aristide incline trop à l'allégorie en visant à nous faire entendre que la délivrance de Prométhée, le mythe d'Atlas, la capture de Cerbère, les bles-sures portées à Hadès et à Héra, ne sont que les symboles des services qu'il a rendus avec une sorte d'ubiquité. Cela tendrait à mutiler Hercule en ne laissant subsister en lui que l'abstraction.

Nous trouvons à la suite une manière ingénieuse d'expliquer l'Hercule égyptien, l'Hercule syrien. « Notre héros a été si grand » dit à peu près Aristide, « qu'il s'est imposé à toutes les nations. » C'est un argument en faveur de la puissance d'Hercule. En langage plus philosophique cela veut dire que l'idée de la force justicière s'est révélée à tous les peuples. Aristide redevient le contemporain des néo-païens un peu superstitieux et des premiers chrétiens fort thaumaturges en ajoutant qu'Hercule manifesta son pouvoir par des miracles. « A Messine en Sicile il guérit toutes les maladies. « Ceux qui échappent aux périls de la mer lui rendent grâces « comme à Poseidon. » Avide de détails, il parle d'une tente élevée en l'honneur d'Hercule où « souvent le héros jouait avec des petits « cailloux ronds qu'on appelait héracléens. »

Il rappelle encore l'exclamation qui se trouve dans les tragédies et dans les comédies : « Par Hercule! νὴ τὸν Ἡρακλέα. » C'est pour lui un cri du cœur vers celui qui est le grand Auxiliaire. Il nous transmet encore les surnoms de καλλίνικος, d'ἀλεξίκακος, que donnent à Hercule les habitants de Cos : chez eux se trouve une statue du héros qui porte la massue sur les épaules et le ciel sur sa tête, sans doute en souvenir d'Atlas [1].

Aristide glorifie Hercule comme d'un dernier bienfait d'avoir donné à la Grèce les Héraclides, descendants dignes de lui, fondateurs de villes harmonieusement gouvernées. « Cette cité de

---

[1] Ces surnoms, pour les dieux comme pour les hommes, étaient de véritables jugements rendus sous une forme libre. Mais plus souvent ils consacraient un souvenir historique ou un incident légendaire. Ainsi (STRABON, XIII, 1) certaines populations de la Troade appelaient Hercule κορνοπίων pour avoir chassé les sauterelles de leur territoire, κόρνοψ. De même les Erythréens honoraient ce héros sous le nom d'ἱποκτόνος pour avoir détruit les vers rongeurs des vignes. Le surnom de μήλων ou μήλιος lui avait été acquis par des enfants qui lui sacrifièrent des pommes au lieu de brebis (Pollux, Onomast. I, 30. Hésychios, μήλων, Suidas, μηλίος). Le double sens de μῆλον explique cette méprise. En conséquence Hercule était le protecteur des troupeaux et des arbres fruitiers. Près de Thèbes apparaissait une statue d'Hercule (IX, 25) surnommée ῥινοκολούττης. Les Thébains rappelaient ainsi le premier acte énergique du héros lorsque refusant le tribut exigé de Thèbes, il avait renvoyé les hérauts des Orchoméniens avec les oreilles coupées.

« Sparte, » dit-il éloquemment, « n'est-elle pas comme une image
« d'Hercule. C'est à l'école de ses descendants qu'elle a appris,
« malgré le petit nombre de ses citoyens, à si bien soutenir le dan-
« ger que les armées étrangères ont souvent demandé à Sparte
« leurs généraux. C'est ainsi qu'Hercule a par lui-même ou par
« ses descendants ouvert à la Grèce *des sources de vertus.* Aussi
« son rang est-il illustre parmi les dieux, digne du fils de Zeus et
« de l'ami d'Athéné. Son hymen avec Hébé a prouvé quelle splen-
« deur l'attendait dans l'Olympe où du reste seul il conserve parmi
« les dieux vieillis une juvénile vigueur. » Cette idée finale trahit
le pressentiment des cultes nouveaux et la conscience involontaire
d'un Hellénisme sénile.

Quelques détails curieux complètent cet éloquent morceau; Aristide nous enseigne que pour marquer l'intimité d'Hermès avec
Hercule, on joignait leurs statues. On rapprochait aussi « sur les
« monts comme dans les villes » Hercule de la Mère des dieux et
des Dioscures. Il rappelle les λουτρὰ Ἡράκλεια et dit aussi que les
sources des fleuves sont souvent comparées au fils d'Alcmène,
« car il est honoré parmi les Nymphes. » « Même, » dit-il, « un de
« mes hôtes de Thasos a pu, dans un hymne saluer le héros de ce
« titre : Ἰὴ παιὰν Ἡρακλῆ, Ἀσκληπιέ. » Alliance conforme au caractère médical qui fut attribué à Hercule[1] et qui par elle-même du
reste serait légitime. Car Hercule ne tue que pour guérir.

> « Tu frappes et guéris, tu perds et ressuscites. »

Enfin Aristide termine par ce récit, touchante illusion d'une imagination aimable que possède l'amour d'un type divin : « Quoique
« pour tous les hommes Hercule vive dans leur mémoire aussi bien
« que dans leur culte, il y a pour moi un lien tout particulier
« d'affection avec lui : cela vient d'une voix divine qui semblait

---

[1] V. à l'appendice, *Hercule médecin.*

« sortir du temple de Cybèle et me recommandait de supporter les
« maux présents parce qu'Hercule fils de Zeus les avait supportés.
« Que ce discours te soit donc dédié par nous, ami Hercule, en re-
« tour du songe où je croyais, sur le vestibule d'Apollon, chanter
« les louanges de mon Hercule. »

Des hommes qui trouvent de tels accents sont déjà des chrétiens.
Ils sont faits pour la résignation évangélique mais en lui mêlant ce
sentiment de fermeté virile et cette arrière-pensée de résistance
armée au besoin contre les méchants que le christianisme n'a su
retrouver qu'au xvie siècle sous la double action de la Bible et de
l'énergique esprit germanique ou anglo-saxon [1].

---

[1] Nous n'avons pas mentionné spécialement l'un des rhéteurs les
plus pieux de cette période, Philostrate qui, chemin faisant, nous a
fourni quelques détails, mais rien de vraiment original. Remarquons
toutefois que, dans la *Biographie d'Apollonius de Tyane*, il sépare avec
soin l'Hercule grec du prétendu Hercule égyptien et semble faire de ce
dernier un conquérant, pour attribuer l'intelligence souveraine à
l'Hercule grec (L. II, 33).

CHAPITRE XIV

LES STOÏCIENS. — EPICTÈTE . — MAXIME DE TYR

Ce fut chez les Stoïciens que le mythe d'Hercule acquit sa perfection suprême et monta à l'apogée d'où il ne descendit que pour
être enveloppé dans la grande chute de l'Hellénisme. Doctrine des
forts, foi des héros, le stoïcisme était fait pour accueillir avec une
sympathie presque religieuse ce grand ancêtre des Caton et des
Thraséas, Hercule. Ces rationalistes, ces panthéistes qui ne croient
guères qu'à l'âme éparse dans le monde semblent redevenir poly-
théistes quand ils parlent d'Hercule, tant ce sujet leur est cher et
familier. L'un d'eux, Cléanthe, avait reçu le surnom de *second
Héraclès.*

Rapprochons en effet la vie fabuleuse d'Hercule de l'existence
idéale du sage telle que le Stoïcisme la conçoit. Le Stoïcisme pré-
conise l'effort, τόνος, continuité de l'effort, εὐτονία. La vie d'Hercule
est un effort perpétuel à travers d'incessantes épreuves. Cet homme
de lutte symbolise l'existence du Stoïcien qui doit lutter victorieu-
sement contre le mal physique, les passions, le monde, les dieux
mêmes, dompter en les supportant tous ces maux que de mystérieux Eurysthées nous imposent. Le Stoïcien, adoptant la formule
de Platon renouvelée par Sénèque[1], *Deum sequere,* ne trouvait au-

------

[1] « Habebit in animis illud vetus præceptum : Deum sequere. »
(SÉNÈQUE, *Du Bonheur.*)

cun modèle plus sûr que le divin Hercule, exemple de résignation héroïque : avec un tel guide le Stoïcien allait droit devant lui, attendant et affrontant les assauts de la destinée d'un pied ferme et d'un cœur immuable. *Assilite, facite impetum : ferendo vos vincam* [1].

Le Stoïcisme ne se borne pas à une constance passive : il professe et pratique l'activité dans le bien. Sénèque, Epictète, Marc-Aurèle, l'ont dit en propres termes [2]. Quelque impassibilité qu'affecte le sectateur du Portique, quelque indifférence déjà chrétienne qu'il proclame pour les choses de ce monde, il n'admet aucune abstention là où il faut faire œuvre de vertu. Les disgrâces des persécutions, les dangers de toutes sortes ne l'arrêteront pas, car il place le vrai bonheur dans l'exercice de la vertu. Il sait que la lutte du juste contre l'injuste adversité est un spectacle digne des regards paternels de Dieu et que l'adversité elle-même survient comme une préférence du ciel dévolue à l'élite des âmes.

Les disciples de Zénon étaient donc en même temps les disciples d'Hercule, mythologique idéal des vertus glorifiées par le philosophe. Voilà pourquoi nos Stoïciens de la littérature grecque tour à tour devant nos yeux revendiqueront Hercule comme maître et presque comme saint.

Epictète, l'ancien esclave plus libre dans la servitude que Néron au faîte de l'empire, l'excellent prédicateur des idées les plus hautes et de la plus pure morale, sentit et exprima longuement la grandeur des mythes d'Hercule qui pour lui est avant tout le mythe du sacrifice [3].

---

[1] SÉNÈQUE, *Du Bonheur,*

[2] SÉNÈQUE encore (*De la tranquillité de l'âme*) fait admirablement comprendre cette activité que l'on dénie à tort aux Stoïciens, lorsqu'il nous montre Socrate, sans aucune fonction publique, agissant toujours en face des Trente Tyrans, agissant par la force de l'exemple.

[3] Livre I, col. Didot, édit. Dübner.

« Sais-tu ce que serait devenu Hercule sans l'hydre, la biche, les
« sangliers, les hommes injustes et les monstres qu'il poursuivit et
« dont il purifia la terre? Qu'eût-il fait sans de tels obstacles?
« A coup sûr il ne serait pas devenu ce fameux Hercule, s'il avait
« passé sa vie dans les délices ou dans le repos. Suppose qu'il eût
« été le même homme, quel avantage pour lui? Quel usage eût-il
« fait de ses muscles, de sa force, de sa patience, de son généreux
« courage si des périls et des occasions de cette sorte ne les avaient
« secoués[1] et exercés. Quoi donc? fallait-il qu'il se créât des aven-
« tures et qu'il s'ingéniât à introduire dans son pays un lion, un
« sanglier, un hydre? mais ces dangers existant réellement et se
« présentant à lui furent très-opportuns pour faire connaître et
« pour exercer Hercule. »

Deux autres passages énoncent la même idée. Seulement le premier de ces morceaux comprend une idée accessoire que l'on ne
saurait laisser dans l'ombre.

« Si Hercule était resté dans sa maison, qu'eût-il été? Eurysthée,
« non pas Hercule. Mais en parcourant la terre, combien eut-il d'a-
« mis, de compagnons? Personne ne fut plus cher que lui à la di-
« vinité et pour cette raison il passa pour être fils de Zeus et le fut
« réellement. »

Dans ce morceau Hercule est ramené à la condition humaine
beaucoup plus sensiblement que dans la légende des mythographes.
Il n'est plus prédestiné par Zeus son père à être le punisseur et le
libérateur; il n'est plus voué aux travaux par une force suprême.
Il s'est lui-même déclaré libérateur et vengeur; il a de lui-même
assumé les travaux; c'est lui qui s'est fait le fils de Zeus. La fatalité
n'est plus un des éléments de son mythe. Il demeure avec la res-
ponsabilité et la gloire absolues. C'est un homme divinisé par la

[1] διέσεισαν.
[2] *Ibid.*, II, 16, 44; IV, 10, 10.

vertu, intermédiaire entre Dieu et l'homme, tel que le Christ des Ebionistes, tel que le Jésus d'Ernest Renan. C'est le Juste démontrant par son exemple que l'homme peut par sa volonté gravir les cimes d'un Olympe accessible, s'égaler et se mêler aux Dieux. *Omnibus illò nobis commune est iter* [1] !

En effet Epictète nous dit encore :

« Mais, diras-tu, tu n'es pas Hercule et tu ne peux guérir les
« maux d'autrui; tu n'es pas même Thésée pour purger l'Attique
« de ses maux. Purge les tiens. Chasse de ton esprit, au lieu de
« Procuste et de Sciron, la tristesse, la cupidité, l'envie, la malveil-
« lance, la mollesse, l'avarice, l'intempérance. »

Quoi de plus encourageant, de plus fécond que cette espérance largement ouverte à l'homme, cette perspective d'immortalité conquise par l'héroïque effort, cette apothéose offerte à l'infatigable vertu!

Epictète [2] établit encore plus fortement les relations d'Hercule et de Zeus en les réduisant à une paternité spirituelle. Il dépouille du caractère surnaturel l'origine d'Hercule, non pour déprimer le type du héros, comme font les Evhéméristes, mais pour l'idéaliser davantage. Moins il tient à l'Olympe par ses origines, plus il est voisin des autres hommes, plus il est capable de leur porter assistance par l'exemple de vertus qui ne sont pas suspectes. Héros populaire, il devient le meilleur du peuple et à ce titre le plus écouté des dieux. La doctrine d'Epictète ne rompait pas ici avec l'ancienne tradition mythologique et poétique. Elle l'achevait : car les vieux poètes avaient scrupuleusement réduit Hercule aux conditions de la vie humaine; ils l'avaient mis en hostilité avec les. dieux et malgré l'origine qu'ils lui attribuaient ils ne lui décernaient les honneurs de l'Olympe que quand il avait souffert et lutté presque

[1] SÉNÈQUE, *Consolation à Polybe.*
[2] *Ibid.*, Livre III, 24, 57.

sans appui divin, en pleine vie terrestre. Chez eux sans doute Hercule n'est pas un homme comme nous; c'est un héros; mais il ne naît pas dieu et il ne devient dieu que par son énergie personnelle et vraiment exemplaire pour les mortels à qui rien ne défend de l'imiter [1] :

« Hercule, dit-il, ne s'estimait pas malheureux quand il était
« exercé par Eurysthée ; mais il accomplissait vaillamment ses
« travaux. »

Epictète enseigne la patience à l'homme par la vue des maux d'Hercule, comme Clément d'Alexandrie l'eût fait au nom des souffrances de Jésus.

Il vient d'exprimer cette idée : l'homme de bien ne doit pas craindre que la subsistance lui manque et, si elle lui manque, c'est que Dieu, comme un bon stratége, a sonné la retraite [2] :

« Quand il lui a plu, je suis venu; je m'en vais quand il lui plait,
« et pendant ma vie, ma fonction a été de célébrer Dieu, tant dans
« mon particulier qu'en public. Il ne me donne rien en abondance;
« il ne veut pas que je vive dans les délices. Qu'a-t-il donc donné
« à son fils Hercule? Un autre régnait à Mycènes et à Argos. Her-
« cule obéissait, travaillant, subissant des épreuves. Mais celui qui
« était Eurysthée ne régnait réellement ni sur Argos, ni sur Mycè-
« nes, ni sur lui-même, tandis qu'Hercule était chef et maître de
« toute la terre et de toute la mer, expiateur du mal et de l'injus-
« tice, initiateur errant, introducteur de la justice et de la sainteté,
« et tout cela il l'a fait nu et isolé. »

Enfin la mission d'Hercule est exposée dans un passage encore plus remarquable avec une éloquence communicative [3] :

« Cet Hercule qui parcourut le monde pour détruire, purifier et
« restaurer, combien d'amis pensez-vous qu'il eut à Thèbes? com-

[1] Livre III, 24, 57.
[2] *Ibid.*, III, 26, 31.
[3] *Ibid., ibid.*

« bien à Argos? combien à Athènes? combien dans ses voyages? lui
« qui prit femme partout où cela lui semblait commode et qui en-
« gendra des enfants et les abandonna sans plainte et sans regret,
« sans croire laisser des orphelins. Car il savait qu'aucun homme
« n'est orphelin, parce qu'il existe un père commun qui veille sur
« tous les êtres. Ce n'était pas pour lui un vain mot que la pater-
« nité de Zeus sur tous les hommes, mais il regardait Zeus comme
« son père, il l'appela son père et dans tous ses travaux il eut les
« yeux levés sur Zeus. Voilà pourquoi il put partout vivre heu-
« reux. »

Ainsi se révèle l'esprit du Stoïcisme qui dégage Hercule de toutes
les impuretés et de toutes les faiblesses physiques que comportait
la légende primitive : elle l'épure, altère un peu ses traits peut-être
mais les embellit. L'Hercule de Pindare moins parfait était plus
conforme à l'antique génie grec. Mais la décadence de ce génie avait
tellement fait prévaloir les instincts sensuels dans le type d'Hercule,
qu'une réaction contre l'Evhémérisme devait laisser exclusivement
dominer dans ce type méconnu les caractères moraux et spirituels.
L'Hercule du Portique est à demi chrétien. « Vous quitterez tout
« pour venir avec moi. » Cette affirmation du détachement ne serait
pas déplacée dans l'Evangile. L'apostolat, voilà donc ce que les
Stoïciens admirent en Hercule. Quand on divinise ainsi la propa-
gande, le temps des saint Paul est venu.

Maxime de Tyr, qui vécut sous les Antonins, a, quoique avec
moins d'éloquence, traduit les idées familières à l'affranchi d'Epa-
phrodite. Ainsi [1] : « Que resterait-il d'Hercule si l'on supprimait les
« monstres et les tyrans? » Il déroule aussi les jouissances qu'é-
prouvait ce héros en accomplissant ses labeurs [2]. Cette énumération
est un peu vague. En voici une autre vraiment belle [3] :

[1] *Dissert.*, 1, 10.
[2] *Ibid.*, III, 39.
[3] *Ibid.*, II, 21.

« Hercule était sage, non cependant pour lui seul, mais afin que
« par toute la terre et par les mers sa sagesse se répandît. Ne fut-il
« pas en effet l'exterminateur des monstres, le punisseur des ty-
« rans, le libérateur des esclaves, le législateur des hommes libres,
« le régulateur de la justice, l'inventeur des lois, le parleur véri-
« dique et l'homme aux actions droites »[1] ?

Ailleurs[2] il rappelle le mythe de Prodicos, mais sans y ajouter
aucun détail intéressant. Il est mieux inspiré[3] et reprend son idée
avec chaleur :

« Je ne crois pas qu'Hercule ait vécu sans volupté. Je ne puis
« m'accorder avec Prodicos. Car il y a des voluptés mâles qui re-
« lèvent la vertu de ses dégoûts, non pas celles qui touchent au
« corps et découlent des sens, mais celles qui naissent avec nous,
« qui se trahissent par un élan dans l'intérieur même de l'âme,
« toutes les fois que notre âme cherche ses délices dans l'honnête
« sous forme d'action, ou de préceptes, ou d'entretiens. C'est ainsi
« qu'Hercule se réjouissait en montant sur le bûcher. » Nous sommes loin de ces cris qu'Euripide prête à son héros. Ici plus de défaillance! Chez Maxime de Tyr, Hercule se doit à ses souffrances,
et sa mort sur le bûcher est moins la suite du piége de Nessos
que le dernier holocauste qu'il offre à Dieu en faveur des mortels[4].

---

[1] Dans sa trentième dissertation, ce même Maxime de Tyr sert acti-
vement Hercule en établissant d'une manière précise les différences
essentielles entre les dieux et les héros de la Grèce. Nous en détachons
ce passage curieux : « Je ne puis supporter les pratiques des Egyptiens,
« adorateurs du bœuf, de l'oiseau, du bouc... croyant à la mort d'un
« dieu et pleurant ce dieu dont ils montrent la sépulture ; les Grecs,
« au contraire, offrent des sacrifices à des êtres excellents et célèbrent
« leurs vertus, mais en laissant dans l'oubli leurs misères. Chez les
« Egyptiens, on offre au dieu des honneurs et des larmes à titre égal. »
[2] *Ibid.*, I, 20.
[3] *Ibid.*, II, 31.
[4] *Ibid.*, II, 38.

« N'est-ce pas ce même Zeus qui, de peur qu'Hercule ne s'engour-
« dit dans le loisir et la mollesse, l'a arraché aux voluptés où Eu-
« rysthée voulait l'engager? Au contraire, il opposa à Hercule les
« sangliers, les lions, les panthères, les tyrans, les brigands, les
« longues routes, les terres désertes, les fleuves infranchissables.
« Celui qu'il avait engendré il eût pu le mettre à l'abri des travaux
« de la vie : il ne le voulut point; car il n'est pas possible que Zeus
« veuille autre chose que l'honnête. »

Quelle haute et philosophique conception de la divinité à qui
tous les anthropomorphismes ont prêté de basses passions. Avec
de tels hommes l'Hellénisme, harmonieuse poésie d'un monde artiste et enfant, devenait enfin la religion de l'âme. Il disait ainsi
son dernier mot, en même temps que les types divins obtenaient
leur suprême achèvement. L'Hercule des Stoïciens n'était plus
seulement le chef de tribu dorienne, le destructeur des monstres,
le justicier, le patient travailleur : il était devenu l'ami des hommes,
souffrant et luttant pour eux par volonté et non par nécessité, véritable rédempteur, bien moins héros que simple mortel, et mortel
divinisé par son énergie vertueuse, sublime parvenu de l'Olympe,
homme-dieu! Telle était la dernière et adorable expression de cette
noble figure dont les siècles allaient effacer les traits les plus beaux,
sans que jamais la mémoire en pût être absolument abolie.

CONCLUSION

Nous nous arrêtons à l'époque des Antonins pour ne pas assister
à la déchéance du type que nous laissons à son point de perfection
et d'harmonieux achèvement. Toujours présent à la pensée des
meilleurs[1], le type d'Hercule sera d'abord compromis par l'exégèse
des Alexandrins en quête d'allégorie[2]. Cependant, en vertu même
de ces tendances à l'abstraction, la figure d'Hercule, tout en perdant
beaucoup de la grandeur et de la beauté que le Stoïcisme lui avait
définitivement assurées, restera, par un heureux privilége, la plus
pure et la plus divine parmi toutes ces autres figures de dieux plus
ou moins altérées. Hercule se retirera devant le Christ pied à pied
comme un noble adversaire ; il ne s'évanouira pas comme un
fuyard[3]. Bien plus, même déchu de son apothéose séculaire et de

[1] Juvénal (Sat. X, v. 256 sqq.) dit entre autres conseils, à l'homme
qu'il veut honnête et juste :

> Capiat nihil et potiores
> Herculis ærumnas credat sævosque labores
> et Venere et cænis et plumà Sardanapali......

Pline, dans son *Panégyrique* (XIV), compare Trajan, tribun militaire,
à Hercule, pour mieux faire admirer son héros : « Aliis super aliis
expeditionibus munere alio dignus invenireris...

[2] Voir Porphyre, Jamblique, Plotin, Libanius.

[3] Julien (7e discours). Un instant, on crut trouver un autre Héraclès
dans cet empereur à la fois philosophe et guerrier.

ses honneurs olympiens, c'est à peine s'il disparaîtra. Sous d'autres
traits, sous d'autres noms, parfois sous son nom même, il ressusci-
tera devant les yeux des hommes, symbole éternel de la force bienfaisante, et perpétuera à travers les siècles chrétiens l'admiration
du héros survivant au dieu qu'il précédait et cette fois vraiment
immortel. Le Moyen-Age s'est souvenu d'Hercule [1]; la Renaissance [2],
les temps modernes ont toujours vécu avec lui. La Poésie surtout
ne put jamais l'oublier : elle le fit revivre avec tous les chevaliers
errants et les dieux de la Table-Ronde comme avec les batailleurs
des chansons de gestes; elle le vit à travers Amadis et Roland. La
pensée moderne l'évoque et le revoit dans la personne multiple de
tous les libérateurs [3].

Que prouvent tous ces témoignages recueillis à travers l'antiquité? C'est que le type d'Hercule, au terme de son développement,
était devenu pour les Grecs et les Romains le type même de la
vertu; c'est qu'avant tout dans ses successives évolutions il est un
type moral, modèle saisi et embrassé promptement et sans cesse
épuré aussi bien qu'agrandi. Si cette conception d'un héros vengeur a pu même se prolonger jusqu'à nous, c'est qu'elle répondait

[1] Consulter particulièrement l'épopée de Dante où le nom d'Hercule
revient fréquemment.

[2] Arioste, Shakespeare, Spencer, Ronsard.

[3] Ainsi André Chénier, dans son Ode sur le *Serment du Jeu de Paume*,
s'écrie :

La Liberté

Fut comme Hercule en naissant invincible.
Ses yeux ouverts d'un jour dictaient sa volonté
Et son vagissement était mâle, terrible.

De rampants messagers des Dieux

Espéraient, l'attaquant dans sa force première.
Etouffer en un jour son avenir fameux.
Ses enfantines mains, robustes, meurtrières.

Teignirent de sang venimeux

Le berceau formidable et les langes guerrières.

excellemment aux instincts de l'homme. Un justicier, voilà ce que le
genre humain a toujours rêvé et ce que la Grèce avait inventé dans
Hercule; un justicier qui fût en même temps un juste, voilà ce que
l'élite pouvait longtemps après concevoir de plus pur, et ce que la
Grèce lui a présenté également. Une fois de plus la Grèce a été
l'école du monde, comme disait Thucydide en parlant d'Athènes
pour la Grèce. Car elle a su créer pour le monde le meilleur exemple qu'il pût encore recevoir. La Grèce n'est-elle pas arrivée à se
personnifier dans Hercule? à donner en lui l'image de ses plus
admirables qualités, l'expression des services qu'elle a rendus au
genre humain. Elle aussi a été un Hercule parmi les peuples. Aucun
dieu ne rend avec plus de fidélité sa riche et puissante nature.

Comme Hercule la Grèce débute par la violence; elle ne connaît
avec le monde de l'Iliade que l'empire de la force; mais comme lui
elle est déjà contenue par la crainte des dieux, par une vague prescience de l'équité, par les sentiments adultes de l'amitié, de l'affection paternelle : comme lui elle commet des excès et ne tarde pas
à les expier. Alors, dans un temps qui correspond à la première
transformation du type d'Hercule par Hésiode, elle s'apaise, se
calme, admet des législateurs, prend conscience de sa destinée.
Puis, comme le héros exemplaire, elle dessèche des marais, bâtit des
villes, détruit les bêtes féroces, tue les tyrans. Viennent les Perses
et leur épouvante. Alors la Grèce ne recule devant aucun *travail*
pour chasser elle aussi ses monstres envahisseurs. Ceux-ci chassés,
elle les poursuit dans les îles de l'Asie-Mineure; comme celui qui
détruit Lytierse et Sylée, elle délivre par son passage et elle va plus
loin porter le combat à ses ennemis, avec Cléarque, avec Agésilas,
avec Alexandre promenant la guerre civilisatrice. En même temps
elle fait plus de douze travaux dans le domaine de l'art qu'elle
mène à l'idéal, de la science à laquelle elle ouvre l'infini des enquêtes et des découvertes. Là encore, comme son héros, elle est
la grande, l'infatigable travailleuse. Et aussi elle est libératrice; car

elle délivre d'avance les générations futures en faisant dériver tous
les affranchissements de la pensée de son Socrate, de son Platon,
de son Aristote. On pourrait prolonger la comparaison en montrant
la Grèce, elle aussi, empoisonnée par sa robe de Nessos, suppliciée
sur l'Œta pour renaître idéale et transfigurée dans le cœur de tous
ceux qui l'aiment, puisqu'à la Grèce encore on va demander les
leçons de la Philosophie, de la Politique et de l'Esthétique éternelle [1].

Tous ces caractères nous les avons signalés; nous allons les énu-
rer dans Hercule. Jamais type divin ne représenta plus le génie
d'une race! Pourquoi? C'est qu'il est moins un dieu qu'un homme-
dieu et que, plus près de l'humanité, il doit à ce voisinage de pré-
senter un idéal plus accessible en même temps qu'un modèle plus
sûr.

Quel chemin Hercule a parcouru depuis l'Iliade jusqu'au livre
d'Epictète! Comment le cruel punisseur des Minyens d'Orchomène
est-il arrivé à devenir le suprême Bienfaiteur? Au début c'est un
héros divinisé, puissant sur les courages comme patron des Doriens, mais sans action morale sur des âmes encore grossières. Son
culte s'étend à toute la Grèce et se développe en s'étendant. Il par-
ticipe aux progrès du génie dorien; il reçoit l'influence adoptive
d'Athènes. On commence à voir en lui la providence de la Grèce,
un être revêtu d'une divine mission. S'il mène glorieusement des
travaux, ce n'est plus seulement pour subir une contrainte divine :
·en même temps qu'il fait acte de résignation il fait acte d'initiative,
car Hésiode qui l'appelle si justement « malheureux et grand parmi
« les hommes » voit en lui un fils de Zeus chargé d'accomplir des
intentions paternelles. Ce n'est plus un instrument aveugle de la
fatalité persécutrice, c'est un bon ouvrier de Zeus. Son héroïsme

[1] « Si jamais peuple fut prédestiné par le ciel pour un destin spécial
et mérita le nom de peuple de Dieu, ce fut celui-là. »
Théod. Jouffroy, Mél. philosophiques.

devient de jour en jour plus actif, plus volontaire, avec les poètes
et les générations qui suivent. Les travaux imposés par Eurysthée,
la mission confiée par Zeus subsistent comme dogmes; mais tous
les πάρεργα qui s'y ajoutent sont autant d'œuvres entreprises par
Hercule en dehors d'Eurysthée et de Zeus, d'un libre mouvement.
Alors, à l'époque des Tragiques, malgré la réaction des Comiques,
des Evhéméristes aussi, se précisent tous les principaux caractères
de ce type que les poètes d'Alexandrie transmettront aux Latins et
à la littérature grecque de l'empire pour les accentuer et les relever
encore par les développements du Stoïcisme.

Il est *le Justicier*, purificateur d'abord envoyé par Zeus seul et
devenant dans l'opinion des peuples (v. Dion) l'harmoste délégué
par les dieux. Exceptons quelques actes de violence : commet-il le
mal en usant de la force? Non! car il l'a fait servir à la punition
des méchants. Il retranche tout ce qui est mauvais et nuisible; dans
la grande cité de Zeus il fait disparaître des êtres insociables par
leur perversité. Comme a dit Lucien, il purifie la vie humaine.
L'harmonie de la nature a été troublée par le mal : il la répare[1].

Il est *le Guerrier* plus encore qu'Arès, le guerrier intraitable dans
les combats mais humain après la victoire, enterrant le premier ses
ennemis morts, épargnant ceux qui survivent à la bataille. Il combat pour punir; mais ensuite il sait pardonner. Ce n'est pas le dieu
cupide de carnage que suivent les Kères. Car Timée de Tauroménium
peut supposer à juste titre qu'il ne verse le sang que pour obéir à
sa mission. Pour la sécurité des bons comme pour l'effroi des méchants il apparaît comme une providence armée, et s'il représente
la guerre, c'est la guerre qui civilise et qui fonde après avoir
détruit.

Il est *le Libérateur*. Sur son passage les monstres disparaissent,
et, comme dit Plutarque, les tyrans succombent ou se prosternent.

[1] Voir la théorie de Platon, à ce sujet, dans le *Gorgias*.

Il donne l'exemple et tous les libérateurs de l'antiquité se modèlent sur lui et sur ses disciples se modéleront les élèves de Timoléon et d'Aratus, tradition de l'affranchissement qui prend son point de départ aux travaux d'Hercule. Aussi les peuples l'appelleront-ils leur *sauveur*, « λαοσσόον Ἡρακλέα. »

Enfin il est *le Bienfaiteur*. L'influence de sa légende et de son culte fut féconde pour la Grèce qui voyant en lui tous les génies secourables l'a encore voulu médecin et artiste[1]. En lui elle reconnait aussi les vertus sans lesquelles ne peut se concevoir un être supérieur. Si pour les Comiques Hercule demeure un ivrogne et un gourmand, pour tout esprit sérieux, pour tout cœur ardent il est le fils dévoué d'Alcmène, le frère d'Iphitos, le tendre époux de Mégare, l'ami passionné d'Iolas, de Pholos, de Phyleus, de Télamon[2]. D'après l'aveu d'Aristote il se montre le zélateur de la vertu. Et de cette vertu qu'il atteint, de ce courage, de ces dons visibles de son père Zeus il ne se sert que pour faire du bien aux hommes. Celui qui pour les premiers Grecs n'était qu'un destructeur de bêtes et un archagète dorien apparait comme le destructeur des méchants et du mal lui-même, l'archagète de la Grèce entière et de l'humanité. Victime des dieux, il devient l'exécuteur des ordres divins, un Prométhée soumis et pour les derniers Hellènes un rédempteur choisi et désigné par Zeus. Jusqu'à la fin il reste le dépositaire symbolique de la Force; mais cette force, il la consacre à l'œuvre que les Grecs devront continuer; il la met au service du Droit et de la Vertu. Magnifique conception que la Grèce a eu l'honneur de former la première dans ce monde où la Force s'est trop souvent séparée de la Justice. C'est là que réside la suprême grandeur du type d'Hercule, cette grandeur qui ne peut être dépassée que de nos jours par la conception moderne du Droit et de

---

[1] Voir l'appendice.

[2] Il est encore considéré comme le garant d'une des plus hautes vertus de l'homme, la fidélité au serment.

la Justice dominant par la Loi et la Persuasion, sans avoir besoin d'en appeler contre leurs ennemis aux sanglantes revanches de la Force. L'avenir appartient à cette conception et l'idée antique a fait son temps. Mais seule en face de l'injustice, que cette conception a été fertile et salutaire! Partout l'injustice s'appuyait sur la Force. La Grèce a prouvé que la Force pouvait soutenir la Justice en faisant triompher sa doctrine à Marathon. C'est donc un éternel honneur pour la Grèce d'avoir affirmé par ce type la bonté de Dieu protecteur du faible et du juste opprimé, le droit du faible et du juste à être protégé par Dieu. Avant l'égalité des hommes devant Dieu qu'est venu promulguer le Christianisme, c'est la première grande révélation qui ait été faite au monde. Hercule seul suffirait pour réhabiliter l'Hellénisme calomnié : l'on comprend qu'avec Zeus, Athéné, Apollon et Artémis, il ait offert aux Stoïciens et aux Alexandrins des espérances de régénération pour un culte vieilli et destiné à périr.

Le développement continu d'idées morales dans un type divinisé, voilà ce que notre étude a voulu mettre en lumière. Nous croyons que de ces recherches le type d'Hercule sort le plus brillant et le plus pur de ceux où le génie des Hellènes ait jamais reflété sa conscience et déposé son Idéal.

FIN.

APPENDICE

I.

DES HYMNES ORPHIQUES.

Nous n'avons pas compris dans notre étude les hymnes orphiques.
de date et d'authenticité fort incertaines. et dont beaucoup sont postérieurs à l'époque où nous nous sommes arrêté [1]. Il n'est pas sans
intérêt toutefois, en dehors de notre travail, de citer un de ces hymnes
entièrement consacré au héros et qui ne manque pas de beauté
poétique [2].

PARFUM D'HERCULE.

« Hercule, impétueux courage, grande force, robuste Titan,
« Main vigoureuse. héros indomptable, multipliant les forts travaux,
« Fécond en métamorphoses, père du temps, éternel, propice,
« Mystérieux, cœur farouche, objet de prières. tout puissant,
« Cœur impérieux, vigueur souveraine, archer, devin,
« Universel dévorateur [3], père universel. à tous supérieur, vengeur
[de tous.]
« Toi qui pour les mortels ne t'es reposé qu'après avoir chassé les
[races sauvages.]
« Toi qui désires la paix nourricière des jeunes gens, digne d'honneurs,

---

[1] Voir la notice sur les *Poèmes orphiques* publiée par E. Eccen, *Dictionnaire des Sciences philosophiques*, t. IV.

[2] Ἡρακλέος θυμίαμα, p. 65, édit. Tauchnitz.

[3] Παμφάγε.

« Toi qui, naissant de toi-même, infatigable et le meilleur fruit de la
[terre,]
« Ayant brillé des rayons primitifs, dieu au grand nom,
« Portes sur la tête l'aurore et la nuit noire,
« Parcourant douze travaux depuis l'Orient jusqu'au Couchant,
« Plein d'expérience pour les dieux, inébranlable, infini,
« Viens, ô bienheureux, guérisseur de tous les maux,
« Chasse les fatalités funestes, agitant un rameau dans ta main,
« Et par tes flèches ailées envoie des souffrances meurtrières. »

Ces litanies, qui font songer aux hymnes védiques, prises verset
par verset, sont dignes de fixer notre attention. Il faut remarquer cette
épithète de Titan décernée à Hercule comme à la plupart des héros,
noter cette épithète, « fécond en métamorphoses ». « Cœur farouche »
et « objet de prières » répondent à la double attitude d'Hercule, com-
patissant aux faibles, inexorable aux forts. Le nom de « devin » rapproche son culte de celui d'Apollon. Ces mots « toi qui désires la paix »
font bien comprendre la valeur morale, que l'on attachait aux exploits
d'Hercule, le soin avec lequel on les distinguait des banalités sangui-
naires. « Plein d'expérience pour les dieux » nous rappelle cette sagesse que Zeus se plut à consulter dans un moment suprême. « Guérisseur de tous les maux » établit encore une relation entre le culte
d'Apollon et celui d'Hercule, conférant à ce dernier dieu un caractère
médical que nous signalerons plus expressément. Nous réservons pour
la fin ces dénominations qui prouveraient chez l'auteur l'influence du
symbolisme : « Père du Temps, universel dévastateur, père universel »
et surtout « toi qui portes sur ta tête l'aurore et la nuit noire, parcou-
« rant douze travaux de l'Orient au Couchant. »

II.

DES FÊTES D'HERCULE.

Les *Héraclées* ou fêtes d'Hercule se distinguaient par un caractère de
gaîté, d'ivresse allègre ; on eût dit une victoire célébrée en famille.
Comme dans les carnavals de Naples et de Rome l'on y échangeait des

bons mots et des plaisanteries [1]. Athènes à ces grands jours nourrissait
des pauvres que l'on appelait « parasites d'Hercule », c'est Diogène de
Sinope, poète de la moyenne Comédie, qui nous rappelle cet usage [2].
De plus une libation spéciale dans les repas rappelait Hercule et portait le nom d'οἰνιστηρία [3]. Au reste, les *Héraclées* se célébraient un peu
partout, à Thèbes, à Marathon surtout, à Marathon où l'on montrait
encore le tombeau de Macarie [4]. Les Athéniens ne se souvenaient-ils
pas que le jour de la bataille livrée à Marathon ils avaient campé dans
un champ consacré à Hercule [5]? Sparte aussi, toute pleine du souvenir héracléen, pouvait répéter les vers de Pindare [6] : « Protecteurs
« de la grande Lacédémone, les Tyndarides président avec *Hercule*
« et Mercure à nos brillants combats. »

Outre les *Héraclées*, il existait encore des jeux spéciaux. En mémoire
d'Elacatos, ami d'Hercule, nous dit l'historien Sosibios, on célébrait
sous le nom d'Ἐλακηθυῖα des jeux voués à Hercule et à son compagnon.
Les Agarynéens, peuple de Sicile, prétendaient que chez eux Hercule,
revenant d'accomplir son dixième travail, avait cru pouvoir revendiquer une part d'immortalité et se laisser attribuer un sacrifice annuel.
Ils perpétuaient ce sacrifice [7]. De même à Sparte on avait préservé le
souvenir d'un sacrifice qu'Hercule avait offert à Héra après son combat
contre les fils d'Hippocoon. Les Lacédémoniens renouvelaient cette
offrande et appelaient à cette occasion Héra « αἰγοφάγον » « la mangeuse
de chèvres [8] ». A Olympie [9] l'on avait gardé encore un sacrifice institué
par Hercule dans des circonstances toutes spéciales. Incommodé par
les mouches, il aurait pour les chasser, sacrifié à Zeus sous le nom de
« Ζεὺς ἀπόμυιος », Jupiter chasse-mouches.

Ainsi tous recherchaient avec un zèle avide les moindres vestiges
qui leur pouvaient rappeler le passage d'Hercule. En Béotie [10] on montrait les ruines de la maison d'Amphitryon, les tombeaux des enfants

---

[1] Conon, *Narrat*. VI.

[2] Cet usage est encore rappelé par une pièce d'Aristophane, la première œuvre du poète, les *Détaliens*. « La scène s'ouvrait par un banquet dans le temple d'Hercule, où l'on voyait réunis, selon l'usage, les *parasites*, ou convives sacrés du Dieu. »
E. Egger, *Essai sur l'Histoire de la critique chez les Grecs*. p. 33.

[3] Eupolis (anc. Com.)

[4] Pausan., I, 32.

[5] Hérodote, VI, 116.

[6] Nem., X, 37.

[7] Diodore, IV, 29.

[8] Pausan., III, 11.

[9] Ibid., V, 14.

[10] Ibid., IX, 2.

de Mégare. Aux environs d'Héraclée on désignait deux chênes près de l'autel de Zeus et l'on se disait : « Ils ont été plantés par Hercule. » A Trézène[1] on admirait un olivier sauvage que l'on croyait né de la massue fichée par le héros dans le sol et qui avait porté des feuilles. Dans la vallée de Némée on indiquait encore au temps de Pausanias[2] l'antre qui avait servi de repaire au monstre abattu.

Tous ces souvenirs enflammaient l'imagination et réchauffaient l'âme. Les sages et les athlètes se faisaient également gloire de ressembler à Hercule. La force physique de Socrate, la force morale de Cléanthe se modelaient sur le même type[3].

Aussi Strabon[4] a-t-il pu dire cette belle parole : « Les habitants des « villes sont excités au bien par les récits des poètes où se trouven[t] « retracés les exploits d'Hercule et de Thésée. »

III.

HERCULE MUSAGÈTE ET MÉDECIN.

La curiosité fervente des artistes pour le culte héracléen ne s'explique pas seulement par les ressources qu'offrait la légende ou par les exigences de la piété populaire ; ce peuple grec dans son amour pour Hercule avait cherché l'occasion d'en faire un patron, un protecteur de l'art. Il s'était créé un Hercule artiste, *musicien* dans le sens grec de ce mot, μουσικός, ainsi que l'entend Platon dans le *Lachès*. La légende à l'origine avait donné Linos pour maître à Hercule; mais la brutalité de celui-ci envers Linos semblerait impliquer un contraste que l'on repousse plus tard. On s'est plu dans la suite à faire d'Hercule un ami de l'ingénieux Hermès et d'Apollon, un héros docte et lettré, mieux encore, un compagnon des Muses, même le chorége de leur chœur adorable[5].

---

[1] PAUSAN., II, 31.
[2] *Ibid.*, II, 15.
[3] LUCIEN, *Démonax.*
[4] 1, 2.
[5] Voir sur ce sujet la dissertation de l'abbé Defontaine sur *Hercule Musagète*, anc. *Acad. des Inscript.*, t. VII, 1730.

Juba[1] rapporte que de son temps l'on élevait des autels communs à Hercule et aux Muses. Plutarque dans son περὶ μουσικῆς[2] dit en propres termes qu'Hercule était « musicien ». Dans ses *Questions romaines*[3] il se demande pourquoi l'autel d'Hercule et des Muses était commun. Il va même jusqu'à dire d'après Juba qu'Hercule enseigna les lettres à Evandre. Raffinement que nous n'admettons pas volontiers. Au reste, sur ce sujet d'Hercule « musagète » on a perdu tout un volume de Plutarque, perte irréparable. Mais l'opinion avait certainement prévalu au temps de Plutarque qu'Hercule avait été aussi excellent dans les arts que dans les autres exercices.

Isocrate, dans sa *Harangue à Philippe*, disait qu'Hercule avait surpassé ses devanciers beaucoup plus par son savoir que par sa force. D'ailleurs dans les jeux héracléens le trépied disputé à Apollon était le prix du vainqueur. La Comédie reconnaissait Hercule pour son dieu tutélaire. Souvent sur les monuments antiques on le voyait en compagnie des Faunes et des Satyres, un masque à la main. Au revers des médailles de la famille Pomponia Thalie apparaissait déguisée en Hercule, la peau de lion sur ses épaules, la massue à la main. A Rome, un temple était dédié à Hercule sous le nom d'*Hercules musarum*, temple construit par Fulvius Nobilior, reconstruit sous Auguste par L. Philippus. De même sur un marbre du palais Farnèse on voit l'un de ces sacrifices communs à Hercule et aux Muses sous le titre d'Ἡρακλῆς ἀναπαυόμενος, Hercule qui se donne du loisir. Sur les métopes du temple de Delphes[4] le héros était représenté combattant l'hydre avec une harpe. Sur des vases on le voyait jouant de la cithare devant Athéné qui lui avait enlevé sa massue[5]. On rencontre fréquemment sur les vases peints Hercule jouant de la cithare avec la peau de lion, le carquois, l'épée, mais sans massue, un pied sur la thymélé. En face de lui se place Athéné, à gauche Dionysos, à droite Poseidon[6].

Ce même peuple grec, dans une intention touchante, peut-être aussi par une réminiscence confuse des origines du mythe héracléen, avait voulu du dieu libérateur faire le vainqueur de la maladie. Les Grecs aimaient à se croire guéris par l'influence d'Hercule médecin. Des relations de déférence et d'amitié qu'on lui attribuait avec Esculape ache-

---

[1] *Fr. Histor. Græc.*, t. III, p. 470.
[2] 11.
[3] 19.
[4] Ot. Muller, *Man. d'Archéol.*, II, 38.
[5] *Ibid.*, 292.
[6] Caylus, l. cit pl. XLVII. — Stosch., *Pierres gravées*. Amsterdam.

minaient vers cette croyance. Nous voyons dans Pausanias[1] un temple dédié à Esculape par Hercule redevable envers ce dieu de la guérison d'une blessure reçue en combattant contre Hippocoon et ses fils. On rapportait qu'Hercule, après avoir fait prisonniers de guerre les Dryopes, les voulut remettre entre les mains d'Esculape qui leur assigna une demeure dans le Péloponnèse[2]. Dans le mémoire déjà cité, l'abbé Defontaine nous apprend que l'on donnait à Hercule Chiron comme maître de médecine. Hercule, dit-il, d'après Diodore, passait pour avoir dissipé les épidémies qui affligeaient l'Elide et la ville de Sélinonte. C'était par une précaution hygiénique qu'il avait recommandé les bains d'eau chaude, Ἡράκλεια λουτρά. Sur des monnaies il portait le nom d'ἀποτρόπαιος, qui détourne le mal. Cela pouvait aussi s'appliquer à la santé. Enfin dans Pausanias[3] on découvre la mention d'un temple à Hyettos en Béotie où la foi venait demander des remèdes à Hercule médecin.

[1] X, 19.
[2] LIMBERG BROUWER, *Histoire de la civilisation religieuse et morale des Grecs*, 442.
[3] IX, 24.

FIN DE L'APPENDICE.

TABLE ANALYTIQUE

I.

AUTEURS CITÉS.

II.

NOMS ET MATIÈRES

ERRATUM.

<table>
<tr><td></td><td>Au lieu de :</td><td>lisez :</td></tr>
<tr><td>P. 3, l. 24,</td><td>Astiochée,</td><td>Astyochée.</td></tr>
<tr><td>P. 6, l. 5,</td><td>Πολλά,</td><td>Πολλά.</td></tr>
<tr><td>P. 7, l. 4,</td><td>soleil,</td><td>Soleil.</td></tr>
<tr><td>P. 11, l. 12,</td><td>Dœdalé,</td><td>Dœdalé.</td></tr>
<tr><td>P. 18, l. 25,</td><td>Ἥρας,</td><td>Ἥρας.</td></tr>
<tr><td>P. 22, l. 25</td><td>θεοίσι,</td><td>θεοῖσι.</td></tr>
<tr><td>P. 23, note,</td><td>ἐτυχθη,</td><td>ἐτύχθη.</td></tr>
<tr><td>P. 24, l. 24,</td><td>ἀρης,</td><td>ἀρῆς.</td></tr>
<tr><td>P. 30, note</td><td>θεοί,</td><td>θεοί.</td></tr>
<tr><td>P. 37, l. 17,</td><td>τῶν,</td><td>τῶν.</td></tr>
<tr><td>P. 37, l. 29,</td><td>prolixé,</td><td>prolixè.</td></tr>
<tr><td>P. 38, note,</td><td>Saxonium</td><td>Saxonum.</td></tr>
<tr><td>P. 39, note,</td><td>proptrec,</td><td>protrept.</td></tr>
<tr><td>P. 46, note,</td><td>Pausanias VIII</td><td>Pausanias I, VIII.</td></tr>
<tr><td>P. 50, l. 10,</td><td>là,</td><td>ici.</td></tr>
<tr><td>P. 59, l. 28,</td><td>ramarquons</td><td>remarquons.</td></tr>
<tr><td>P. 60, note,</td><td>Odyss. 295,</td><td>Odyss. Φ, 295.</td></tr>
<tr><td>P. 64, note,</td><td>Προμηθεύς</td><td>Προμηθεύς.</td></tr>
<tr><td>P. 71, note,</td><td>Jacobs,</td><td>Jacob.</td></tr>
<tr><td>P. 73, note,</td><td>Et qu'Alceste</td><td>Et Alceste.</td></tr>
<tr><td>P. 106, l. 11,</td><td>encouragait</td><td>encourageait.</td></tr>
<tr><td>P. 111, note,</td><td>atttention</td><td>attention.</td></tr>
<tr><td>P. 111, note,</td><td>Dyonisos</td><td>Dionysos.</td></tr>
<tr><td>P. 115, l. 3,</td><td>Antolycus</td><td>Autolycus.</td></tr>
</table>

Au lieu de :	*lisez*
P. 121, l. 23, ἐξωμιδα,	ἐξωμίδα.
P. 141, note, Vassen,	Vasen.
P. 144, l. 17. πρὸς	πρὸς.
P. 156, l. 2, ἀμβρότιον,	ἀμβρόσιον.
P. 170, l. 22, quant	quand
P. 176, note, Dehèque Durand	Dehèque (Durand).
P. 202, l. 12, lybienne	libyenne.
P. 211, note, xxxiie au lieu de	xxviiie.
P. 217, l. 21. Ἡραχλἐς,	Ἡραχλἐς.
P. 220, l. 25, des mythes,	du mythe.
P. 221, l. 13, un hydre	une hydre.

———————